Rechtsstaatliche Regeltreue?

Frankfurter kriminalwissenschaftliche Studien

Bd./Vol. 134

PETER LANG
Frankfurt am Main · Berlin · Bern · Bruxelles · New York · Oxford · Wien

Susana Campos Nave

Rechtsstaatliche Regeltreue?

Corporate Compliance als zwingende Antwort des freiheitsliebenden Unternehmens im Wirtschaftsstrafrecht

PETER LANG
Internationaler Verlag der Wissenschaften

Bibliografische Information der Deutschen Nationalbibliothek
Die Deutsche Nationalbibliothek verzeichnet diese Publikation in der Deutschen Nationalbibliografie; detaillierte bibliografische Daten sind im Internet über http://dnb.d-nb.de abrufbar.

Zugl.: Frankfurt (Main), Univ., Diss., 2011

D 30
ISSN 0170-6918
ISBN 978-3-631-63252-9

Internationaler Verlag der Wissenschaften
Frankfurt am Main 2012

www.peterlang.de

Para Mano

Vorwort

Die vorliegende Arbeit ist im Wintersemester 2009/2010 vom Fachbereich Rechtswissenschaften der Johann Wolfgang Goethe-Universität in Frankfurt am Main als Dissertation angenommen worden.

Herzlichen Dank schulde ich meinem akademischen Lehrer, Herr Professor Dr. Peter-Alexis Albrecht, Universität Frankfurt am Main, der mein Interesse an strafrechtlichen und strafprozessualen Fragestellungen geweckt hat. Dabei ist nicht nur das reine materielle Wissen gemeint, sondern vor allem dessen Verknüpfung mit rechtsstaatlichen Fragestellungen. Diese Arbeit versteht sich dabei als Problemlösungsansatz aufgrund eines rechtsstaatlich liberalen Strafrechtsverständnisses.

Bedanken möchte ich mich zudem bei Professor Dr. Walter Kargl, Frankfurt, der die Zweitbegutachtung übernommen und zügig durchgeführt hat.

Dank gebührt vor allem meinen Eltern, Célia Maria und José, die mir das Studium der Rechtswissenschaften erst ermöglicht haben und auf meinem juristischen Weg stets begleitet haben.

Zu tiefem Dank bin ich meinem Bruder Dr. José António Campos Nave verpflichtet. Sein ständiges Interesse, seine unermessliche Geduld und seine unermüdliche Diskussionsbereitschaft bei praktischen Fragen haben das Gelingen dieser Arbeit entscheidend geprägt. Lehre tut viel, aber Aufmunterung tut alles. Ihm ist diese Arbeit gewidmet.

Berlin im Dezember 2011 Susana Campos Nave

„The directors of such (public) companies, however, being the managers rather of other people's money than of their own, it cannot well be expected, that they should watch over it with the same anxious vigilance which with the partners in a private copartnery frequently watch over their own...

Negligence and profusion, therefore, must always prevail, more or less, in the management of the affairs of such a company.''

Adam Smith

An Inquiry into the Nature and Causes of the Wealth of Nations, London 1776

Abkürzungsverzeichnis

A	
a. A.	anderer Auffassung
Abs.	Absatz
AcP	Archiv für die civilistische Praxis (Zeitschrift)
AG	Aktiengesellschaft Die Aktiengesellschaft (Zeitschrift)
AktG	Aktiengesetz
AO	Abgabenordnung
Art.	Artikel
Az.	Aktenzeichen
B	
BB	Betriebs-Berater (Zeitschrift)
Bd.	Band
BGBl.	Bundesgesetzblatt
BGH	Bundesgerichtshof
BGHSt	Entscheidungen des Bundesgerichtshofs in Strafsachen
BGHZ	Entscheidungen des Bundesgerichtshofs in Zivilsachen
BT-Drucks.	Bundestag-Drucksache
BVerfG	Bundesverfassungsgericht
BVerfGE	Entscheidungen des Bundesverfassungsgerichts
bzw.	beziehungsweise
C	
ca.	circa
CCZ	Corporate Compliance Zeitschrift (Zeitschrift)
D	
d.h.	das heißt
DB	Der Betrieb (Zeitschrift)
DStR	Deutsches Steuerrecht (Zeitschrift)
DStRE	Deutsches Steuerrecht Entscheidungsdienst (Zeitschrift)
DStZ	Deutsche Steuerzeitung (Zeitschrift)
E	
etc.	et cetera
EGGVG	Einführungsgesetz zum Gerichtsverfassungsgesetz

EMRK	Europäische Menschenrechtskonvention
EU	Europäische Union
EuGH	Europäischer Gerichtshof
EuGHE	Gerichtshof der Europäischen Gemeinschaften, Sammlung der Rechtsprechung des Gerichtshofs
EuZW	Europäische Zeitschrift für Wirtschaftsrecht (Zeitschrift)
EWiR	Entscheidungen zum Wirtschaftsrecht (Zeitschrift)

F

f.	folgende
FAZ	Frankfurter Allgemeine Zeitung
ff.	fortfolgende
FS	Festschrift

G

GA	Goltdammers Archiv für Strafrecht (Zeitschrift)
GesRZ	Der Gesellschafter (Zeitschrift)
GG	Grundgesetz
GmbH	Gesellschaft mit beschränkter Haftung
GmbHG	Gesetz betreffen die Gesellschaften mit beschränkter Haftung
GmbHR	GmbH-Rundschau (Zeitschrift)
GVG	Gerichtsverfassungsgesetz
GwG	Geldwäschegesetz

H

h. M.	herrschende Meinung
HGB	Handelsgesetzbuch
HRRS	Höchstrichterliche Rechtsprechung im Strafrecht (Zeitschrift)
hrsg.	herausgegeben
Hrsg.	Herausgeber
HS	Halbsatz

I

i.H.v.	in Höhe von
i.S.d.	im Sinne des
i.V.m.	in Verbindung mit

J

Jura	Juristische Ausbildung (Zeitschrift)
JuS	Juristische Schulung (Zeitschrift)
JZ	Juristenzeitung (Zeitschrift)

K

KJ	Kritische Justiz (Zeitschrift)
KonTraG	Gesetz zur Kontrolle und Transparenz im Unternehmensbereich
KritV	Kritische Vierteljahresschrift für Gesetzgebung und Rechtswissenschaft (Zeitschrift)

L

Lit.	Literatur
lit.	littera (Lateinisch = Buchstabe)

M

MitbestG	Gesetz über die Mitbestimmung der Arbeitnehmer
MüKo	Münchener Kommentar zum Aktiengesetz
m.w.N	mit weiteren Nachweisen

N

NJW	Neue Juristische Wochenschrift (Zeitschrift)
NJW-RR	Neue Juristische Wochenschrift Rechtsprechungsreport (Zeitschrift)
Nr.	Nummer
NStZ	Neue Zeitschrift für Strafrecht (Zeitschrift)
NVwZ	Neue Zeitschrift für Verwaltungsrecht (Zeitschrift)
NWB	Neue Wirtschaftsbriefe (Zeitschrift)
NZA	Neue Zeitschrift für Arbeitsrecht (Zeitschrift)
NZG	Neue Zeitschrift für Gesellschaftsrecht (Zeitschrift)

O

OLG	Oberlandesgericht
OWiG	Ordnungswidrigkeitengesetz

R

RIW	Recht der Internationalen Wirtschaft (bis 1974 AWD) (Zeitschrift)
RG Reichsgericht	RGZ Entscheidungen des Reichsgerichts in Zivilsachen
Rn.	Randnummer
Rs.	Rechtssache

S

S.	Seite, Satz
sog.	sogenannte, -r, -s
SpruchG	Gesetz über das gesellschaftsrechtliche Spruchverfahren
StGB	Strafgesetzbuch
StPO	Strafprozessordnung
StuW	Steuer und Wirtschaft (Zeitschrift)
StV	Strafverteidiger (Zeitschrift)

U

UMAG	Gesetz zur Unternehmensintegrität und Modernisierung des Anfechtungsrechts
Urt.	Urteil
UWG	Gesetz gegen den unlauteren Wettbewerb

V

v.	von
VersR	Versicherungsrecht (Zeitschrift)
vgl.	vergleiche
VW	Versicherungswirtschaft (Zeitschrift)

W

wistra	Zeitschrift für Wirtschafts- und Steuerstrafrecht (Zeit-
schrift)	
WM	Wertpapier-Mitteilungen (Zeitschrift für Wirtschafts-
und	Bankrecht)
WPg	Die Wirtschaftsprüfung (Zeitschrift)

Z

ZaöR	Zeitschrift für ausländisches öffentliches Recht und Völkerrecht (Zeitschrift)
z. B.	zum Beispiel
ZGR	Zeitschrift für Unternehmens- und Gesellschaftsrecht (Zeitschrift)
ZHR	Zeitschrift für das gesamte Handels- und Wirtschaftsrecht (Zeitschrift)
ZIS	Zeitschrift für Internationale Strafrechtsdogmatik (Zeitschrift)
zit.	zitiert
ZIP	Zeitschrift für Wirtschaftsrecht und Insolvenzpraxis (Zeitschrift)

ZRP	Zeitschrift für Rechtspolitik (Zeitschrift)
ZStW	Zeitschrift für die gesamte Strafrechtswissenschaft (Zeitschrift)

Inhaltsübersicht

Inhaltsverzeichnis

Einführung

In der gegenwärtigen Wirtschafts- und Finanzkrise sowie auf der Suche nach einer geeigneten und umsetzbaren Unternehmenskultur und Firmenethik hat insbesondere der Begriff *Compliance* Konjunktur. Er findet seinen Ursprung in der Medizin, wo er als Therapietreue verstanden wird. In jüngster Vergangenheit fand dieses Stichwort vor allem durch die Firmenzusammenbrüche von ENRON und MCI WORLDCOM Eingang in die Business- und Rechtswelt der USA und fungiert seither als Messlatte für börsennotierte Unternehmen.[1]

Ausgangspunkt der vorliegenden Untersuchung ist eine tatsächliche Bestandsaufnahme: Die tägliche Wirtschaftspresse konfrontiert den Leser mit strafrechtlichen Ermittlungen gegen namhafte Wirtschaftsunternehmen.[2] Die strafrechtlichen Vorwürfe beziehen sich auf Korruptions- und Bilanzstraftaten, Steuerhinterziehung und den unerlaubten Abgleich von Mitarbeiterdaten. Der strafrechtliche Vorwurf richtet sich dabei regelmäßig gegen einzelne Mitarbeiter bzw. Führungskräfte der in Rede stehenden Unternehmen. Da es sich bei den Unternehmen jedoch um relevante Wirtschaftsakteure handelt, bleiben strafrechtliche Ermittlungen oder gar Sanktionen nicht unbemerkt. Schwerwiegende Reputationsverluste führen oftmals zu Umsatzeinbußen, Mitarbeiterfreisetzungen und den Rückgang des Börsenwertes. Längerfristig könnte dies zu einer Schädigung der Volkswirtschaft führen, sodass sogar von einer besonderen Sozialschädlichkeit gesprochen werden könnte.

Dabei ist zu beachten, dass das Strafrecht dabei stets repressiv wirkt. Strafrechtliche Sanktionen reagieren zwar auf die Begehung von Unrecht und statuieren ein Exempel, können jedoch die Begehung von Straftaten nicht effektiv im Vorfeld verhindern. Die Straftatenprävention bleibt somit weiterhin im staatlichen Interesse. Der nationale Gesetzgeber unterliegt einem „Regelungszwang", um Straftaten effektiv zu unterbinden. Hierbei wird der Versuch unternommen, jedes deliktische Verhalten strafrechtlich zu erfassen, um einem „lückenlosen Strafrechtssystem" zur Entstehung zu verhelfen.[3]

Immer mehr deutsche Unternehmen sehen Wirtschaftskriminalität als Gefahr für die Wirtschaft. Der Trend ist in den letzten Jahren eindeutig und beweist die steigende Wahrnehmung des Phänomens Wirtschaftskriminalität. Von 2006

---

1 Vgl. Stober in Graf/Stober (Hrsg.), Ist der Ehrbare Kaufmann der Schlüssel für Compliance-Anforderungen?, S. 1.

2 Siehe etwa die Ermittlungen gegen von Pierer (SIEMENS), Zumwinkel (DEUTSCHE POST AG), Volkert (VW) und jüngst auch Mehdorn (DB).

3 Vgl. etwa die Kritik des Präsidenten des Deutschen Anwaltsvereins in Anbetracht des deutschen Sicherungsbedürfnisses, FAZ vom 02.05.08, S. 2.

bis 2010 ist der Anteil der Unternehmen, die Wirtschaftskriminalität als ernsthaftes Problem für das Wirtschaftsleben betrachten, um weitere neun Prozentpunkte gestiegen und liegt nun bei 80 %, bei Großunternehmen sogar bei 90 %.[4]

Vor diesem Hintergrund hat in den letzten Jahren im Wirtschaftsleben ein Umdenken stattgefunden. Unter der Bezeichnung *Compliance* haben in der Vergangenheit zahlreiche Unternehmen damit begonnen, eigene Überwachungs- und Kontrollorgane zu schaffen, die die Einhaltung der Gesetze und internen Vorgaben sicherstellen sollen.[5] Die Unternehmen wollen damit dem Gesetzgeber zuvorkommen, durch weitergehendes regulatorisches Tätigwerden die unternehmerische Freiheit einzuschränken. Denn in den letzten Jahrzehnten haben Vorschläge, gesellschaftliche Problemlagen mit den Mitteln des Strafrechts zu lösen, stetig zugenommen.[6]

---

4 Befragt wurden 300 Führungskräfte, vgl. Wirtschaftskriminalität in Deutschland 2010-Fokus Mittelstand, KPMG- Studie, S. 4, S. 7.

5 Kraft, Garantenpflicht des Leiters der Innenrevision, wistra 10, S. 81 (81).

6 Lüderssen, Submissionsabsprachen, BB 96 (Beilage), S. 1 (2).

A. Problemstellung

Es stellt sich damit die Frage, ob sich das Strafrecht der Wirtschaftsdelinquenz verschärft annehmen sollte, um eventuelle Strafbarkeits- und Verantwortlichkeitslücken zu schließen und damit der Eindämmung bzw. Vermeidung von Wirtschaftskriminalität Vorschub zu leisten. Problematisch erscheint in diesem Zusammenhang die *ultima-ratio*-Funktion des Strafrechts. Diese besagt, dass das Strafrecht prinzipiell erst dann eingreifen darf, wenn alle anderen Schutzmechanismen versagt haben.[7]

Das voranschreitende gesetzgeberische Tätigwerden mag Anlass zu Kritik geben, da bei erster Betrachtung kein empirisch gesicherter längerfristiger „Mehrwert" an Rechts- und Regeltreue bewirkt wird. Es kann nicht davon ausgegangen werden, dass die Sanktionierung von Straftaten immer eine Abschreckungswirkung entfaltet. Die Begehung von Wirtschaftsdelikten dient oftmals der Erhaltung bzw. der Erhöhung der Markt- und Wettbewerbsfähigkeit der betroffenen Unternehmen und ist stets auch Ausdruck eines konkreten unternehmerischen Interesses. Zudem lässt manche gesetzliche Normierung Zweifel aufkommen. So ist beispielsweise der Straftatbestand der Geldwäsche in § 261 StGB sehr weit gefasst. Neben allen Verbrechen ergibt sich über § 261 Abs. 1 Satz 2 Nr. 5 i.V.m. § 129 StGB letztlich sogar eine Ausdehnung auf sämtliche Straftatbestände.[8]

Gerade im Wirtschaftsstrafrecht entstehen Rechtsgutsverletzungen vornehmlich im Unternehmensbereich.[9] Im Blickpunkt als Schädiger stehen dabei Unternehmen in der Form juristischer Personen.[10] Dabei ergibt sich die Schwierigkeit, dass Unternehmen durch betriebliche Arbeitsteilung, Dezentralisierung und Delegation von Verantwortung die Suche nach strafrechtlicher Verantwortung bzw. die Zurechnung von Schadensfolgen erschweren.[11] Auch kriminologische Phänomene der Wirtschaftskriminalität, wie etwa die Dunkelfeldproblematik, die Anonymität zwischen Tätern und Opfern, die Unübersichtlichkeit und Gemengelagen im Unternehmen selbst und die voranschreitende Technisierung und Internationalisierung erschweren die Eindämmung und Vermeidung wirtschaftsstrafrechtlicher Delikte. Bei alledem stellt sich die Frage, ob das Straf-

---

7 Schünemann, Grundfragen der Unternehmenskriminalität, wistra 1982, S. 41 (42).

8 Siehe die kritische Betrachtungsweise von Tiedemann, Wirtschaftsstrafrecht, BT, Rn. 279, 280.

9 Vertiefend dazu Reischel, Wirtschaftskriminalität und Rechtsgut.

10 Zum Begriff der juristischen Person siehe Lenckner/Perron in Schönke/Schröder, § 14, Rn. 15; Schünemann in LK StGB, § 14, Rn. 43.

11 Heine, Die strafrechtliche Verantwortlichkeit von Unternehmen, S. 35 ff; für den Bereich der zivilrechtlichen Haftung siehe Waltermann, AcP 192 (1992), S. 181 (188).

recht überhaupt ein geeignetes Mittel ist, Wirtschaftskriminalität zu unterbinden. Ohnehin gilt zu versuchen, Lösungswege herauszuarbeiten, die es ermöglichen, Wirtschaftsstraftaten effektiv zu vermeiden bzw. einzudämmen.

B. Hauptanliegen der Arbeit

Der Gesetzgeber hat sich in vielen Bereichen des Strafrechts für eine repressive Handhabung von Wirtschaftskriminalität entschieden. Dieser Ansatz ist kritisch zu betrachten, denn verkannt wird dabei, dass das Strafrecht stets den Platz einer „Fremdsteuerung" annimmt und die Wirtschaftsakteure somit einer Kontrolle unterzieht.[12] Dies verdeutlicht das Spannungsverhältnis zwischen den staatlichen Regelungs- und Sicherungsinteressen und der unternehmerischen Freiheit, die in Art. 12 Abs. 1, 14 Abs. 1, 2 Abs. 1 GG ihre verfassungsrechtliche Verankerung gefunden hat.

Dieses Spannungsverhältnis zwischen unternehmerischen Handlungs- und Gestaltungsspielräumen und staatlichen Regulierungs- und Sanktionsinteressen hat als Konsequenz in der Vergangenheit den Corporate Governance Kodex hervor gebracht. *Corporate Governance* ist mit „Unternehmensverfassung" zu übersetzen und bezeichnet im Kern einen Ordnungsrahmen für die Leitung und Überwachung eines Unternehmens aus dem Unternehmen heraus.[13] Jedoch ist auch diese unternehmerisch motivierte Betrachtungsweise in ihrer isolierten Handhabung nicht erfolgversprechend in Bezug auf die Straftatenprävention. Als freiwillige Selbstverpflichtung ist dieser Lösungsansatz zu schwach, um alle wirtschaftlich motivierten Vorteile in den Hintergrund treten zu lassen und sich ausschließlich der unternehmerischen Rechtstreue zu verpflichten.

In der Vergangenheit wurde versucht, mit gesetzlichen Regelungen zur Unternehmensberichterstattung, dem US-amerikanischen Sabanes-Oxley Act aus dem Jahre 2002 (SOX)[14], dem deliktischen Handeln von Unternehmen zu begegnen.
Anlass dafür waren die Bilanzfälschungsskandale von ENRON und MCI WORLDCOM.[15]

Diesem „staatlichen Kontrollmechanismus" ausgeliefert, ständig in der Befürchtung, dass der Staat sein „strafrechtliches Zwangskorsett" mehr und mehr zuschnürt, lässt sich die Überlegung anstellen, dass sich Unternehmen gezwungen sehen könnten, diesem staatlichen Vorgehen entgegenzutreten, um ihre unternehmerische Freiheit weitestgehend zu sichern. Der nationale Gesetzgeber

---

12 So Pies/Sass, Selbstverpflichtung, S. 6; vgl. Bacher, Korruptionsprävention durch Selbststeuerung, S. 18.

13 So Hauschka, Corporate Compliance-Handbuch, § 1, Rn. 1.

14 Abrufbar unter: http://thomas.loc.gov/cgi-bin/query/z?c107:H.R.3763.ENR; zuletzt abgerufen am 10.05.08.

15 Vergleiche nur den Wortlaut der Sec. 404 des SOX, wonach es die Pflicht und die Verantwortung der Geschäftsführung ist, das Erstellen eines Unternehmensberichtes und dessen Kontrolle zu gewährleisten.

versucht, die Begehung von Wirtschaftsstraftaten mittels strafrechtlicher „Überregulierung" zu unterbinden. Die Wahrnehmung wirtschaftlicher Interessen und die Ausübung unternehmerischer Tätigkeiten unterliegen zunehmend dem Widerstreit zwischen staatlichen Strafverfolgungsinteressen und unternehmerischen Freiheitsinteressen.

Aufgrund der dargestellten Bedenken stellt sich die Frage, welche Mittel für eine effektive Straftatenprävention erforderlich wären.

Das Interesse der vorliegenden Arbeit fokussiert sich auf einen Lösungsansatz zur Vermeidung bzw. Eindämmung von wirtschaftskriminellen Handlungen in Unternehmen. Dabei wird die These aufgestellt, dass effektive Straftatenvermeidung beide bereits dargestellten Komponenten beinhalten muss: Zum Einen die staatlichen Sicherheitsinteressen im Rahmen einer angemessenen und freiheitsorientierten gesetzlichen Ausgestaltung und ihrer effektiven Umsetzung durch die Rechtsprechung. Zum Anderen die unternehmerischen Freiheitsinteressen, die im besten Falle einen Höchstgrad an unternehmerischer Freiheit verbürgen.

Die Lösung könnte demzufolge in einer „unternehmerischen Selbstverpflichtung" gesehen werden: der *Corporate Compliance*, worunter die „Einhaltung, Befolgung und Übereinstimmung mit bestimmten Geboten" zu verstehen ist.[16]

Hauptanliegen dieser Arbeit ist es daher zu untersuchen, inwieweit das Regelungsinstitut Corporate Compliance dienlich sein kann, Wirtschaftskriminalität effektiv einzudämmen bzw. zu unterbinden und dabei zugleich den Unternehmen größtmögliche unternehmerische Freiheit zuzubilligen. Es geht demzufolge um eine unternehmerisch angeleitete Interpretation des Rechtsstaats: Größtmögliche unternehmerische Freiheit, begrenzt durch ein sich selbst begrenzendes Wirtschaftsstrafrecht.[17]

---

16 Hauschka, Corporate Compliance-Handbuch, § 1, Rn. 2.

17 In Anlehnung an Albrecht, Kriminologie, S. 370.

C. Vorgehensweise der Untersuchung

Die Untersuchung ist in fünf Kapitel gegliedert. Der Gang der Untersuchung stellt sich wie folgt dar:

Im ersten Kapitel wird der Frage nach der rechtlichen Notwendigkeit einer Corporate Compliance-Organisation nachgegangen. Um diese Frage beantworten zu können, wird in einem ersten Schritt eine rechtstatsächliche Bestandsaufnahme im Hinblick auf die Begehung von Wirtschaftsstraftaten vorgenommen. Anhand spektakulärer Fälle des Wirtschaftstrafrechts wie ENRON und MCI WORLDCOM werden das regulatorische Umfeld und die normative Reaktion des US-amerikanischen Gesetzgebers durch den SOX dargestellt. Sodann wird beleuchtet und diskutiert, inwieweit die regulatorischen Maßnahmen erfolgreich waren. Das Ergebnis der Ausführungen bildet den Ausgangspunkt für eine eigene Stellungnahme, wie der Wirtschaftsdelinquenz begegnet werden könnte.

Im zweiten Kapitel wird untersucht, inwieweit das Problem Wirtschaftskriminalität mit Hilfe des **Kriminalstrafrechts** gelöst bzw. eingedämmt werden könnte. Mittels einer strafrechtlichen Bestandsaufnahme wird auf kriminologische Aspekte der Wirtschaftskriminalität mittels polizeilicher Kriminalstatistik, Strafverfolgungsstatistik und Dunkelfeldforschung eingegangen und die rechtstatsächliche Situation herausgearbeitet. Im Anschluss wird auf Folgen der Wirtschaftsdelinquenz einzugehen sein und beleuchtet, inwieweit die durch das Wirtschaftsstrafrecht in kriminierten Verhaltensweisen zu Schäden der Volkswirtschaft führen. Abschließend wird auf die Rolle des materiellen Strafrechts bei der Ahndung wirtschaftskrimineller Straftaten eingegangen.

Im Hauptteil der Arbeit wird aufgrund der herausgearbeiteten kriminologischen Phänomene und Defizite, die dem Wirtschaftsstrafrecht immanent sind, wird erörtert, ob das Strafrecht ein geeignetes Mittel darstellt, um Wirtschaftskriminalität einzudämmen bzw. zu vermeiden.

In einem weiteren Schritt wird untersucht, inwieweit rechtsstaatliche Defizite bei der Ahndung und Verfolgung von Wirtschaftsdelinquenz bestehen. Dabei wird ergründet, ob das gesetzgeberische Vorgehen in Grundrechte der Unternehmen eingreift. Sodann wird auf das Vorgehen der Ermittlungsbehörden bei der Strafverfolgung eingegangen. Anschließend wird die Rolle der Medien bei der Berichterstattung über Wirtschaftskriminalität beleuchtet und deren Auswirkungen auf die rechtsstaatliche Unschuldsvermutung untersucht.

Das Kapitel schließt mit Überlegungen über die Auswirkungen des Strafrechts auf das Rechtsbewusstsein der Allgemeinheit. Dabei wird der Rolle des Strafrechts als gesellschafts- und wirtschaftspolitisches Steuerungsmodell die Funktion als rechtsstaatliches Sicherungsmodell entgegengehalten.

Anschließend widmet sich das dritte Kapitel der Frage, ob und inwieweit Wirtschaftsdelinquenz mittels Modellen unternehmerischer Selbstverpflichtung begegnet werden könnte. Im ersten Teil wird untersucht, ob **unternehmerische Selbstverpflichtung mittels Fremdsteuerung durch *Corporate Governance*** ein geeignetes Modell darstellt. Dabei wird der Entstehungshintergrund des Deutschen Corporate Governance Kodex (DCGK) beleuchtet, sowie dessen Inhalt und Grundprinzipien herausgearbeitet. Sodann wird untersucht, ob der DCGK Bindungswirkung entfaltet. Nachdem dessen Rechtsnatur beleuchtet wurde, stellt sich anschließend die Frage nach seiner Verfassungsmäßigkeit.

Der zweite Teil befasst sich mit der Frage, ob durch **unternehmerische Selbstverpflichtung mittels Selbststeuerung durch *Corporate Compliance*** der Wirtschaftskriminalität begegnet werden könnte. Dafür wird zunächst eine Definition und Begriffsbestimmung von Compliance vorgenommen und anschließend auf deren rechtlichen und wirtschaftlichen Hintergrund eingegangen. Anschließend werden der Sinn und Zweck einer Compliance-Organisation untersucht. Im Rahmen der rechtlichen Notwendigkeit von Compliance werden die Rechtsgrundlagen von Compliance dargestellt. Die wirtschaftliche Erforderlichkeit befasst sich vor allem mit bestehenden Risiken, denen Unternehmen ausgesetzt sind. Nachdem die Instrumente einer Compliance-Organisation dargestellt wurden, wird die Implementierung von Compliance in einzelne Unternehmens- und Risikobereiche erörtert.

Anschließend wir auf die Vorteile der unternehmerischen Selbstverpflichtung eingegangen. Dabei wird untersucht, inwieweit Straftaten unter einer Compliance-Struktur gewürdigt werden. Sodann wird die Rolle von Compliance als Gesellschafts- und Führungsaufgabe erörtert.

Abschließend wird die Rolle und Funktion der Rechtsprechung im Hinblick auf Compliance-Anforderungen erörtert und deren Effektivität im Hinblick auf die Ahndung von Wirtschaftsstraftaten dargestellt.

Das vierte Kapitel ist der Gegenüberstellung und dem Vergleich der einzelnen Modelle zur Eindämmung von Wirtschaftskriminalität gewidmet.

Eine Zusammenfassung der Ergebnisse und eine Schlussbetrachtung im Anschluss des fünften Kapitels bilden den Abschluss der Arbeit. Die Schlussbetrachtung ist eine eigene Stellungnahme und soll Folgen und Konsequenzen der gefundenen Ergebnisse im Rahmen einer Corporate Compliance-Organisation für ein freiheitlich-liberales Strafrecht aus Sicht der Verfasserin aufzeigen.

1. Kapitel: Rechtstatsächliche Ausgangssituation

Einleitend soll herausgearbeitet werden, welche rechtsgutsgefährdenden Bedrohungspotentiale von Wirtschaftsunternehmen ausgehen können. Da der Begriff des Wirtschaftsunternehmens ein sehr weit gefasster ist – ein Unternehmen im zivilrechtlichen Sinne ist eine organisatorische Einheit aus Sachen, Rechten oder sonstigen Werten, innerhalb der ein Unternehmer entfernt wirtschaftliche oder ideelle Ziele verfolgt[18] – haben die zu erwähnenden Bedrohungspotentiale keinen Anspruch auf Vollständigkeit. Sie sollen illustrativ am Beispiel der ehemaligen, weltweit operierenden Großunternehmen ENRON und MCI WORLDCOM die strafrechtliche Ausgangssituation aufzeigen. Anschließend wird auf das normative Regelungsbedürfnis eingegangen werden, welches den U.S.-amerikanischen Sarbanes Oxley Act (SOX) hervorbrachte.

A. Regulatorisches Umfeld und Sachlage

I. Der Fall ENRON

Das US-Unternehmen ENRON wurde 1985 durch die Fusion zweier Gasunternehmen als Energiekonzern gegründet und zählte bis zu seinem wirtschaftlichen Zusammenbruch im Dezember 2001 zu den sieben weltweit größten Unternehmen.[19] Der Börsenwert von ENRON war seit 1996 um 50 Mrd. US$ gestiegen.[20] Am 16. Oktober 2001 veröffentlichte ENRON jedoch eine Pressemeldung und gab einen Verlust von 618 Mio. US$ für das dritte Quartal 2001 bekannt. Am gleichen Tag wurde zudem eine Senkung des Eigenkapitals um 1,2 Mrd. US$ angekündigt.[21] Die Reaktion der Finanzmärkte ließ nicht lange auf sich warten: Der Aktienkurs brach zusammen. ENRON korrigierte rückwirkend sein Betriebsergebnis für die letzten vier Jahre um 586 Mio. US$ nach unten und bean-

---

18 Schmidt, Handelsrecht, S. 69 ff.

19 Vgl. Hillenbrand, Das führende Unternehmen der Welt, abrufbar unter: http://www.spiegel.de/wirtschaft/0,1518,176509,00.html; zuletzt abgerufen am 02.10.2010.

20 Menzies, SOX, S. 8.

21 United States of America against Arthur Andersen LLP, 2002, abrufbar unter http://news.findlaw.com/hdocs/docs/enron/usandersen030702ind.html; zuletzt abgerufen am 02.10.2010.

tragte Gläubigerschutz. Dieser Vorfall wurde zum bislang größten Bankrott der US-Geschichte.[22]

In der Öffentlichkeit herrschte Unkenntnis über die Geschäftstätigkeit von ENRON. Zum Einen über die angebliche Profitabilität bestimmter Geschäftsbereiche und zum Anderen über die intransparente Finanzstruktur. Dabei sind insbesondere die Etablierung von Offshore-Gesellschaften[23] durch den betriebsinternen Chief Financial Officer Fastow zu erwähnen.[24] Für das Unternehmen bestanden diesbezüglich Verbindlichkeiten in Höhe von 1 Mrd. US$, die jedoch bilanziell nicht ausgewiesen wurden. ENRON konnte somit überhöhte Gewinne melden. Mit der Aufdeckung der firmeninternen Finanzhandhabung und dem Zusammenbrechen des Aktienkurses verweigerten Banken die zum bilanziellen Ausgleich dringend benötigten Kredite. Dies führte in der Konsequenz zur Insolvenz von ENRON.[25] Berechtigte Kritik richtete sich einerseits gegen die unzureichende Informationspolitik. Andererseits wurden auch die unternehmensinternen Bilanzierungspraktiken in Frage gestellt. Schlüsselfigur des in Rede stehenden Bilanzfälschungsskandals war die Wirtschaftsprüfungsgesellschaft Arthur Andersen.[26] Arthur Andersen LLP zählte zum damaligen Zeitpunkt zu den "Big Five"[27] der Wirtschaftsprüfungsgesellschaften in den USA und erbrachte über 16 Jahre lang Prüfungsleistungen. ENRON zählte zu den weltweit größten Kunden von Arthur Andersen.[28] Die Wirtschaftsprüfungsgesellschaft bestätigte bis zur Aufdeckung des Skandals die Finanzberichterstattung und unterließ eine Publizierung der Risiken der internen Finanzhandhabung. Es liegt nahe, das Verhalten der Wirtschaftsprüfungsgesellschaft durch die hohen Umsätze mit ENRON als Kunden zu erklären.

---

22 Menzies, SOX, S. 8.

23 Unter Offshore-Gesellschaften versteht man Gesellschaften, die sich außerhalb des Wohnorts des Anlegers befinden und typischerweise in einem Niedrigsteuerland gegründet werden, um so dem Anleger finanzielle und rechtliche Vorteile zu gewähren, vgl. International Monetary Fund, Offshore Financial Centers, abrufbar unter http://www.imf.org/external/np/mae/oshore/2000/eng/role.htm; zuletzt abgerufen am 02.10.2010.

24Frentz, Enron. Chronik einer Rekord-Pleite, abrufbar unter www.manager-magazin.de/unternehmen/artikel/0,2828,178836,00.html; zuletzt abgerufen am 02.10.2010.

25 Menzies, SOX, S. 9.

26 Siehe Blomert, Kapitalismus außer Kontrolle, S. 85, 95, 99, 101.

27 Nach dem Zusammenbruch von Arthur Andersen spricht man nur noch von den „Big Four", worunter man Deloitte Touche Tohmatsu, PricewaterhouseCoopers, Ernst & Young und KPMG versteht; siehe dazu die Lünendonk-Studie über führende Wirtschaftsprüfungs-und Steuerberatungsgesellschaften 2009; abrufbar unter http://luenendonk.de/download/-press/grafik/LUE_WP_Ranking_2010_f290910.pdf; zuletzt abgerufen am 02.10.2010.

28 Menzies, SOX, S. 8.

Zudem wirkte Arthur Andersen bei der Vernichtung von ermittlungsrelevanten Dokumenten mit und behinderte somit die Sachverhaltsaufdeckung der US-Behörden. Im März 2002 wurde Arthur Andersen von einem US-Bundesgericht wegen Behinderung der Justiz für schuldig befunden.[29]

II. Der Fall MCI WORLDCOM

Das US-Telekommunikationsunternehmen MCI WORLDCOM stellte in den neunziger Jahren das zweitgrößte Unternehmen im US-Markt im Telefoniesektor dar. Durch die Übernahmen der Internetanbieter UUNet, COMPUSERVE und AOL gelang es WORLDCOM zudem zum führenden Internet-Provider aufzusteigen. Im Jahr 2001 wies WORLDCOM einen Umsatz von 39,2 Mrd. US$ aus.[30] Die von WORLDCOM vorgenommenen Kapazitätsprognosen erwiesen sich jedoch als zu optimistisch. Die Gewinne aus getätigten Investitionen blieben somit weit hinter den wirtschaftlichen Erwartungen zurück. Der am Aktienmarkt verzeichnete Unternehmenswert reduzierte sich von 150 Mrd. US$ im Januar 2000 auf weniger als 150 Mio. US$ im Juli 2002. In knapp zweieinhalb Jahren verringerte sich der Unternehmenswert auf ein Tausendstel.[31] Der Bilanzskandal bei WORLDCOM basierte im Wesentlichen auf zwei firmeninternen Handlungen. Zum Einen wurden in den Jahren 2001 und 2002 irrtümlich 3,8 Mrd. US$ für die Nutzung fremder Telekommunikationsnetze fälschlicherweise als Anlagevermögen statt als laufender Aufwand ausgewiesen.[32] Aufgrund dieser vom Chief Financial Officer Sullivan veranlassten Bilanzierungspraxis konnte ein Bilanzgewinn verzeichnet werden. Dieser wurde jedoch durch eine interne Revisionsüberprüfung aufgedeckt.[33] Des Weiteren stellte sich am 8. August 2002 heraus, dass WORLDCOM durch manipulierte Rückstellungen einen zusätzlichen Gewinn in Höhe von 3,3 Mrd. US$ für die Jahre von 1999 bis 2002

---

29 United States of America against Arthur Andersen LLP, 2002, abrufbar unter http://news.findlaw.com/hdocs/docs/enron/usandersen030702ind.html; zuletzt abgerufen am 02.10.2010.

30 Siehe Lyke/Jickling, Woldcom – The Accounting Scandal, S. 2, abrufbar unter http://-fpc.state.gov/documents/organization/13384.pdf; zuletzt abgerufen am 02.10.2010.

31 Vgl. Menzies, SOX, S. 9, 10.

32 Lyke/Jickling, Worldcom- The Accounting Scandal, S. 2, abrufbar unter http://fpc.state.gov/documents/organization/13384.pdf; zuletzt abgerufen am 02.10.2010.

33 Sandberg , A Scandal in the Worldcom's Books, im Wall Street Journal vom 27.06.2002, S. 2, abrufbar unter http://www.uic.edu/classes/actg/actg516rtr/Current/Developments/-Worldcom/Accounting%20Spot-Check.pdf; zuletzt abgerufen am 02.10.2010.

ausgewiesen hatte.[34] Zudem wurde bei einer rückwirkenden Korrektur der Firmenbilanzen Anlagevermögen in Höhe von 50,6 Mrd. US$ abgeschrieben, welches einer Halbierung des Buchwertes entsprach.[35] Diese Vorgehensweise ermöglichte es, dass die bilanzielle Ausweisung von Aufwand als Investition abgeschrieben und mit Gewinnen verrechnet werden konnte. Nach US-amerikanischem Recht stellt dies einen Verstoß gegen Bilanzierungsregeln dar und ist strafbar. Als Konsequenz dieser dolosen Handlung wurde Anklage gegen Sullivan und weitere Mitarbeiter erhoben.[36] Auch in diesem Fall war Arthur Andersen die beauftragte Wirtschaftsprüfungsgesellschaft von 1989 bis 2002. Sie gab jedoch vor, dass sie bzgl. der Bilanzierungspraktiken nicht konsultiert wurde.

Auch im europäischen Rechts- und Wirtschaftsraum sind gravierende Finanzskandale in jüngster Vergangenheit aufgetreten. So wies etwa der Einzelhandelsriese ROYAL AHOLD N.V. seinen Gewinn in den Jahren 2001 und 2002 um 500 Mio. EUR zu hoch aus.[37] Auch der italienische Lebensmittelhersteller PARMALAT verschwieg einen Fehlbetrag von über 10 Mrd. EUR, Verschleierung von Tatsachen und die Fälschung von Dokumenten.[38]

Die beschriebenen Firmenskandale weisen eine Vielzahl von Gemeinsamkeiten und Parallelen auf. Zum Einen fällt die Beteiligung von Führungskräften der Unternehmen an den dolosen Handlungen auf. Zum Anderen scheinen die Wirtschaftsprüfungsgesellschaften in ihrer Funktion als externe Beratungs- und Kontrollinstanz an Einfluss auf die Unternehmen verloren zu haben. Sie beteiligen sich an Bilanzfälschungen und lassen somit an dem von ihnen erwarteten Verantwortungsbewusstsein missen. Auch die Führungskräfte der Unternehmen scheinen sich ihrer Verantwortung gegenüber den Teilnehmern am Finanzmarkt nicht bewusst zu sein.[39] Die Finanzskandale scheinen dazu beizutragen, dass weitreichende Teile der Bevölkerung das Vertrauen in den Kapitalmarkt verlieren und deren Akteure als „habgierige Firmenpiraten"[40] wahrnehmen. Die ur-

---

34 Tran, Worldcom Accounting Scandal, in The Guardian vom 09.08.2002, abrufbar unter http://www.guardian.co.uk/business/2002/aug/09/corporatefraud.worldcom2; zuletzt abgerufen am 02.10.2010.

35 Vgl. Lyke/Jickling, Woldcom – The Accounting Scandal, S. 5, abrufbar unter http://fpc.state.gov/documents/organization/13384.pdf; zuletzt abgerufen am 2.10.2010.

36 Menzies, SOX, S. 10.

37 O. V., Bilanzskandal in Amerika stürzt Ahold in eine tiefe Krise, in FAZ vom 25.02.2003, S. 15, abrufbar unter https://www.faz.net/s/RubC9401175958F4DE28E143E68888825F6/Doc~E2C84B5419BB54F568AABBC5F720A7D60~ATpl~Ecommon~Scontent.html; zuletzt abgerufen am 02.10.2010.

38 O. V., À la Enron, in Handelsblatt vom 29.12.2003, o.S.

39 Vgl. Menzies, SOX, S. 11.

40 In Anlehnung an den Titel von Blomert, Die Habgierigen-Firmenpiraten, Börsenmanipulation: Kapitalismus außer Kontrolle.

sprünglich aktiven Wirtschaftsteilnehmer ziehen sich aufgrund mangelnden Vertrauens in den Finanzmarkt und fehlender Identifikationsmöglichkeit mit den Unternehmen mehr und mehr aus dem Wirtschaftsleben zurück. Insofern ziehen Wirtschaftsskandale nicht nur finanzielle Folgen nach sich, sondern führen auch zu einer ethischen und moralischen Distanzierung sowohl von den Unternehmen an sich als auch ihrer Führungskräfte.[41]

B. Normative Reaktion – Der Sarbanes Oxley Act (SOX)

Der Sarbanes Oxley Act (SOX) wurde am 30. Juli 2002 in den USA in Kraft gesetzt.[42] Er ist die gesetzgeberische Reaktion auf Finanzskandale in den USA, wie beispielsweise die Zusammenbrüche von ENRON und MCI WORLDCOM.[43] Der SOX intendiert die stärkere Regulierung von Unternehmen, um das Vertrauen der Anleger in die Kapitalmärkte wieder zu stärken. Zudem soll sich die Unternehmensführung ihrer Verantwortung bewusst werden, die sich mittels öffentlicher Stellungnahmen im Hinblick auf die Anleger trägt.[44]

Die Verabschiedung und der Erlass des SOX sind von großer rechtspolitischer Bedeutung. Einerseits wird die Verantwortung des Managements der Unternehmen erhöht, indem interne Organisationsstrukturen zu schaffen sind, die die Verlässlichkeit von Unternehmensbeschlüssen und die Erfüllung der Offenlegungspflichten wesentlicher Informationen sicherstellen sollen.[45] Andererseits soll auch der unzureichenden Selbstregulierung der beratenden Wirtschaftsprüfungsgesellschaften begegnet werden. Dabei besitzt das Gesetz einen präventiven Charakter und zielt darauf ab, im Vorfeld mögliche Schadens- und Haftungsfälle frühzeitiger zu erkennen und vermeiden zu können.[46]

I. Geltungsbereich

Wie bereits dargestellt, wurde der SOX als Reaktion auf die beschriebenen Finanzskandale durch den US-Kongress am 30. Juli 2002 verabschiedet. Die ge-

---

41 Vgl. Menzies, SOX S. 11, der diese Zweidimensionalität der Finanzskandale und ihrer Folgen richtigerweise erkannt hat. Menzies stellt zwar das mangelnde „ethische und moralische Verantwortungsbewusstsein gegenüber den Stakeholdern" dar, unterlässt jedoch eine Betrachtung von Seiten der Wirtschaftsteilnehmer hinsichtlich der Unternehmen und wählt somit einen anderen Blickwinkel.

42 Eidam, Unternehmen und Strafe, Rn. 1943; der Gesetzestext ist abrufbar unter http://www.law.uc.edu/CCL/SOact/soact.pdf; zuletzt abgerufen am 17.02.09.

43 Herb in Hauschka, Corporate Compliance-Handbuch, § 19, Rn. 12.

44 Gruson/Kubicek, SOX (II), AG 03, S. 393 (404).

45 Gruson/Kubicek, SOX (I), AG 03, S. 337 (339).

46 Menzies, SOX, S. 12.

setzgeberische Intention ist auf Corporate Governance[47] sowie die Selbstregulierung der Wirtschaftsprüfer gerichtet. Zudem stellt der SOX eine Ergänzung und Weiterentwicklung des Securities und Exchange Acts von 1934 dar, in dem der Anlegerschutz vor allem durch weitreichende Publizitätspflichten erweitert und gestärkt werden sollte.[48] Der SOX verfolgt den Zweck, die Verantwortlichkeit des Managements von Kapitalgesellschaften zu erhöhen und die Gesellschaft zu zwingen, interne Organisationsstrukturen zu schaffen, die die Verlässlichkeit von Unternehmensabschlüssen und die Erfüllung von Publizitätspflichten sicherstellen sollen.[49]

Der SOX bezieht sich in vielerlei Vorschriften auf *issuer* (Emittenten) im Sinne des Gesetzes.[50] Vereinfacht ausgedrückt umfasst der Begriff Emittent alle Unternehmen, einschließlich ausländischer privater Unternehmen (*sog. Foreign Private Issuer*), deren Wertpapiere an einer US-amerikanischen Börse notiert sind (NYSE, NASDAQ, AMEX). Des Weiteren betrifft der SOX alle Unternehmen, die ein öffentliches Angebot von Wertpapieren in den USA machen, ohne dieses an einer Börse zu notieren.[51] Der SOX betrifft unmittelbar zwar lediglich die an der US-amerikanischen Wertpapierbörse zugelassenen deutschen Unternehmen.[52] Jedoch müssen auch deutsche Tochterunternehmen US-amerikanischer börsennotierter Unternehmen ihre Berichterstattung an die Vorgaben des SOX anpassen. Demzufolge kommt dem SOX auch eine exterritoriale Wirkung zu.[53] Gegenwärtig sind die Aktien von fünf deutschen Konzernen an

---

47 Corporate Governance stellen Leitlinien für eine gute Unternehmensführung dar, um verantwortlich und fair gegenüber Anteilseignern als auch gegenüber anderen Interessen und gegenüber der Allgemeinheit zu handeln. Auf die Corporate Governance wird im nachstehenden Kapitel gesondert einzugehen sein.

48 Menzies, SOX, S. 13; dem Gesetzestext geht folgender Einführungssatz voraus: „To protect investors by improving the accuracy and reliability of corporate disclosures made pursuant to the securities laws, and for other purposes.'' Der Securities and Exchange Act von 1934 ist abrufbar unter http://www.sec.gov/about/-forms/secforms.htm#1934forms; zuletzt abgerufen am 02.10.2010.

49 Gruson/Kubicek, SOX (II), AG 03, S. 393 (393).

50 Vgl. nur Sec. 2 (a) (7) SOX, der auf Sec. 3 (8) des Securities and Exchange Acts von 1934 verweist.

51 Gruson/Kubicek, SOX (I), AG 03, S. 337 (339). Zu beachten ist dabei, dass Sec. 2 (a) (7) SOX bzgl. der Definition „issuer" auf Sec. 3 (8) Exchange Act aufbaut. Danach ist Emittent grds. jeder, der Wertpapiere ausgibt. Die Definition aus dem SOA ist jedoch enger. Der Unterschied in den Definitionen ist an dieser Stelle jedoch unerheblich. Für weitere Hinweise und zur Vertiefung sei beispielhaft auf Hutter in Semler, Arbeitshandbuch für Unternehmensübernahmen, Band 1, Rn. 206-209, 257-259 verwiesen.

52 Zu beachten ist dabei, dass an dieser Stelle nicht auf alle gesetzlichen Bestimmungen eingegangen wird, die für US-börsennotierte Unternehmen gelten.

53 Lorenz in Romeike, Rechtliche Grundlagen des Risikomanagements, S. 18.

der New York Stock Exchange Börse gelistet.[54] Den Regelungen kann nur entgangen werden, indem sich die betroffenen Unternehmen vom amerikanischen Kapitalmarkt zurückziehen und sich delisten[55] lassen. Die Streichung dieser Registrierung ist jedoch erst dann möglich, wenn der Emittent durch Abgabe einer Erklärung bestätigt, dass weniger als 300 Personen mit Wohnsitz in den USA diese Wertpapiere besitzen. Diese Voraussetzung dürfte für die meisten an der NYSE notierten deutschen Unternehmen jedoch nur äußerst schwer zu erfüllen sein.[56]

Der SOX enthält einige Bestimmungen, die ohne weiteren Umsetzungsakt wirksam geworden sind.[57] Bei anderen Bestimmungen wies der US-amerikanische Gesetzgeber die Securities and Exchange Commission (SEC) an, Regelungen durch Rechtsverordnungen zu treffen.[58]

II. Maßnahmen und Inhalt

Allgemein lässt sich sagen, dass der SOX zahlreiche regulatorische Maßnahmen hinsichtlich verschiedener Zielgruppen und Risikobereiche vorsieht. Beispielhaft seien hier das Unternehmen, das Management und die Wirtschaftsprüfung genannt.[59] Dabei ist insbesondere zu berücksichtigen, dass der SOX eine gesetzgeberische Reaktion auf die Fälle ENRON und MCI WORLDCOM darstellt. Das unternehmerische Fehlverhalten beruhte in beiden Fällen vor allem auf der mangelnden Transparenz der Unternehmenspraktiken. Die gesetzgeberische Intention war auf die Wiederherstellung des Vertrauens der Marktteilnehmer in den Finanzmarkt durch Publizitätspflichten und die Gewährleistung von Transparenz gerichtet. Demzufolge kann davon ausgegangen werden, dass die wesentlichste Regelung des SOX Sec. 404 darstellt. Dort wird die Einrichtung ei-

---

54 Die Aktien folgender deutscher Unternehmen sind an der NYSE gelistet: Deutsche Bank AG, Deutsche Bank Aktiengesellschaft, Elster Group SE, Fresenius Medical Care AG & Co. KGaA, SAP AG, Siemens AG, abrufbar unter http://www.nyse.com/about/listed/lc_ny_region_6.html?country=23; zuletzt abgerufen am 02.10.2010.

55 Delistung stellt die Notierungslöschung eines an der Börse gelisteten Wertpapiers dar; siehe Menzies, SOX, S. 14.

56 Gruson/Kubicek, SOX (I), AG 03, S. 337 (340); Bussmann/Matschke, Einfluss nationalen Rechts, wistra 08, S. 88 (88).

57 Beispielhaft seien hier die Sec. 304, 305, 402, 408, 906 und 1103 des SOX erwähnt.

58 So etwa bei Sec 302 und 404 des SOX.

59 Menzies, SOX, S. 14.

nes unternehmensinternen Kontrollsystems gefordert. Des Weiteren hat das Unternehmen eine Unternehmensberichterstattung zu gewährleisten.[60]

60 Vergleiche nur den Wortlaut der Sec. 404 des SOA, wonach es die Pflicht und die Verantwortung der Geschäftsführung ist, das Erstellen eines Unternehmensberichtes und dessen Kontrolle zu gewährleisten. Eine Übersicht über alle Bestimmungen des SOX findet sich bei Menzies, SOX, S. 14 ff.

2. Kapitel: Lösungen mit Hilfe des Kriminalstrafrechts

A. Strafrechtliche Bestandsaufnahme

I. Verstoß gegen wirtschaftsstrafrechtliche Delikte[61]

Die das Wirtschaftsstrafrecht auf den Plan rufende Wirtschaftskriminalität[62] besteht ganz überwiegend aus unternehmensgebundenem Verhalten, d.h. aus Verhaltensweisen, die in unmittelbarem Bezug zur Unternehmenstätigkeit stehen. Rund 30 % aller Fälle der schweren Wirtschaftskriminalität werden unter einer Firma und von Gesellschaften begangen. Bei 80 % bis 85 % der Fälle von Wirtschaftskriminalität besteht ein Zusammenhang zwischen der Tat des Täters und seiner Funktion und Tätigkeit im Unternehmen. Diese Art von Wirtschaftskriminalität wird als Verbands- oder Unternehmenskriminalität bezeichnet.[63] Diese steht im Mittelpunkt der vorliegenden Untersuchung.

In der Bundesrepublik existiert zur Beschreibung der Wirtschaftskriminalität[64] keine Legaldefinition. Die Polizei bedient sich als Strafverfolgungsbehörde

---

61 Die wichtigsten zur Verfügung stehenden Statistiken sind die allgemeine „Polizeiliche Kriminalstatistik“ (PKS), die jährlichen „Kriminalitätslagebilder“ des BKA sowie die 1985 letztmals erstellte „Bundesweite Erfassung von Wirtschaftsstraftaten nach einheitlichen Gesichtspunkten“ (BWE). Vgl. hierzu: Meier, Kriminologie, § 11 Rn. 15.

62 Unter Wirtschaftskriminalität ist die Verletzung oder Gefährdung strafrechtlich geschützter Rechtsgüter im Rahmen eines grundsätzlich auf legale Einkunftserzielung gerichteten Betriebsprozess zu verstehen. Als Unternehmenskriminalität wird der Bereich der Wirtschaftskriminalität verstanden, der auf die arbeitsteilige Organisation eines Betriebsprozesses in der wirtschaftlichen Einheit Unternehmen zurückzuführen ist. Siehe dazu Schlüter, Strafbarkeit von Unternehmen, S. 22 ff.; Többens, Bekämpfung der Wirtschaftskriminalität, NStZ 1999, S. 1 ff.; Achenbach, Festschrift 50 Jahre BGH, Band IV, S. 593 (594).

63 Vgl. Schünemann, Grundfragen der Unternehmenskriminalität, wistra 1982, S. 41 (41); Többens, Bekämpfung der Wirtschaftskriminalität, NStZ 1999, S. 1 (1); Bottke, Strafrechtliche Verantwortlichkeit, wistra 1991, S. 81 (82).

64 Die Begriffe des Wirtschaftsstrafrechts oder der Wirtschaftskriminalität unterliegen keiner allgemein anerkannten Definition. Die klassische Definition des white collar crime und ihre Fortentwicklung in das occuptional crime und corporate crime stellen eine täterbezogene Klassifizierung des Begriffes dar (vgl. dazu die Nachweise bei Dannecker in Wabnitz/Janovsky, Handbuch Wirtschaftsstrafrecht, Kapitel 1, Rn. 5 ff). Die heutige Begriffsbildung wird aus der strafprozessual-kriminaltaktischen Sicht des § 74 c GVG (siehe dazu Kaiser, Kriminologie, S. 487 ff; Hellmann/Beckemper, Wirtschaftsstrafrecht), der kriminologischen Orientierung an der besonderen Sozialschädlichkeit der Delikte (Lindemann, Wirtschaftsstrafrecht; Hefendehl, Kollektive Rechtsgüter, S. 252 f); der dogmatischen Orientierung am Rechtsgüterschutz (Heinz in Gropp, Wirt-

bei der Zuordnung von Straftaten zur Wirtschaftskriminalität des Katalogs von § 74 c Abs. 1 Nr. 1 bis 6 b GVG.[65]

Die Entwicklung des Wirtschaftsstrafrechts[66] in Deutschland ist geprägt von einem rasanten Fortschritt und Wachstum der Volkswirtschaft, der Internationalisierung und Europäisierung der Märkte und der damit einhergehenden Verzahnung und Verflechtung der nationalen Märkte zu einem globalen Weltmarkt.[67]

Das Bundeslagebild Wirtschaftskriminalität des Bundeskriminalamtes[68] enthält in gestraffter Form die aktuellen Erkenntnisse zur Lage und Entwicklung im Bereich der Wirtschaftskriminalität. Grundlage für die Erstellung des Lageberichts bilden die Daten aus der Polizeilichen Kriminalstatistik (PKS) und dem kriminalpolizeilichen Nachrichtenaustausch. Beim Bundeslagebild handelt es sich um eine statistische Darstellung der Kriminalitätslage aus polizeilicher Sicht. Im Jahr 2008 wurden in der PKS insgesamt 84.550 Fälle der Wirtschaftskriminalität registriert. Gegenüber 2007 bedeutet das einen Rückgang von 3,8 % (87.934 Fälle). Der Anteil der Wirtschaftskriminalität an den insgesamt polizeilich bekannt gewordenen Straftaten betrug 1,4 % (2007: 1,5 %). Mit Ausnahme des Bereichs Wirtschaftskriminalität bei Betrug (+ 5,4 %) zeigt sich in allen anderen Bereich teilweise ein deutlicher Rückgang der Fallzahlen.[69]

---

schaftskriminalität, S. 13, 17; Otto, Wirtschaftsstrafrecht, ZStW 96 (1984), S.339 (345); Tiedemann, Wirtschaftsstrafrecht AT, § 1, Rn. 45) und anhand des Schutzes von Instrumenten des Wirtschaftsverkehrs bestimmt (dazu Tiedemann, Wirtschaftsstrafrecht AT, § 1, Rn. 46).

65 BKA, Bundeslagebild Wirtschaftskriminalität 2008, S. 6; zum Begriff der Wirtschaftskriminalität und des Wirtschaftsstrafrechts siehe Dannecker in Wabnitz/Janovsky, Handbuch Wirtschaftsstrafrecht, Kapitel 1, Rn. 5 ff.

66 Zur Entwicklung des Wirtschaftsstrafrechts siehe Tiedemann, Wirtschaftsstrafrecht, JuS 89, S. 689 ff; ders., Wirtschaftsstrafrecht AT; Weber, Konzeption Wirtschaftsstrafrecht, ZStW 96 (1984), 376 ff.

67 Richter in Müller-Gugenberger/Bieneck (Hrsg.), Wirtschaftsstrafrecht, § 3 Rn. 1 ff.; Tiedemann, Wirtschaftsstrafrecht Bd. 1 und 2; vgl. auch die Beiträge von Heinz, Berthel, Stein und Nagel, in: Gropp (Hrsg.), Wirtschaftskriminalität, S. 13 ff., 51 ff. 63 ff., 83 ff.

68 Abrufbar unter http://www.bka.de/lageberichte/wi/wikri_2008.pdf; zuletzt abgerufen am 02.10.2010.

69 BKA Bundeslagebild Wirtschaftskriminalität 2008, S. 6, 7, 8.

II. Kriminologische Aspekte der Wirtschaftskriminalität

1. Dunkelfeldproblematik

Die Aussagekraft[70] des soeben dargestellten „geringen" Anteils der Wirtschaftskriminalität ist jedoch eingeschränkt. Diese Erkenntnis beruht auf der Tatsache, dass der Polizei ein Teil der begangenen Straftaten nicht bekannt wird. Der Begriff des Dunkelfeldes bezeichnet die Differenz zwischen der Zahl der auf den Ebenen amtlicher Strafverfolgung registrierten Anzeigen bzw. Straftaten und der vermuteten Zahl der tatsächlich begangenen Straftaten.[71] Das Dunkelfeld weist die Form von Kriminalität auf, die gerade nicht in einem förmlichen Verfahren sichtbar gemacht wird,[72] weil sie nicht sichtbar gemacht werden kann oder soll und private oder öffentliche Interessen entgegenstehen.[73] Der Umfang dieses Dunkelfeldes[74] hängt von der Art des Delikts ab und kann sich unter Einfluss variabler Faktoren, wie etwa der Anzeigebereitschaft der Bevölkerung und der Intensität der Verbrechenskontrolle, ändern. Die PKS stellt demzufolge kein Spiegelbild der Kriminalitätswirklichkeit dar, sondern ist allenfalls eine mehr oder weniger starke Annäherung an die Realität, insoweit man sich dieser überhaupt annähern kann.[75] Anhand dieser Statistiken lässt sich somit nur die Aussage treffen, dass die in Rede stehenden kriminalisierten Verhaltensweisen tatsächlich vorkommen.[76] Auch das Faktum, dass die Aufklärungsquote im Bereich der Wirtschaftskriminalität im Jahr 2008 bei 92,5 % liegt (Vorjahr: 95,1 %), vermag nur oberflächliche Rückschlüsse auf die Rechts- und Lebenswirklichkeit zuzulassen. Denn auch hier ist die Dunkelfeldproblematik zu beachten und es ist zu berücksichtigen, dass diejenigen Wirtschaftsstraftaten nicht erfasst sind, die

---

70 Zu den Ermittlungsmöglichkeiten von Kriminalität durch amtliche Statistiken, Täter-Studien und Opfer-Studien siehe Lüdemann/Ohlemacher, Soziologie der Kriminalität, S. 13 ff.

71 Sievers, Bestechung und Bestechlichkeit von Angestellten, S. 24.

72 Das Hellfeld weist demgegenüber das sichtbar Gemachte auf, das im Strafverfahren Verarbeitete, das strafjustiziell Geprüfte und in amtlichen Kriminalstatistiken Erfasste, vgl. dazu. Eisenberg, Kriminologie, § 16, Rn. 1; Schwind, Kriminologie, § 2, Rn. 34; Göppinger, Kriminologie, S. 489 f.

73 Zum Begriff des Dunkelfeldes siehe Eisenberg, Kriminologie, § 16, Rn. 1; Schwind, Kriminologie, § 2, Rn. 34; Göppinger, Kriminologie, S. 489 f.

74 Verkürzt wird das Dunkelfeld als die Gesamtheit prinzipiell kriminalisierungsfähiger Ereignisse definiert, siehe dazu Albrecht, Kriminologie, S. 130.

75 BMI, PKS 2009, S. 3; zur Vertiefung der Dunkelfeldproblematik siehe z.B. Dörmann, Zum Problem der statistikbegleitenden Dunkelfeldforschung, in ders. Zahlen sprechen nicht für sich, S. 165 ff.

76 So auch, Achenbach, Strafrechtlicher Schutz des Wettbewerbs, S. 8.

von Schwerpunktstaatsanwaltschaften oder Finanzbehörden ohne Beteiligung der Polizei verfolgt werden.[77]

2. Anonymität zwischen Täter und Opfer

Ein weiteres Problem bei der Verfolgung und Aufdeckung von Wirtschaftsdelikten ist die Anonymität, d.h. die personelle Distanz zwischen Täter und Opfer. Die private Strafanzeige nimmt lediglich 7 % ein.[78] Die fehlende Anzeigebereitschaft hängt auch mit dem Umstand zusammen, dass nahezu die Hälfte aller Fälle der Wirtschaftskriminalität Kollektivopfer, wie etwa staatliche Institutionen und soziale Einrichtungen, schädigt. Bei jenen Kollektivopfern „verschwimmt" die Opfereigenschaft, was wiederum zu einer geringen Anzeige- und Aufklärungsquote führt.[79] Eine weitere Ausprägung der Anonymität ist in der Tatsache zu sehen, dass bei vielen Delikten kein unmittelbar und persönlich Geschädigter vorliegt, sodass die Straftat oftmals unbemerkt bleibt.[80] Zudem ist im Bereich der Wirtschaftskriminalität in vielen Fällen das Bemühen zu verzeichnen, einen Ansehensverlust des Unternehmens zu vermeiden, sodass vielfach eine Strafanzeige unterlassen wird und eine informelle Regelung mit den Mitteln des Zivil- oder Arbeitsrechts angestrebt wird.[81]

3. Unübersichtlichkeit und Gemengelage in Unternehmen

Ein weiteres spezifisches Aufklärungsproblem bei der strafrechtlichen Verfolgung von Wirtschaftskriminalität liegt in der Unübersichtlichkeit eines Unternehmens für außenstehende Strafverfolgungsbehörden. Unternehmen sind gekennzeichnet durch eine Gemengelage von Arbeitsteilung und der Delegation von Pflichten. Das arbeitsteilige Vorgehen führt in seiner Folge zu einem Auseinanderfallen der die wirtschaftsdelinquenten Handlungen vornehmenden Personen und derjenigen, die über die Reich- und Tragweite des Verhaltens informiert

---

77 BKA, Bundeslagebild Wirtschaftskriminalität 2008, S. 10, S. 8.

78 Eisenberg, Kriminologie, § 26 Rn. 39 Fn. 33. Vor einigen Jahren lag die Quote noch bei 10 %, vgl. Eisenberg, Kriminologie, § 26 Rn. 39.

79 Bundesministerium des Inneren/Bundesministerium der Justiz (Hrsg.), Zweiter Periodischer Sicherheitsbericht, 2006, S. 221; die Daten stammen aus der „Bundesweite (n) Erhebung von Wirtschaftsstraftaten nach einheitlichen Gesichtspunkten (BWE)".

80 So etwa bei der Steuerhinterziehung, dem Subventionsbetrug, der Nichtabführung von Sozialversicherungsbeiträgen, der Korruption und Preisabsprachen bei Kartellbildungen; vgl. dazu Bundesministerium des Inneren/Bundesministerium der Justiz (Hrsg.), Zweiter Periodischer Sicherheitsbericht, 2006, S. 221.

81 Dölling, Änderungen des Straf- und Strafprozessrechts, Gutachten C 17; 81 Sievers, Bestechung und Bestechlichkeit von Angestellten, S.24.

sind.[82] Dieses Phänomen ist vor allem bei Großunternehmen zu beobachten, wo eine funktionelle Differenzierung und hierarchische Abstufung das Täterpotential in strategischen und operativen Funktionen auflösen und „verpuffen" lassen.[83] Das bedeutet, dass die eigentliche Rechtsgutsverletzung von einer natürlichen Person begangen wird, welche in der Unternehmenshierarchie der juristischen Person nicht die eigentliche oder zumindest alleinige Verantwortung trägt.[84] Die Differenzierung und Dezentralisierung von Ausführungstätigkeit, Informationsbesitz und Entscheidungsmacht führt in ihrer Folge zu einer Diffusion deliktischer Verantwortlichkeit und damit einhergehend auch zu einem Regulierungsproblem strafrechtlicher Aufdeckung und Verfolgung.

Auch prozessuale Beweiserhebungs- und Beweisverwertungsverbote sowie Vorschriften zum Schutze von Geschäfts- und Betriebsgeheimnissen können bzw. müssen sogar Ermittlungsverfahren erschweren oder gar lähmen.[85]

4. Technisierung und Internationalisierung

Auch das Voranschreiten moderner Technologien[86] und die damit operativ und organisatorisch ermöglichte internationale Begehung von Wirtschaftsdelikten erschweren die Strafverfolgung durch unzureichende technische und auch personelle Möglichkeiten der Ermittlungs- und Strafverfolgungsbehörden.[87] In diesem Zusammenhang ist vor allem das Internet als Tatmittel zu erwähnen. Die Anzahl der Wirtschaftskriminalität mittels Tatmittel "Internet" ist gegenüber dem Vorjahr deutlich um rund 77 % (7.158 Fälle) gestiegen. Dies bedeutet, dass im Jahr 2008 bei mehr als jedem fünften Fall von Wirtschaftskriminalität das Internet genutzt wurde.[88]

---

82 Rogall, Aufsichtspflichtverletzung in Betrieben, ZStW 98 (1986), S. 573 (576); Schünemann, Grundfragen der Unternehmenskriminalität, wistra 1982, S. 41 (46).

83 Vgl. Heine in Alwart, Verantwortung und Steuerung von Unternehmen, S. 91 ff.

84 Schünemann, wistra 1982, S. 41 (42).

85 Vgl. Dannecker in Wabnitz/Janovsky, Handbuch Wirtschaftsstrafrecht, Kapitel 1, Rn. 23.

86 Zur Internetdelinquenz und den damit einhergehenden Möglichkeiten der Deliktsbegehung und den Schwierigkeiten der Strafverfolgung siehe Heinrich, Neue Medien und klassisches Strafrecht, NStZ 05, S. 361 ff.

87 Zum Problem von Ermittlungen im Ausland im Wege der Rechtshilfe siehe Wybitul, Interne Ermittlungen auf Aufforderung von US-Behörden, BB 09, S. 606 ff; allgemein zur Entwicklung des Wirtschaftsstrafrechts unter dem Einfluss des Europarechts, siehe Dannecker in Wabnitz/Janovsky, Handbuch Wirtschaftsstrafrecht, Kapitel 2, Rn. 37 ff.

88 BKA, Bundeslagebild Wirtschaftskriminalität 2008, S. 11.

III. Folgen des Verstoßes gegen wirtschaftsstrafrechtliche Delikte

1. Materielle Schäden und Schadensschätzungen

Vorstehend wurde bereits dargestellt, dass sich aufgrund der Dunkelfeldproblematik keine genaue Abbildung der Kriminalitätswirklichkeit abzeichnen lässt. Die nachfolgende Überlegung basiert somit nur auf der Tatsache, dass Wirtschaftsdelikte tatsächlich begangen werden. Es gilt nunmehr zu untersuchen, inwieweit sich die Begehung von Wirtschaftsstraftaten auf das Rechtsbewusstsein der Allgemeinheit und der damit einhergehenden öffentlichen Wahrnehmung auswirkt.

Die kriminologische Bedeutung der Wirtschaftskriminalität äußert sich insbesondere durch die vermutete Schadenshöhe,[89] die vermutete Häufigkeit der Deliktsbegehung und die zunehmende Schwierigkeit effektiver Strafverfolgung aufgrund der Verbandskriminalität und der Straftatenbegehung im Rahmen inter-nationaler Verflechtungen.[90] Die Folgen der Begehung wirtschaftsstrafrechtlicher Delikte lassen sich in zwei Gruppen klassifizieren: Zum Einen in einen prinzipiell messbaren oder schätzbaren materiellen Schaden. Zum Anderen in einen wahrnehmbaren und empirisch verifizierbaren immateriellen Schaden, der sich einerseits auf die Allgemeinheit bezieht und andererseits auf ein Unternehmen an sich und damit als institutioneller Schaden[91] zu verstehen sein könnte.

Die Strafverfolgungsstatistik 2008 belegt, dass etwa 43,89 % aller Verurteilungen auf gewaltfreie Eigentums- und Vermögensdelikte entfallen.[92] Die Gegenüberstellung zwischen Tatverdacht und Verurteilung zeigt, dass auf ca. 4

---

89 Auch an dieser Stelle sei auf die Dunkelfeldproblematik bei Wirtschaftsstraftaten hingewiesen. Weitergehende Erläuterungen zur Schadenshöhe finden sich im Themenabschnitt „Wirtschaftliche Erforderlichkeit"; vgl. Anlage I.

90 Einen guten Überblick über die kriminologischen Aspekte der Wirtschaftskriminalität bietet Heinz, Konzeption Wirtschaftsstrafrecht, ZStW 96 (1984), S. 417 ff; Ausführungen zu internationalen Verflechtungen finden sich bei Sieber in Albrecht/Sieber (Hrsg.), Zwanzig Jahre Südwestdeutsche Kriminologische Kolloquien, S. 29 ff.

91 Diese Vermutung lehnt an Tiedemann, Wirtschaftsstrafrecht AT, § 1, Rn. 43 an, der auf einen Vertrauensaspekt hinsichtlich der Schäden abstellt und ihn als „institutionalisiertes Vertrauen" (im Gegensatz zum Vertrauen der Marktteilnehmer) begreift.

92 Siehe dazu Statistisches Bundesamt, Strafverfolgungsstatistik 2008, Pressemitteilung Nr. 382 v. 08.10.2009; abrufbar unter http://www.destatis.de/jetspeed/portal/cms/Sites/destatis/Internet/DE/Presse/pm/2009/10/PD09__382__243,templateId=renderPrint.psml zuletzt abgerufen am 02.10.2010.

Verdachtsfälle 1 Verurteilung erfolgt.[93] Das moderne Wirtschaftsstrafrecht ist somit durch quantitative Marginalität und Probleme der gerichtlichen Normumsetzung gekennzeichnet.[94]

Aufgrund der bereits dargestellten Dunkelfeldproblematik sind lediglich Schadensschätzungen als materielle Folge der Straftatenbegehung möglich. Dabei ist jedoch zu beachten, dass diese Schätzungen von 5 Milliarden Euro bis zu 702 Milliarden DM[95] reichen. Diese Differenz und die damit verbundene Unsicherheit der Schätzungsgrundlagen zeigt auf, dass es sich bei diesen Angaben lediglich um Blindschätzungen handeln kann.[96] Solche – auf Annahmen beruhende – Hochrechnungen und Blindschätzungen sollen einen „Aufrüttelungseffekt“ haben.[97] Die Ergebnisse unterscheiden sich bisweilen stark, je nachdem von welchen Faktoren und Anhaltspunkten der Schätzende ausgeht.[98] Die aufgezeigten Spekulationen[99] um die Schadenshöhe belegen wiederum die im Wirtschaftsstrafrecht verstärkt auftretende Dunkelfeldproblematik.[100] Eine Schadensermittlung ist des Weiteren nicht nur rechtlich, sondern auch rein tatsächlich schwierig, weil die Schwierigkeit besteht, welche Schäden als Folge einer Straftat anzusehen sind, zumal immaterielle und gesamtwirtschaftliche Schäden oft nur als kumulative oder Langzeiteffekte auftreten.[101]

2. Schäden durch Sog- und Spiralwirkung und Begleitkriminalität

Neben den lediglich einschätzbaren monetären Schäden verursacht die Begehung kriminalisierter Verhaltensweisen im Wirtschaftsstrafrecht auch Folge-

---

93 Zu dieser Aussage gelangt man durch Errechnung des Mittelwertes für ausgewählte Delikte des Wirtschaftsstrafrechts. Auf 260.317 Verdachtsfälle erfolgen 63.175 Verurteilungen. Das ergibt eine durchschnittliche Verurteilungsquote von 24,27 %, siehe dazu die Tabelle in der Anlage II.

94 So zutreffend Albrecht, Kriminologie, S. 293.

95 Siehe dazu Kaiser in Kaiser/Schöch, Kriminologie, S. 148; Ricks, Ökonomische Analyse der Wirtschaftskriminalität, S. 169.

96 Dannecker in Wabnitz/Janovsky, Handbuch Wirtschaftsstrafrecht, Kapitel 1, Rn. 16.

97 Hettinger, Strafrecht als Büttel, NJW 1996, S. 2263 (2267); kritisch zu den Schadensschätzungen auch Stächelin, Strafgesetzgebung im Verfassungsstaat, S. 312 (313); ebenso Littwin, Korruptionsbekämpfung, ZRP 1996, S. 308 (309).

98 Berg, Wirtschaftskriminalität in Deutschland, S. 34; zur Berechnung und zum Zustandekommen der Zahlen vgl. Müller, Korruption in der öffentlichen Verwaltung, Kriminalistik 93, S. 509 (515); Schaupensteiner, Submissionsabsprachen und Korruption, ZRP 93, S. 250 ff; ders. in Kriminalistik 94, Bekämpfung von Korruptionsdelinquenz, S. 514 (516).

99 Siehe dazu Kaiser, Kriminologie, S. 493, der die statistische Erfassung als fragwürdige Hochrechnung oder gar als pure Spekulation bezeichnete.

100 So auch BMI, PKS 2009, S. 3.

101 Göppinger, Kriminologie, S. 543.

schäden, die sich vor allem als Auswirkungen am Markt bemerkbar machen.[102] So kann etwa ein wirtschaftsdelinquentes Verhalten wie die Steuerhinterziehung zu einem kurzfristigen Gewinnvorsprung, der Steuereinsparung, führen. Diese zeitweise Einsparung kann der Marktteilnehmer dazu einsetzen, dass Waren und Dienstleistungen zu Preisen angeboten werden können, die unterhalb des gängigen Marktpreises liegen. Um die Konkurrenzfähigkeit zu gewährleisten, könnten sich andere Marktteilnehmer gezwungen sehen, dieses Verhalten nachzuahmen.[103] Dieses Phänomen lässt sich als „Sogwirkung" illegaler Verhaltensweisen auf Konkurrenten am Markt beschreiben.[104] Jedes Nachahmungsverhalten der Marktteilnehmer, um die eigene Konkurrenzfähigkeit zu sichern, stellt wiederum einen Anknüpfungspunkt für andere Konkurrenten dar, dieses wirtschaftsdelinquente Verhalten umzusetzen, um sich am Markt behaupten zu können.[105] Jedes neue Delikt bietet somit den Anknüpfungspunkt für jedes weitere Verhalten und kann zum erneuten Kernpunkt der abnormen Ansteckung werden.[106] Dieses kriminologische Phänomen wird als „Spiralwirkung" bezeichnet.[107]

Obgleich es keine gesicherten kriminologischen Nachweise zur Sog- und Spiralwirkung gibt,[108] lässt sich jedoch die Vermutung aufstellen, dass das betreffende Einzelverhalten Marktrelevanz hat. In Zeiten der Betriebswirtschaftlichkeit und hohen Rentabilität eines Unternehmens, das sich einerseits durch Kosteneinsparungen und anderseits durch Produktivitätssteigerung definiert, ist davon auszugehen, dass wirtschaftsdelinquentes, aber auch regelkonformes Einzelverhalten am Markt gerade nicht „verpufft". Das maßgebliche unternehmerische Motiv ist die Gewinnmaximierung und die Konkurrenzfähigkeit gegenüber anderen Marktteilnehmern. Rechtswidriges Verhalten wird in Unternehmen zudem oftmals nicht thematisiert, sondern erfährt eine Neutralisierung durch wirtschaftliche Ziele und wirtschaftlichen Erfolg.[109] Die Konkurrenzfähigkeit eines Unternehmens definiert sich über dessen Vergleichbarkeit am

---

102 Dannecker in Wabnitz/Janovsky, Handbuch Wirtschaftsstrafrecht, Kapitel 1, Rn. 17.

103 Dieses Verhalten hat bereits Sutherland erkannt und es als „Diffusion of Illegal Practices" umschrieben, siehe ders. White Collar Crime, S. 241 ff.

104 Zur Sog- und Spiralwirkung siehe Dannecker in Leitner (Hrsg.), Finanzstrafrecht 2005, S. 125, 145; Opp, Soziologie der Wirtschaftskriminalität, S. 96 f; Bundesministerium des Innern/der Justiz (Hrsg.), Erster Periodischer Sicherheitsbericht, S. 152; Heinrich, NStZ 05, S. 361 (363).

105 Bannenberg, Korruption in Deutschland, S. 370.

106 Vgl. Zirpins/Terstegen, Erscheinungsformen der Wirtschaftskriminalität, S. 32.

107 Tiedemann, Wirtschaftsstrafrecht und Wirtschaftskriminalität, Bd. 1, S. 26.

108 Siehe dazu Bottke, Wirtschaftsstrafrecht BRD, wistra 91, S. 3; Eisenberg, Kriminologie, § 47, Rn. 17; Meier, Kriminologie, § 11, Rn. 20.

109 Bannenberg, Korruption in Deutschland, S. 370 ff.

Markt mit anderen Unternehmen. Dies bedingt jedoch zunehmend die Nachahmung bestimmten wirtschaftlichen oder eben wirtschaftsdelinquenten Verhaltens und trägt in deren Folge die Sog- und Spiralwirkung hervor.[110]

Neben der Sog- und Spiralwirkung tritt auch die Begleitkriminalität als kriminologischer Aspekt des Wirtschaftsstrafrechts auf. Diese Form kriminalisierter Verhaltensweisen dient dazu, wirtschaftsdelinquentes Verhalten des Täters zu unterstützen oder zu verdecken.[111]

IV. Reaktion des Kriminalstrafrechts

Nachfolgend soll beleuchtet werden, inwieweit durch materiellrechtliche Regelungen im Wirtschaftsstrafrecht und der Ausgestaltung der in Rede stehenden Straftatbestände dem Phänomen Wirtschaftskriminalität begegnet wird.

1. Änderungen des materiellen Wirtschaftsstrafrechts

Die Korruptionsprävention und damit die Vermeidung bzw. die Eindämmung von Wirtschaftsstraftaten wird als zentrale gesellschaftspolitische Aufgabe der Bundesregierung gesehen.[112] Diese staatliche Haltung ist Folge der neueren Entwicklung des Wirtschaftsstrafrechts und der damit einhergehenden Reformgesetze.[113] Diese Reformgesetze waren eine kritische Reaktion des Gesetzgebers auf das Vorgehen der Wirtschaftsteilnehmer und dem Vorliegen von Wirt-

---

110 Diese Abhängigkeit von der Konkurrenz am Markt lässt sich vor allem bei Kartellabsprachen beobachten, wo die Konkurrenz durch Absprachen ausgeschaltet werden soll. Oftmals führt ein solches kartellrechtlich relevantes Verhalten zu weiteren Absprachen und damit zur Sog- und Spiralwirkung; siehe Dannecker in Wabnitz/Janovsky, Handbuch Wirtschaftsstrafrecht, Kapitel 1, Rn. 17.

111 Zu den typischen Erscheinungsformen der Begleitkriminalität zählen Urkundenfälschung und Korruption, siehe dazu Dölling, Änderung des Straf- und Strafprozessrechts, C 1 ff; Schwind, Kriminologie, § 21, Rn. 12; Pieth/Eigen (Hrsg.), Korruption im internationalen Geschäftsverkehr; Eser (Hrsg.), Korruptionsbekämpfung durch Strafrecht.

112 So der Gesetzesentwurf der Bundesregierung für ein zweites Gesetz zur Bekämpfung der Korruption vom 19.09.06, Bundesministerium der Justiz Referat II A 4, Begründung S. 12.

113 Zu den Änderungen des materiellen Wirtschaftsstrafrechts und den damit einhergehenden Reformgesetzen wie dem Ersten Gesetz zur Bekämpfung der Wirtschaftskriminalität v. 29.07.1976 (1. WiKG), BGBl. 1976 I S.2034 und dem Zweiten Gesetz zur Bekämpfung der Wirtschaftskriminalität v. 15.05.1986 (2. WiKG), BGBl. 1986 I S.721, siehe Dannecker in Wabnitz/Janovsky, Handbuch Wirtschaftsstrafrecht, Kapitel 1, Rn. 80-88. Zu der Entwicklung des deutschen Wirtschaftsstrafrechts bis zum Jahre 1945 und zum Aufbau des Wirtschaftsstrafrechts nach dem 2. Weltkrieg siehe Dannecker, aaI, Rn. 57 ff und 60 ff.

schaftsskandalen größeren Ausmaßes, sowie auch dem Umweltverhalten der Wirtschaftsunternehmen.[114]

Neben Reformen im Steuerstrafrecht, im Bereich des gewerblichen Rechtsschutzes, im Telekommunikations- und Datenschutzstrafrecht, auf Ebene des Subventionsbetruges und im Bereich der Geldfälschungsdelikte stehen auch weitere Themenkomplexe im Fokus gesetzgeberischer Intention und Reaktion.[115] Diese sollen nachfolgend kurz dargestellt werden, um daran anschließend auf die Grundsätze der Ausgestaltung der Straftatbestände des Wirtschaftsstrafrechts einzugehen.

a) Wettbewerbs- und Korruptionsstrafrecht

Das Gesetz zur Bekämpfung der Korruption (KorrBG) v. 13.08.1997[116] führte neben der Änderung des Amtsträgerbegriffes in § 11 Abs. 1 Nr. 2 StGB auch die Neugestaltung der Bestechungsdelikte der §§ 331 ff. StGB ein. Zudem wurde ein neuer Abschnitt der „Straftaten gegen den Wettbewerb“ eingearbeitet und die Tatbestände der „Wettbewerbsbeschränkenden Absprachen bei Ausschreibungen“ in § 298 StGB und der „Bestechlichkeit und Bestechung im geschäftlichen Verkehr“ in § 299 StGB aufgenommen.[117] Von gesetzgeberischer Seite soll damit deutlich gemacht werden, dass der Schutz des Wettbewerbs eine wichtige Aufgabe des Staates ist, zu dessen Durchführung auch ein verstärkter strafrechtlicher Schutz im StGB geboten ist.[118]

Auf internationaler Ebene führten das „Gesetz zur Bekämpfung internationaler Bestechung (Int BestG)“, das „EU-Bestechungsgesetz (EU-BestG)“[119] und das „EU-Rechtsinstrumente-Ausführungsgesetz“[120] zu einer Gleichstellung von ausländischen und inländischen Amtsträgern bei Bestechungsdelikten, der Strafbarkeit der Bestechung und Bestechlichkeit von Gemeinschaftsbeamten sowie Amtsträgern der Mitgliedstaaten der Europäischen Union.

---

114 Dannecker in Wabnitz/Janovsky, Handbuch Wirtschaftsstrafrecht, Kapitel 1, Rn. 80.

115 An dieser Stelle soll lediglich auf die Reformen verwiesen werden. Weitere Nachweise dazu finden sich bei Wabnitz/Janovsky (Hrsg.), Handbuch Wirtschaftsstrafrecht, Kapitel 1, Rn. 98 (Steuerstrafrecht), Rn. 90 (geistiges Eigentum), Rn. 93 (Insiderstrafrecht), Rn. 103 (Subventionsbetrug) und Rn. 121 (Geldfälschungsdelikte).

116 BGBl. 1997 I, S. 2038.

117 Siehe dazu weiterführend Dannecker in Wabnitz/Janovsky, Handbuch Wirtschaftsstrafrecht, Kapitel 1, Rn. 103. Die Anwendbarkeit des § 299 StGB (§ 299 Abs. 3 StGB) wurde durch Art. 1 Nr. 2 des EU-Rechtsinstrumente-Ausführungsgesetz v. 22.08.2002, BGBl. I S. 3387 auch auf Handlungen im ausländischen Wettbewerb erstreckt.

118 BT-Drucks. 13/5584, S. 15.

119 Beide Gesetze v. 10.09.1998, BGBl. II S. 2327, 2340.

120 Gesetz v. 22.08.2002, BGBl. I S. 3387.

b) Insiderstrafrecht

Das Insiderstrafrecht wird maßgeblich durch zwei europäische Richtlinien geprägt: Die Insiderrichtlinie[121] und die Marktmissbrauchsrichtlinie.[122] Die Insiderrichtlinie legte dem Primärinsider[123] ein Verwertungsverbot hinsichtlich des Erwerbs oder der Veräußerung von Insiderpapieren für eigene oder fremde Rechnung unter Ausnutzung seiner Kenntnis auf. Zudem bestand für den Primärinsider auch ein Weitergabe- und Empfehlungsverbot. Ein Dritter, der Kenntnis von einer Insidertatsache hat, der Sekundärinsider, trifft ein Verwertungsverbot. Die Marktmissbrauchsrichtlinie legte auch dem Sekundärinsider ein Weitergabe- und Empfehlungsverbot auf. Damit sind Primär- und Sekundärinsider pflichtenmäßig gleichgestellt.[124]

c) Insolvenzstrafrecht

Die ins StGB eingestellten Konkursstraftaten wurden durch das „Einführungsgesetz zur Insolvenzordnung"[125] in Verbindung mit dem „Gesetz zur Änderung des Einführungsgesetzes zur Insolvenzordnung und anderer Gesetze"[126] an die Insolvenzordnung angepasst. Das Insolvenzstrafrecht ist nunmehr im 24. Abschnitt des StGB in den §§ 283 ff. StGB kodifiziert.[127]

d) Organisierte Kriminalität

Das „Gesetz zur Bekämpfung der Organisierten Kriminalität (OrgKG)"[128] führte den Straftatbestand der Geldwäsche aufgrund internationaler Vereinbarungen in § 261 StGB ein.[129] § 261 StGB soll vermeiden, dass illegal erlangte Vermö-

---

121 ABl. v. 18.11.1989, Nr. L 334/30 ff, umgesetzt durch das „Gesetz über den Wertpapierhandel und zur Änderung börsenrechtlicher und wertpapierrechtlicher Vorschriften (Zweites Finanzmarktförderungsgesetz) v. 26.07.1994, BGBl. I S. 1749, indem insbesondere das „Gesetz über den Wertpapierhandel" (Wertpapierhandelsgesetz-WpHG) in Kraft getreten ist.

122 ABl. v. 12.04.2003, Nr. L 96/16 ff, umgesetzt durch das „Gesetz zur Verbesserung des Anlegerschutzes (Anlegerschutzverbesserungsgesetz-AnSVG)", BGBl. I S. 2630 ff.

123 Darunter sind Personen zu verstehen, die als Mitglieder eines Leitungs-, Verwaltungs- oder Aufsichtsorgans des Emittenten, durch ihre Beteiligung am Kapital des Emittenten oder aufgrund ihrer Arbeit, ihres Berufs oder ihrer Aufgaben zu Insiderinformationen Zugang haben, vgl. Hopt, Deutsches Insidergesetz in FS Beusch, S. 393 (398).

124 Siehe Art. 2, 3, 4 der Marktmissbrauchsrichtlinie.

125 Vom 05.10.1994, BGBl. I S. 2911, letztes Änderungsgesetz v. 19.12.1998, BGBl. I S. 3836.

126 Vom 19.12.1998, BGBl. I S. 3836.

127 Siehe dazu weiterführend Dannecker in Wabnitz/Janovsky, Handbuch Wirtschaftsstrafrecht, Kapitel 7, Rn. 94.

128 Gesetz v. 15.06.1992, BGBl. I S. 1302.

129 Siehe dazu Vogel, Geldwäsche, ZStW 109 (1997), S. 335.

gensvorteile in den Wirtschaftskreislauf gelangen. Dementsprechend erweiterten das „Verbrechensbekämpfungsgesetz“[130], das „Gesetz zur Verbesserung der Bekämpfung der Organisierten Kriminalität“[131], das „Steuerverkürzungsbekämpfungsgesetz“[132] und das „Fünfte Gesetz zur Änderung des Steuerbeamten-Ausbildungsgesetzes und zur Änderung von Steuergesetzen“[133] den Straftatbestand des § 261 StGB. Der Vortatenkatalog des § 261 StGB erfasst nunmehr auch gewerbs- und bandenmäßig begangene Vermögens-, Urkunden- und Bestechungsdelikte. Ebenso können sich die rechtswidrigen Taten nach § 261 Abs. 1 Nr. 3 StGB nunmehr auch auf gewerbs- oder bandenmäßige Steuervergehen nach der AO beziehen.[134]

Durch das „Gesetz über das Aufspüren von Gewinnen aus schweren Gewalttaten (GeldwäscheG-GwG)“ und das „Gesetz zur Verbesserung der Bekämpfung der Geldwäsche und der Bekämpfung der Finanzierung des Terrorismus (Geldwäschebekämpfungsgesetz)“[135] werden Kredit- und Finanzinstitute, aber auch Steuer- und Wirtschaftsprüfer sowie Rechtsberater zu Identifikations- und Aufzeichnungspflichten angehalten, wenn geldwäscheverdächtige Transaktionen vorliegen.[136]

2. Grundsätze der Ausgestaltung der Straftatbestände des Wirtschaftsstrafrechts

Die Grundsätze der Ausgestaltung der Straftatbestände des Wirtschaftsstrafrechts stellen sich als gesetzgeberischen Versuch zur Eindämmung bzw. Bekämpfung der Wirtschaftskriminalität dar. Dabei bedient sich der Gesetzgeber der verschiedensten dogmatischen Mittel zur Ausgestaltung der Straftatbestände, um sein Ziel effektiv und effizient zu erreichen.

---

130 Gesetz v. 28.10.1994, BGBl. I S. 3186.

131 Gesetz v. 04.05.1998, BGBl. I S. 845.

132 Gesetz v. 19.12.2001, BGBl. I S. 3922.

133 Gesetz v. 23.07.2002, BGBl. I S. 2715.

134 Dannecker in Wabnitz/Janovsky, Handbuch Wirtschaftsstrafrecht, Kapitel 1, Rn. 95 ff.

135 Gesetz v. 25.10.1993, BGBl. I S.1770; Gesetz v. 08.08.2002, BGBl. I S. 3105.

136 §§ 11, 2, 3 GwG. Zu der verfassungsrechtlichen Problematik, wonach der Strafverteidiger dem tauglichen Täterkreis des § 261 Abs. 2 StGB zuzuordnen ist und ein Eingriff in seine Berufsfreiheit nach Art. 12 I GG vorliegt, siehe BVerfG in NJW 04, S. 1305 (1306).

a) Sonderdelikte

Als Sonderdelikte werden solche Straftaten bezeichnet, die eine bestimmte Subjektsqualität des Täters verlangen und damit den Täterkreis begrenzen.[137] Im Rahmen des Wirtschaftsstrafrechts ist dabei vor allem an das Vorenthalten und Veruntreuen von Arbeitsentgelt nach § 266 a StGB zu denken. Dieser Straftatbestand kann nur von Arbeitgebern verwirklicht werden. Auch die Untreue gem. § 266 StGB setzt als besondere Eigenschaft eine Vermögensfürsorgepflicht voraus. Der Insolvenzstrafbestand des Bankrotts nach § 283 StGB setzt als besondere Subjektsqualität die Schuldnereigenschaft voraus. In diesem Zusammenhang ist insbesondere § 14 StGB zu erwähnen. Er regelt die strafrechtliche Verantwortlichkeit, wenn nicht der eigentliche Sorgfaltspflichtige, sondern ein Anderer für diesen handelt.[138]

Die als Sonderdelikte ausgestalteten Korruptionsdelikte der §§ 331 ff. StGB verdeutlichen die Intention des Gesetzgebers „das straf- und strafverfahrensrechtliche Instrumentarium zur Bekämpfung der Korruption zu diesem Zwecke auszubauen".[139] Das Vertrauen des Bürgers wird in den Fokus strafrechtlicher Normgebung gerückt,[140] indem es als unabdingbarer Eckpfeiler des Zusammenlebens einer Gesellschaft fungiert.[141] Dies gibt jedoch Anlass zu Kritik. Es kann nicht nur um die Stabilisierung der Gesellschaft gehen, wenn sich dabei

---

137 Kühl, Strafrecht Allgemeiner Teil, § 20, Rn. 13. Hat die Subjektsqualität strafbegründende Bedeutung wie z.B. bei den Amtsdelikten der §§ 331, 332, 339, 344, 348 StGB, so spricht man von „echten" Sonderdelikten. Kann die Deliktsbegehung hingegen durch jedermann erfolgen, wirkt die besondere Eigenschaft jedoch strafschärfend, wie bspw. bei §§ 120 II, 133 III, 258 a, 340 StGB, und es handelt sich um ein „unechtes" Sonderdelikt.

138 Dannecker in Wabnitz/Janovsky, Handbuch Wirtschaftsstrafrecht, Kapitel 1, Rn. 105.

139 Im Gesetzesentwurf des Bundesrates BT/Drs. 13/3353, S. 1 zur Bekämpfung der Korruption, dessen Zielsetzungen durch das KorrBekG von 1997 umgesetzt wurden, heißt es weiterhin: „Das kollusive, von verwerflichem Gewinnstreben bestimmte Zusammenwirken von Amtsträgern und Personen in der Wirtschaft erschüttert in besonderem Maße das Vertrauen der Rechtsgemeinschaft in die Integrität der öffentlichen Verwaltung und verursacht hohen volkswirtschaftlichen Schaden.(...) Es liegt im vordringlichen Interesse des Staates, Missständen effektiv entgegenzuwirken. Dringend notwendig sind Verbesserungen auf dem Gebiet der Prävention".

140 Sinn und Zweck der Strafe liegen hier in der Stärkung des Rechtsbewusstseins und des Vertrauens der Allgemeinheit in die Rechtsordnung. Es handelt sich dabei um die positive Generalprävention. Zu den anderen absoluten und relativen Straftheorien siehe Wessels/Beulke, Strafrecht AT, Rn. 12a.

141 Rüdiger, Ausverkauf der personalen Rechtsgutslehre, in Institut für Kriminalwissenschaften und Rechtsphilosophie FfM (Hrsg.), S. 431; siehe dazu Jakobs, Strafrecht AT, 1. Abschnitt, Rn. 15.

das freie Subjekt[142] verliert.[143] Eine Legitimation von Strafe und Strafbedürftigkeit, die sich lediglich in dem Verweis auf den Erhalt der gesellschaftlichen Ordnung erschöpft, bleibt unbefriedigend, wenn nicht einbezogen und berücksichtigt wird, ob die angeblich stabilitätssteigernden Elemente selbst legitim sind.[144] Bei Straf- und Sanktionsnormen ist dabei zu berücksichtigen, dass keine Gesellschaft in ihrem gesamten Normbestand und kaum eine Gesellschaft hinsichtlich keiner Norm schutzwürdig ist.[145]

Im Hinblick auf die Deliktstruktur der §§ 331 ff. StGB ist beachtlich, dass die Tatbestände keinen Vertrauensverlust bei der Bevölkerung im Sinne eines tatbestandlichen Erfolges fordern. Die Verwirklichung der Tatbestände liegt bereits dann vor, wenn der Täter die dort pönalisierten Handlungen vorgenommen oder ausgeführt hat. Zu bedenken ist in diesem Zusammenhang, dass das Vertrauen einzelner Personen nicht mit dem Vertrauen der Allgemeinheit gleichgesetzt werden darf. Selbst wenn bei einzelnen Personen durch die mediale Wahrnehmung von Korruption und Bestechung das Vertrauen in die staatliche Verwaltung in Gestalt der Sachlichkeit der Amtsführung in Misstrauen umschlagen sollte, so muss dies nicht für die Allgemeinheit gelten.[146] Im Ergebnis bedeutet die Rückbeziehung auf das Vertrauen der Allgemeinheit als Schutzgut eine Ausgestaltung der Korruptionsdelikte als abstrakte Gefährdungsdelikte. Das Vertrauensrechtsgut kann durch korrupte Verhaltensweisen per se nicht verletzt werden.[147]

Die Begründung einer realen Verletzungshandlung über die Kumulation von zahlreichen korrupten Handlungen[148] schlägt ebenfalls fehl. Der Einwand, dass einzeln für sich betrachtete ungefährliche Handlungen durch ihr häufiges Auftreten das Vertrauen der Allgemeinheit in die Sachlichkeit staatlicher Entscheidungen relevant und messbar beeinträchtigen, greift nicht.[149] Richtigerweise

142 Zur Ablehnung der Deduktion des Gesellschaftlichen aus dem Individuellen bei Jakobs und Luhmann, siehe Kargl, Recht der Gesellschaft, GA 99, S. 53 (66).

143 Vgl. Albrecht, Strafrecht im Zugriff populistischer Politik, StV 94, S. 265 (265); Stübinger, Schuld, KJ 93, S. 33 (44); Kahlo, Das Problem des Pflichtwidrigkeitszusammenhangs bei den unechten Unterlassungsdelikten, S. 206.

144 Müller-Tuckfeld, Integrationsprävention, S. 68.

145 Neumann, Normative Kritik in Schünemann/v.Hirsch/Jareborg (Hrsg.), Positive Generalprävention, S. 147 ff..

146 Jakobs, Strafrecht AT, 6. Abschnitt, Rn. 88; Graul, Abstrakte Gefährdungsdelikte, S. 47; Gribl, Vorteilsbegriff, S. 135 ff.

147 So richtigerweise Rüdiger, Ausverkauf der personalen Rechtsgutslehre, in Institut für Kriminalwissenschaften und Rechtsphilosophie FfM (Hrsg.), S. 441.

148 So z. B. Hefendehl, Kollektive Rechtsgüter, S. 183; Ronzani, Erfolg und individuelle Zurechnung, S. 60 f.

149 So aber Loos, Rechtsgut der Bestechungsdelikte, in FS Welzel, S. 879 (892).

„kumulieren" sich Rechtsgut und Delikttypus als Mittel zur Absicherung einer „Scheingefahr".[150] Ein „böser Schein" kann jedoch nicht als tragfähige Grundlage der Unrechtsbegründung dienen.[151] Im Ergebnis bedeutet die Orientierung am Vertrauensschutzgedanken die endgültige Preisgabe der begrifflichen Festigkeit und der engen Konturen gesetzlicher Regelungen. Indem nicht mehr die Verantwortlichkeit eines bestimmten Täters für einen ihm zurechenbaren Erfolg, sondern eine Haftung für egoistisch motivierte Pflichtverletzungen Dritter zählt, und damit die Grundlage der Strafbarkeit bildet, erfolgt eine Abkehr vom verfassungsrechtlich garantierten Schuldprinzip.[152] Das eigentliche Schutzobjekt ist der funktionsfähige Staat, der seine Legitimation nicht aus Individualinteressen ableitet, sondern sich selbst als Schutzzweck definiert. Das Strafrecht dient somit nicht der Freiheitssicherung eines jeden Bürgers und der Sicherung eines friedlichen Zusammenlebens, sondern dem Schutz des Staates vor den Bürgern. Dieser „Ausblendungs- und Verschleierungsmechanismus"[153] in Gestalt von Universalrechtsgütern, flächendeckenden Tatbeständen und strafrechtlichem Vorfeldschutz spiegelt der Gesellschaft die Lösung strafrechtlicher und kriminalpolitischer Probleme lediglich vor. Die gesellschaftlichen Konflikte bestehen indes jedoch weiterhin, sodass die immer weiter verschärften und ausgedehnten Tatbestände zu ihrer Lösung offensichtlich nichts beigetragen haben.[154]

Die Korruptionsdelikte der §§ 331 ff. StGB stellen eine Form des „Risikostrafrechts"[155] dar. Es erfolgt eine Pönalisierung, basierend auf globaler Unsicherheit und sich lediglich auf bloße Vermutungen vermeintlich gefährlichen Verhaltens stützend. Die scheinbare Stabilisierung staatlicher Institutionen führt zu einem abzulehnenden „Ausverkauf" der personalen Rechtsgutslehre.[156] Ein freiheitlich-liberales Denken, das Rechtsverstöße als Verletzung Anderer be-

---

150 Kargl, Kriminalität bei der Vorteilsannahme, ZStW 114 (2002), S. 763 (787).

151 Maiwald, Amtsdelikte, JuS 77, S. 353 (355).

152 Rüdiger, Ausverkauf der personalen Rechtsgutslehre, in Institut für Kriminalwissenschaften und Rechtsphilosophie FfM (Hrsg.), S. 443; aus dem Zusammenspiel von Art. 1 Abs. 1, Art. 2 Abs. 1 und dem Rechtsstaatsprinzip ergibt sich die verfassungsrechtliche Verankerung des Schuldprinzips, vgl. etwa BVerfGE 86, S. 288 (313); 109, S. 133 (171); 110, S. 1 (13).

153 Albrecht, Strafrecht im Zugriff populistischer Politik, StV 94, S. 265 (267).

154 Prittwitz, Funktionalisierung des Strafrechts, StV 91, 435 (439, 441); Lisken, Vorfeldeingriffe, ZRP 94, S. 264 (270).

155 Zur Kritik am Risikostrafrecht siehe Albrecht, Strafrecht als Interventionsstaat, KritV 88, S. 182 (184); Hassemer, Symbolisches Strafrecht, NStZ 89, S. 553 (557); Prittwitz, Funktionalisierung des Strafrechts, StV 91, S. 435 ff; ders. Strafrecht und Risiko.

156 So zutreffend Rüdiger, Ausverkauf der personalen Rechtsgutslehre, in Institut für Kriminalwissenschaften und Rechtsphilosophie FfM (Hrsg.), S. 445.

greift und damit ein normativ-personenorientiertes Schadensprinzip darstellt,[157] ist einem freiheitseinschränkenden und absolutistischen Verständnis von Verbrechen als Pflichtverstoß gegen rechtliche oder moralische Normen vorzuziehen.[158]

b) Gefährdungsdelikte

Die veränderten nationalen Rahmenbedingungen durch den wirtschaftlichen Aufschwung nach dem Ende des Zweiten Weltkrieges[159] schafften neue Schutzbedürfnisse im Hinblick auf die Rechtsgüter Eigentum und Vermögen. Dem entsprach der Gesetzgeber durch die Schaffung neuer Straftatbestände, wie bspw. dem Subventions- und Kreditbetrug nach §§ 264, 265 b StGB, der Neuregelung des Insolvenz- und Computerstrafrechts, der Neugestaltung des Wettbewerbs- und Börsenstrafrechts sowie durch den Anlegerschutz und dem Schutz des bargeldlosen Zahlungsverkehrs. Diese Tatbestände sollten einen vermeintlich weitgehenden Schutz überindividueller Rechtsgüter gewährleisten und durch verfahrensrechtliche Beweiserleichterungen eine effektive Bekämpfung der Wirtschaftskriminalität garantieren.[160] Zahlreiche dieser Tatbestände sind als abstrakte Gefährdungsdelikte ausgestaltet. Dieser Delikttypus basiert auf der gesetzlichen Vermutung, dass bestimmte Verhaltensweisen für das Schutzobjekt generell gefährlich sind. Die Gefährlichkeit der Tathandlung ist damit nicht Tatbestandsmerkmal, sondern nur Grund für die Existenz der Vorschrift.[161] Die Konzeption und tatbestandliche Ausgestaltung dieser Delikte basiert auf der Überlegung, ein „vergeistigtes"[162] bzw. vorverlagertes Zwischenrechtsgut anzunehmen.[163] Die Verletzung dieses Zwischenrechtsguts begründet dabei den Handlungsunwert der Tat und damit deren Strafbarkeit.[164] Die Zwischenrechts-

---

157 Papageorgiou, Schaden und Strafe, S. 89, 101; Feinberg, Harm to Others, S. 187.

158 Vgl. Rüdiger, Ausverkauf der personalen Rechtsgutslehre, in Institut für Kriminalwissenschaften und Rechtsphilosophie FfM (Hrsg.), S. 445; zur Gegenansicht, die Strafe als Selbstzweck und nicht im Dienste personaler Belange konzipiert, siehe Kant, Metaphysik der Sitten, in Ebeling (Hrsg.), S. 192; zu den absoluten Straftheorien siehe Wessels/Beulke, Strafrecht AT, Rn. 12a.

159 Zur geschichtlichen Entwicklung des Wirtschaftsstrafrechts der Bundesrepublik Deutschland siehe Dannecker in Wabnitz/Janovsky, Handbuch Wirtschaftsstrafrecht, Kapitel 1, insbesondere Rn. 60 ff.

160 Dannecker in Wabnitz/Janovsky, Handbuch Wirtschaftsstrafrecht, Kapitel 1, insbesondere Rn. 106.

161 Wessels/Beulke, Strafrecht AT, Rn. 29; siehe dazu weiterführend Kindhäuser, Gefährdung als Straftat, S. 225; Hefendehl, Kollektive Rechtsgüter im Strafrecht, S. 156.

162 Tiedemann, Einführung Wirtschaftsstrafrecht, § 1, Rn. 60.

163 Maurach/Schröder, StrafR BT 1, § 58 III 1.

164 Roxin, Strafrecht AT 1, § 11, Rn. 161.

güter liegen in Form von überindividuellen Rechtsgütern vor, durch die soziale Interessen und Belange geschützt werden sollen.[165]

Diese Vorgehensweise vermag jedoch nicht zu überzeugen und lässt an Legitimation vermissen. Bedenklich erscheint dabei, dass aufgrund von Beweisschwierigkeiten hinsichtlich der Kausalität oder des subjektiven Tatbestandes oder durch die Annahme, dass bei individuellen Rechtsgütern der Rechtsgüterschutz zu spät greifen würde, Gemeinschaftsrechtsgüter vor die Individualrechtsgüter und deren individualistisch geprägten strafrechtlichen Tradition geschoben werden.[166] Richtigerweise geht es demnach nicht mehr um den Rechtsgüterschutz als solches, sondern um die Vorstellung von Strafe als Erwartungssicherung.[167] Das Strafrecht einem ständigen Wandlungsprozess zu unterwerfen, damit es stets an die Regelungen der äußerlichen Rahmenbedingungen angepasst werden kann, mündet in einer dynamischen Schutzkonzeption des Strafrechts.[168] Es soll dabei die Unschädlichkeit von Verhaltensweisen gewährleisten, indem es rechtzeitig pönalisiert und dadurch einen Anspruch auf Sicherheit vermitteln.[169] Dem zukunftsorientierten Interesse des Strafrechts, der Kontrolle von Gefahren, wird oftmals durch die Aufgabe freiheitsschützender Formen, insbesondere im Strafprozessrecht, Rechnung getragen.[170] Das Strafrecht fungiert dabei jedoch lediglich als Alibi für Versäumnisse beim Rechtsgüterschutz, weil es vom Druck, wirksame Mittel bereitzustellen, entlastet.[171] Bei den abstrakten Gefährdungsdelikten handelt es sich demnach um den Versuch einer fast lückenlosen Erfassung strafrechtlichen Verhaltens durch Schaffung überindividueller, sozialer Interessen und der Ausdehnung der Strafbarkeit.[172] Dieses falsch verstandene Sicherungsbedürfnis und die Bemühung, eine vermeintliche gesellschaftliche Unsicherheit durch strafrechtliche Daseinsvorsorge zu kompensieren, führen zu der Preisgabe des Strafrechts als prima ratio.[173] Für die

---

165 Tiedemann, FS Dünnebier, S. 521

166 So zutreffend Seelmann, Atypische Zurechnungsstrukturen im Umweltstrafrecht, NJW 90, S. 1257 (1259).

167 So aber die Gegenansicht Tiedemann/Kindhäuser, Umweltstrafrecht-Bewährung oder Reform? NStZ 88, S. 337 (340).

168 Vgl. Tiedemann/Kindhäuser, Umweltstrafrecht-Bewährung oder Reform?, NStZ 88, S. 337 (340).

169 Kindhäuser, Gefährdung als Straftat, Kapitel 6, Abschnitte I, II.

170 Seelmann, Atypische Zurechnungsstrukturen im Umweltstrafrecht, NJW 90, S. 1257 (1261), der das Problem vor allem im Betäubungsmittelstrafrecht verortet.

171 Albrecht, Strafrecht als Interventionsstaat, KritV 88, S. 182 (188); Hassemer, Umweltschutz durch Strafrecht, Neue Kriminalpolitik 1989, S. 46 (47).

172 Hassemer, Symbolisches Strafrecht, NStZ 89, S. 553 (558).

173 Zur Abkehr vom ultima ratio-Prinzip des Strafrechts siehe Albrecht, Kriminologie, S. 294, 370.

Vermögensdelikte wird dementsprechend treffend ins Feld geführt, dass sich „an der äußeren und inneren Ausstattung dieser Gesellschaft nichts zum Schlechteren ändern würde, wenn man, wie das Gesetz es vorsieht, auf die Bestrafung der Belästigung eines Vermögens verzichtet.“[174] Strafrecht muss sich demzufolge auf zentrales Unrecht konzentrieren und zentrales Unrecht ist durch legitimes Strafrecht benennbar und wird kenntlich.[175] Jenem rechtsstaatlichen Strafrecht laufen psychologisierende Unrechtsbegründungen durch abstrakte Gefährdungsdelikte zuwider.

c) Unbestimmtheit und Ausweitung von Straftatbeständen

Bei dem Bemühen und dem Versuch, nahezu jedes strafwürdige Verhalten zu erfassen, bedient sich der Gesetzgeber zahlreicher Generalklauseln und unbestimmter Rechtsbegriffe.[176] Die Frage, wie man ein solches gesetzgeberisches Vorgehen werten mag und ob das Strafrecht ein geeignetes Mittel dazu darstellt, wird später zu beleuchten sein.[177] Unabhängig davon stellt jedoch die gesetzgeberische Maßnahme, Straftaten „auszumerzen, wo auch immer sie vorkommen“[178], einen bedenklichen staatlichen Aktionismus dar. Dieser mündet in einer bedenklichen Unbestimmtheit und Ausweitung von Straftatbeständen und muss sich damit am verfassungsrechtlich garantierten Bestimmtheitsgebot nach Art. 20 Abs. 3 GG messen lassen.[179] Die ausreichende Bestimmtheit von Rechtsvorschriften ist Element des Rechtsstaatsgebots und Ausprägung des Gebots von Rechtssicherheit.[180] Für den Bereich der Strafgesetze ist insoweit Art. 103 Abs. 2 GG maßgeblich.[181] Der Einzelne soll von vornherein wissen können, was strafrechtlich verboten ist und welche Strafe ihm für den Fall eines Verstoßes gegen das Verbot droht, damit er in der Lage ist, sein Verhalten danach einzu-

---

174 Naucke, StV 85, S. 187; weitergehend zum Gefährdungsschaden bei den Vermögensdelikten siehe Bung, Gefährdungsschaden und Vermögensverlust, in Institut für Kriminalwissenschaften und Rechtsphilosophie FfM (Hrsg.), S. 363 ff.

175 Wegweisend dazu Albrecht, Die vergessene Freiheit, S. 168, 167.

176 Vgl. Dannecker in Wabnitz/Janovsky, Handbuch Wirtschaftsstrafrecht, Kapitel 1, Rn. 108.

177 Siehe dazu die Kapitel 2, 4 A. und 5 A. I.

178 So der Europäische Rat bezogen auf Geldwäsche in Tampere, Schlussfolgerungen des Vorsitzes vom 15./16.10.1999, Ziffer X. (Sondermaßnahmen zur Bekämpfung der Geldwäsche Nr. 51, S. 7: „Geldwäsche ist das Herzstück der organisierten Kriminalität. Wo auch immer sie vorkommt, sollte sie ausgemerzt werden. Der Europäische Rat ist entschlossen, darauf hinzuwirken, dass konkrete Schritte unternommen werden, damit die Erträge aus Straftaten ermittelt, eingefroren, beschlagnahmt und eingezogen werden“).

179 Dannecker in Wabnitz/Janovsky, Handbuch Wirtschaftsstrafrecht, Kapitel 1, Rn. 108.

180 BVerfGE 49, S. 168 (181); 104, S. 114 (114); 62, S. 169 (183); 80, S. 103 (107).

181 Jarass in Jarass/Pieroth, GG-Kommentar, Art. 20, Rn. 60.

richten.[182] Die Verwendung unbestimmter, wertungsausfüllungsbedürftiger Begriffe und Generalklauseln ist dabei jedoch zulässig.[183] Das BVerfG übt Zurückhaltung in der Erklärung der Verfassungswidrigkeit von Strafgesetzen.[184] Die restriktive Auslegung fraglicher Tatbestände wird in diesem Zusammenhang als ausreichend erachtet, um den verfassungsrechtlichen Anforderungen des Art. 103 Abs. 2 GG zu entsprechen.[185]

Am Beispiel des Straftatbestandes der Geldwäsche nach § 261 StGB wird deutlich, dass das gesetzgeberische Ziel darauf ausgerichtet ist, „kontaminiertes Vermögen" umfassend „verkehrsunfähig" zu machen.[186] Dabei bedient sich der Gesetzgeber einer unbeschreiblichen Weite des Tatbestandes[187], um Strafbarkeitslücken weitestgehend zu vermeiden.[188] Diese Komplexität und Maßlosigkeit des Tatbestandes führt in der Folge jedoch dazu, dass auch für sich genommen unauffälliges berufstypisches Verhalten beim Umgang mit Geld vom Strafbarkeitsbereich erfasst wird.[189] Besonders aufsehenerregend in diesem Zusammenhang ist die Tatsache, dass der weiten tatbestandlichen Kriminalisierungsandrohung eine ebenso weite Möglichkeit der Entkriminalisierung entgegengesetzt wird. Während die Vorfeldkriminalisierungen in § 261 Abs. 1 und 2

---

182 BVerfGE 78, S. 374 (381); 87, S. 363 (391); 105, S. 135 (153).

183 BVerfGE 66, S. 337 (355); 92, S. 1 (12); 96, S. 68 (97).

184 Tiedemann, Verfassungsrecht und Strafrecht, S. 41 ff; eine Aufstellung zu ausreichend bestimmten und unbestimmten Regelungen des Kern- und Nebenstrafrechts finden sich bei Jarass/Pieroth, GG-Kommentar, Art. 103, Rn. 49-51.

185 Tiedemann, „Zeitgesetz" in Krekeler/Tiedemann/Ulsenheimer/Weinmann (Hrsg.), HWiStr, Bd. 1, S. 3.

186 „Dies könnte zum Ende der Kriminalität oder zur Abschaffung des Geldes führen: Beides ersichtlich lebensfremde Ziele". So Fischer, StGB-Kommentar, § 261, Rn. 4d; siehe auch Hund, Geldwäschetatbestand, ZRP 96, S. 163ff.

187 Seit seiner Einführung durch Art.1 Nr. 19 OrgKG v. 15.07.1992 (BGBl. I 1302) ist der Tatbestand der Geldwäsche, insbesondere der Katalog der Vortaten in § 261 Abs. 1 Satz 2 StGB, ständig erweitert worden, siehe dazu Füllbier-Schröder/Textor, GWG, Vor § 261 StGB, Rn. 2, 7; siehe auch Saliger, Geldwäsche als „crime in progress" in Institut für Kriminalwissenschaften und Rechtsphilosophie FfM (Hrsg.), S. 455, der den Gelwäschetatbestand als „crime in progress" beschreibt; siehe auch die Dritte Geldwäscherichtlinie der EU v. 26.10.05, die die gesetzgeberischen Extensionstendenzen fortsetzt, vgl. Höche, Geldwäscherichtlinie, WM 05, S. 8 ff.

188 Der Gesetzgeber will die Lücken schließen, welche die Anschlussdelikte der Begünstigung, Strafvereitelung und Hehlerei nach den §§ 257 bis 259 StGB offenbart hätten, vgl. dazu BT-Drucks. 12/989, S. 26 f. und BT-Drucks. 12/3522, S. 10 f.

189 Dazu weiterführend NK-Altenhain, StGB, § 261, Rn. 119 ff; Strafbarkeitsrisiken für Bankmitarbeiter resultieren folglich daraus, dass der Tatbestand des § 261 Abs. 2 StGB (Verschaffen, Verwahren, Verwenden) schlicht durch berufstypisches Bankhandeln verwirklicht werden kann, vgl. dazu Saliger, Geldwäsche als „crime in progress" in Institut für Kriminalwissenschaften und Rechtsphilosophie FfM (Hrsg.), S. 463.

StGB durch konkrete bzw. abstrakte Gefährdungsdelikte ausgestaltet sind, wird eine weitestgehend restlose Strafbarkeitserfassung durch die Versuchsstrafbarkeit nach § 261 Abs. 3 StGB, die Strafbarkeit für leichtfertiges Handeln nach § 261 Abs. 5 StGB und eine Strafbarkeit für inkriminierte Gegenstände aus Auslandstaten nach § 261 Abs. 8 StGB zu erreichen versucht. Dieser ausufernden Tatbestandsausgestaltung werden mittels Strafaufhebung wegen tätiger Reue nach § 261 Abs. 9 Satz 1 Nr.1 StGB oder bei Bewirkung der Sicherstellung der Gegenstände und Selbstanzeige nach § 261 Abs. 10 StGB weite Entkriminalisierungsoptionen gegenübergestellt. Äußerst kritikwürdig ist dabei die Möglichkeit, dass durch die gleichzeitige Verbindung von weiter Kriminalisierung und weiter Entkriminalisierung das Strafrecht an Berechenbarkeit und Vorhersehbarkeit verliert. In diesem Zusammenhang ist auch der Inkriminierungsgrad bei der Vermischung von illegalen und legalen Finanzmitteln zu erwähnen. Das Tatbestandsmerkmal „Herrühren" gem. § 261 Abs. 1 Satz 1 StGB kann bei Inkriminierungsgraden zwischen 1 % bis 50 % erfüllt sein, wenn der inkriminierte Anteil aus wirtschaftlicher Sicht nicht völlig unerheblich ist.[190] Der Inkriminierungsgrad hängt damit von der intendierten Effektivität der Geldwäschebekämpfung ab und wird dementsprechend willkürlich bestimmt.[191]

Der staatliche Zugriff[192] wird durch die genannten flexiblen Handlungsspielräume der Strafverfolgungsbehörden optimiert.[193] Diese Normgebung zwischen Tadel und Wohlverhaltensregeln offenbaren die tendenzielle Ohnmacht des Gesetzgebers bei der Eindämmung und Vermeidung der Geldwäsche.[194] Indem der inkriminierte Gegenstand durch die gesetzliche Normgebung praktisch verkehrsunfähig gemacht werde, entfalle dadurch auch der Anreiz zur Begehung der Katalogtaten.[195] Kriminologisch gesehen erweist sich diese Hoffnung bzw. Intention als nicht nachvollziehbar. Die Anzahl der Verurteilung wegen Geldwäsche ist rar.[196] Dennoch sollen Hunderte von Milliarden Euro in Deutschland

---

190 So das OLG Karlsruhe in wistra 05, S. 189.

191 Siehe dazu die Nachweise bei Saliger, Geldwäsche als „crime in progress" in Institut für Kriminalwissenschaften und Rechtsphilosophie FfM (Hrsg.), S. 458.

192 In diesem Zusammenhang ist die Ermöglichung eines automatisierten Abrufs von Kontoinformationen für die BAFin nach §§ 24 c, 25 a, 25 b KWG zu erwähnen, welche durch das Vierte Finanzmarktförderungsgesetz 2002 v. 21.06.02, BGBl. I 2002, S. 2010 eingefügt wurde.

193 So zutreffend Saliger, Geldwäsche als „crime in progress" in Institut für Kriminalwissenschaften und Rechtsphilosophie FfM (Hrsg.), S. 456.

194 Fischer, StGB-Kommentar, § 261, Rn. 50.

195 BT-Drucks. 12/989, S. 27; BT-Drucks.12/3533, S. 11.

196 Hauptgrund für die geringe Verfolgungs- und Verurteilungsquote ist die Schwierigkeit, dem vermeintlich inkriminierten Geld tatsächlich seine kriminelle Herkunft aus einer Katalogtat nachzuweisen. Ebenso kommen Beweisprobleme im Hinblick auf den sub-

erfolgreich gewaschen worden sein.[197] Jedoch ist der Versuch, ein polizeiliches Fahndungskonzept in Form eines Straftatbestandes auszugestalten, dogmatisch, polizeitaktisch und kriminologisch gescheitert und kriminalpolitisch überholt.[198] § 261 StGB verdeutlicht die Gemengelage zwischen staatlicher Repression und Prävention,[199] der Ausweitung des materiellen Strafunrechts und der Erweiterung strafprozessualer Zugriffsmöglichkeiten. Der Geldwäschetatbestand stellt sich demzufolge nicht als rechtsstaatliches repressives Strafunrecht, sondern als polizeiliches Fahndungsinstrument dar.[200]

d) Inkriminierung leichtfertiger Verhaltensweisen

§ 15 StGB stellt fahrlässiges Handeln nur ausnahmsweise unter Strafandrohung. Gerade im Steuer-, Zoll- und Subventionsstrafrecht als auch im Lebensmittelstrafrecht ist Leichtfertigkeit jedoch unter Sanktionsandrohung gestellt.[201] Leichtfertigkeit ist dabei die Verletzung der gebotenen Sorgfalt in ungewöhnlich hohem Maße.[202]

Auch bei der Inkriminierung leichtfertiger Verhaltensweisen versucht der Gesetzgeber Strafbarkeitslücken zu schließen, die mit dem Nachweis vorsätzlichen Verhaltens bei arbeitsteiligem Vorgehen verbunden sind. Allein beweisrechtliche Aspekte sind dabei jedoch ungenügend. Es muss vielmehr eine erhöhte Pflichtenstellung des Täters vorliegen, die im Rahmen der Berufsfahrlässigkeit[203] möglich ist und auf der besonderen Verantwortung des Täters beruht.[204] Ein Beispiel dazu stellt der Subventionsbetrug nach § 264 StGB dar. Die Rechtfertigung der Pönalisierung leichtfertigen Verhaltens liegt in der Tatsache

---

jektiven Tatbestand hinzu, vgl. Oswald, wistra 97, S. 328 (330); Findeisen, Präventionsgedanke im Geldwäschegesetz, wistra, 97, S. 121 (121).

197 Zahlen diesbezüglich bei Fischer, StGB-Kommentar, § 261, Rn. 4 b.

198 Hetzer, Geldwäsche und Terror, ZRP 02, S. 407 (413).

199 Das Geldwäschegesetz vom 29.05.1992 will die Geldwäsche präventiv dadurch erschweren, dass den Strafverfolgungsbehörden Ermittlungsansätze für die Strafverfolgung eröffnet, Strukturen organisierter Kriminalität erkannt und illegale Gelder sichergestellt werden, siehe BT-Drucks. 12/2704, S. 10; Füllbier-Füllbier, GWG, Einleitung, Rn. 23.

200 So zutreffend Saliger, Geldwäsche als „crime in progress" in Institut für Kriminalwissenschaften und Rechtsphilosophie FfM (Hrsg.), S. 469.

201 Dannecker in Wabnitz/Janovsky, Handbuch Wirtschaftsstrafrecht, Kapitel 1, Rn. 109.

202 Mit diesem Begriff ist eine Steigerung von Unrecht und Schuld verbunden und er entspricht objektiv dem der groben Fahrlässigkeit im Zivilrecht, stellt im Schuldbereich jedoch auf die individuellen Fähigkeiten und Kenntnisse des Täters ab, vgl. dazu BGHSt 14, S. 240 (255); 33, S. 66 (66); BGH StV 94, S. 480 (480); zur Tradition der Fahrlässigkeits-inkriminierung im Wirtschaftsstrafrecht siehe BGHSt 15, S. 10, 104 ff; kritisch dazu Hefendehl, Enron und Worldcom, JZ 04, S. 18 (21).

203 Dannecker, Dynamik des Strafrechts, ZStW 117 (2005), S. 697 (728).

204 Tiedemann, Einführung Wirtschaftsstrafrecht, Rn. 62.

begründet, dass derjenige, der öffentliche Mittel und Gelder in Anspruch nimmt, besonders vorsichtig vorzugehen hat.[205]

e) Pönalisierung von Umgehungshandlungen

Durch die Gesetzesumgehung versuchen Wirtschaftsdelinquenten bestehende Gesetzeslücken auszunutzen. Der Gesetzgeber hat darauf mit der Pönalisierung von Umgehungshandlungen reagiert.[206] So enthalten § 4 SubvG und § 42 AO eine Missbrauchsklausel zur Erfassung von Umgehungsgeschäften.[207]

Durch eine gezielte Umgehungshandlung und die Vermeidung der Strafbarkeit, kann aufgrund des Analogieverbotes und des Bestimmtheitsgrundsatzes nach Art. 103 Abs. 2 GG keine Strafbarkeit erfolgen.[208] Das in Art. 103 Abs. 2 GG kodifizierte Analogieverbot verbietet der rechtsprechenden Gewalt, Straftatbestände oder Strafen durch Gewohnheitsrecht oder Analogie zu begründen oder zu verschärfen, nicht aber zu mildern.[209] So verbleiben bei nicht billigenswerten Verhaltensweisen, die zudem einer wirtschaftsrechtlichen Regelung zuwiderlaufen oder entgegenstehen, Strafbarkeitslücken.[210] Unabhängig von der Tatsache, wie diese Situation kriminalpolitisch zu werten oder einzuschätzen ist, so genügt sie gerade deswegen rechtsstaatlichen Anforderungen.

f) Gesetzliche Vermutungs- und Beweislastregeln

Aufgrund der Nachweisschwierigkeiten im Wirtschaftsstrafrecht bedient sich der Gesetzgeber dem dogmatischen Mittel der Beweislastregelung,[211] um die verfahrenstechnischen Defizite zu kompensieren. Vor allem im Steuer- und Zollrecht sieht der Gesetzgeber häufig vor, dass bei Vorschriften, die bei der Verwirklichung eines bestimmten Sachverhaltes eine Steuer- oder Zollminderung oder den Wegfall der Steuer- oder Zollpflicht regeln, die erforderlichen Tatsachen nur durch im Gesetz ausdrücklich genannte Beweismittel nachgewie-

---

205 Heinz in Gropp (Hrsg.), Wirtschaftskriminalität, S. 41.

206 Dannecker in Wabnitz/Janovsky, Handbuch Wirtschaftsstrafrecht, Kapitel 1, Rn. 110.

207 Weiterführend zu Schein- und Umgehungshandlungen Tiedemann, Einführung Wirtschaftsstrafrecht, Rn. 137 ff; Vogel in Schünemann/Suárez González (Hrsg.), Bausteine des europäischen Wirtschaftsstrafrechts, S. 151 ff; Reisner, Strafbarkeit von Schein-und Umgehungshandlungen in der EG, S. 25 ff.

208 Dannecker in Wabnitz/Janovsky, Handbuch Wirtschaftsstrafrecht, Kapitel 1, Rn. 110.

209 BVerfGE 71, S. 108 (115); 73, S. 206 (235); 92, S. 1 (12); BGHSt 33, :21 (23); 37, S. 226 (230); 38, S. 144 (151); BVerfGE 95, S. 96 (132).

210 Dannecker in Wabnitz/Janovsky, Handbuch Wirtschaftsstrafrecht, Kapitel 1, Rn. 110.

211 Auf gesetzliche Vermutungsregeln soll nicht näher eingegangen werden. Siehe dazu vertiefend Dannecker in Wabnitz/Janovsky, Handbuch Wirtschaftsstrafrecht, Kapitel 1, Rn.111 f.

sen werden können.[212] Die Nichteinhaltung dieser Formalpflichten als materiellrechtliche Voraussetzung führt dazu, dass die Steuer- oder Zollschuld nicht gemindert wird oder entfällt.[213] Demgegenüber sehen der EuGH und der BGH in Strafsachen darin verfahrensrechtliche Vorschriften, sodass ein fehlender formaler Nachweis nicht zum Wegfall der Vergünstigung führt, wenn der Nachweis auf andere Weise erfolgt und ein Missbrauch ausgeschlossen ist oder die Vereinfachung des Verwaltungsverfahrens nicht erheblich beeinträchtigt ist.[214] Hierin wird deutlich, dass der Gesetzgeber versucht, mittels der Schaffung von formalen Beweispflichten eine materiellrechtliche Hürde zu schaffen, um Minderungs- oder Ausschlusstatbestände möglichst zu umgehen und dadurch seiner gesetzgeberischen Intention, namentlich der Einziehung der Steuer- und Zollschuld, Rechnung zu tragen.

3. Bestehen von rechtsstaatlichen Defiziten

Wie vorstehend erörtert, ist Ziel des legislativen und exekutiven Handlungsbedarfes die Straftatenprävention bzw. die Eindämmung von Wirtschaftskriminalität. Der Gesetzgeber bedient sich dabei zahlreicher dogmatischer Mittel, um eine lückenlose Erfassung von Strafbarkeit zu ermöglichen: Änderungen des materiellen Wirtschaftsstrafrechts, dessen Ausweitung auf neuere Erscheinungsformen von Strafbarkeit, wie etwa im Wettbewerbs-, Umwelt-, Insider-, Insolvenz-, Korruptionsstrafrecht und Organisierter Kriminalität. Hinzu kommen die Schaffung von Sonder- und Gefährdungsdelikten, die Unbestimmtheit und Ausweitung von Straftatbeständen, die Inkriminierung leichtfertiger Verhaltensweisen und die Pönalisierung von Umgehungshandlungen wie auch die Schaffung von gesetzlichen Vermutungs- und Beweislastregeln. All dies soll zur Effizienz strafrechtlicher Problembewältigung beitragen.

Wie bereits dargestellt, lässt sich gerade im Wirtschaftsstrafrecht die Effizienz gesetzgeberischer Maßnahmen aufgrund kriminologischer Besonderheiten nicht zweifelsfrei bzw. annähernd feststellen.[215] Besonders kritisch ist in diesem

---

212 Vgl. Achatz, in Leitner (Hrsg.), Finanzstrafrecht 1996-2002, S. 493 (494); Dannecker, ebenda, S. 540 (544); zu den Formal- und Nachweispflichten im Zollrecht siehe Wolffgang/Stüwe, ebenda, S. 515 ff.

213 BFH BStBl. III 1953, 332; BStBl. III 1959, 121; BStBl. II 1980, 416; BStBl. II 1986, 48, 49; BStBl. II 1986, 721, 723; BStBl. II 1989, 120; Seer in Tipke/Kruse, AO-Kommentar, § 162, Tz.27, 28.

214 EuGH Slg. I 1996, 6259 ff. (John Reisdorf gegen Finanzamt Köln West); EuGH Slg. I 1998, 3497 ff. (Société générale des grandes sources d'eaux minérales francaises gegen Bundesamt für Finanzen); BGH StV 00, S. 473.

215 Siehe dazu Kapitel 2 II.

Zusammenhang, dass das Strafrecht dabei wie kein anderes Rechtsgebiet in die Freiheitsrechte der Betroffenen eingreift.[216]

Jedes Unternehmen verfolgt als Ausfluss seiner unternehmerischen Freiheit das betriebswirtschaftliche Ziel, die vorhandenen Kosten zu senken und den Gewinn des Unternehmens zu maximieren.[217] Diese unternehmerische Zielbildung, die Zielinhalte, die Dimensionen der Ziele in Bezug auf Zielausmaß und Zielmaßstab und die Zielbeziehungen untereinander sind Ausprägung der unternehmerischen Tätigkeit und dementsprechend auch der unternehmerischen Freiheit.[218]

Gerade dies gibt Anlass, die zuvor dargestellten verfassungsrechtlichen Bedenken im Hinblick auf die dogmatische Ausgestaltung der Wirtschaftsstraftatbestände kritisch zu würdigen. An dieser Stelle ist nunmehr im Bewusstsein gesetzgeberischen Aktionismus darauf einzugehen, ob die ständige und zunehmende Extension von Strafbarkeit im Wirtschaftsgeschehen einen Eingriff in die Berufsfreiheit nach Art. 12 Abs. 1 GG, die Eigentumsgarantie des Art. 14 Abs. 1 GG und die allgemeine Handlungsfreiheit nach Art. 2 Abs. 1 GG von Unternehmen darstellt. Des Weiteren wird untersucht, inwieweit sich Ermittlungsbehörden in Wirtschaftsstrafverfahren dem Vorwurf nicht rechtsstaatlichen Verhaltens aussetzen müssen. Weiterhin wird die Rolle der Medien in Wirtschaftsstrafverfahren beleuchtet.

a) Staatliche Offensive

aa) Gesetzgeberisches Vorgehen

(1) Art. 12 Abs. 1 GG – Berufsfreiheit

α) Sachlicher Schutzbereich

Das Grundrecht der Berufsfreiheit sichert „die Freiheit des Bürgers, jede Tätigkeit, für die er sich geeignet glaubt, als Beruf zu ergreifen, d.h. zur Grundlage seiner Lebensführung zu machen".[219] Das Grundrecht ist für die Wirtschaftsordnung von erheblicher Bedeutung.[220] Es sichert die Freiheit des Gewerbes und hat einen wettbewerbsfördernden Effekt.[221] Geschützt wird die Freiheit zum Wett-

---

216 Ignor, Abschied vom Rechtsstaat, ZStW 119 (2007), S. 927 (933).

217 Jung, Allgemeine Betriebswirtschaftslehre, S. 35; Ausnahmen gelten insoweit für gemeinnützige Unternehmen, die nicht auf die Gewinnerzielung, sondern auf die Erreichung eines gemeinnützigen Zwecks ausgerichtet sind.

218 Vgl. Thommen/Achleitner, Allgemeine Betriebswirtschaftslehre, S. 113 ff.

219 BVerfGE 30, S. 292 (334).

220 Dietlein in Stern, Staatsrecht, Bd. IV/1, S. 1766.

221 BVerfGE 50, S. 290 (362); 32, S. 311 (317); BVerwGE 65, S. 167 (173).

bewerb, womit die Vorstellung einer Freiheit von Konkurrenz unvereinbar ist.[222] Die freie Wahl und Ausübung von Berufen führt schließlich zum Wettbewerb zwischen Unternehmen, Handel- und Gewerbetreibenden, Freiberuflern und Arbeitnehmern.[223] Art. 12 GG sichert dementsprechend die Teilnahme am Wettbewerb nur nach Maßgabe seiner Funktionsbedingungen.[224] Art. 12 Abs. 1 GG sichert und fördert damit das unternehmerische Tätigwerden und Handeln, den unternehmerischen Wettbewerb und unternehmerische Freiheit.

β) Persönlicher Schutzbereich

Da sich diese Untersuchung auf Unternehmen bezieht und diese regelmäßig als juristische Personen und Personenmehrheiten organisiert sind, ist auf den persönlichen Schutzbereich der dargestellten Grundrechte einzugehen.

Bestimmte juristische Personen und Personenvereinigungen können nach Maßgabe des Art. 19 Abs. 3 GG Grundrechtsträger sein, wenn das betreffende Grundrecht seinem Wesen nach auf sie anwendbar ist. Eine „wesensmäßige Anwendbarkeit" hängt davon ab, ob „der Grundrechtsschutz an Eigenschaften, Äußerungsformen oder Beziehungen anknüpft, die nur natürlichen Personen wesenseigen sind oder ob die von dem Grundrecht geschützten Tätigkeiten auch von der juristischen Person selbst ausgeübt werden können."[225]

Privatrechtliche Vereinigungen[226] und inländische juristische Personen des Privatrechts können sich auf Grundrechte berufen, wobei sich der in Art. 12 GG verbürgte Schutz auf die „Erwerbszwecken dienende Tätigkeit" bezieht.[227] Juristische Personen des öffentlichen Rechts können sich grundsätzlich nicht auf die Grundrechte berufen. Sie werden nicht durch die Wahrnehmung von Frei-

---

222 Jarass in Jarass/Pieroth, GG-Kommentar, Art. 12, Rn. 2.

223 BVerwGE 118, S. 270 (276).

224 BVerfGE 105, S. 252 (265).

225 BVerfGE 95, S. 220 (242); 106, S. 28 (42); 42, S. 212 (219); 106, S. 28 (104 f.).

226 Sonstige Vereinigungen sind juristische Personen iSd. Art. 19 Abs. 3 GG auch (inländische) nichtrechtsfähige Vereinigungen, soweit sie teilrechtsfähig sind, vgl. Stern, Staatsrecht, III/1 1134.

227 BVerfGE 75, S. 192 (196); im Einzelnen können sich daher rechtsfähige Vereine, Gesellschaften mit beschränkter Haftung, Aktiengesellschaften, Stiftungen des bürgerlichen Rechts als Grundrechtsträger auf die Grundrechte berufen, siehe dazu BVerfGE 3, S. 383 (390); 70, S. 138 (160); BVerwGE 40, S. 347 (348). Dies gilt insoweit auch für Aktiengesellschaften, siehe dazu BGHZ 161, S. 376 (382), wohingegen die Kommanditisten einer KG keine Grundrechtsträger sind, vgl. dazu BVerfGE 102, S. 197 (211). Keine Grundrechtsträger sind hingegen vom Staat geschaffene juristische Personen des Privatrechts, die Aufgaben und Funktionen der öffentlichen Verwaltung erfüllen, siehe dazu BVerfGE 68, S. 193 (213).

heiten tätig, sondern nehmen Kompetenzen wahr.[228] Sie sind Adressaten und Grundrechtsverpflichtete und nicht Träger der Grundrechte.[229]

Ausländische juristische Personen und Personenvereinigungen sind grundsätzlich keine Grundrechtsträger.[230] Eine Vereinigung ist dann ausländisch, wenn sie ihren Sitz, d. h. den tatsächlichen Mittelpunkt ihrer Tätigkeit, nicht im Bundesgebiet hat.[231] Bei einer nach deutschem Recht gegründete Tochter einer ausländischen Gesellschaft, handelt es sich dagegen um eine inländische juristische Person.[232] Juristische Personen und Personenmehrheiten aus dem EU-Bereich[233] sind kraft Gemeinschaftsrecht wie inländische Vereinigungen zu behandeln, soweit der Regelungsbereich des Gemeinschaftsrechts betroffen ist bzw. das Gemeinschaftsrecht Gleichstellung verlangt.[234]

γ) Eingriff

Art. 12 Abs. 1 GG sichert die Teilnahme am Wettbewerb nur nach Maßgabe seiner Funktionsbedingungen.[235] Die Reichweite des Freiheitsschutzes wird durch rechtliche Regeln mitbestimmt, die den Wettbewerb ermöglichen und begrenzen.[236] Es fehlt dementsprechend an einer Grundrechtsbeeinträchtigung, wenn der Staat die Funktionsbedingungen des Wettbewerbs sichert.[237]

Durch die gesetzgeberische Ausgestaltung von Straftatbeständen im Wirtschaftsstrafrecht soll der Wettbewerb nicht verfälscht bzw. die unternehmerische Teilnahme am Wettbewerb nicht verhindert werden. Im Gegenteil: Der Wettbewerb soll durch die Sanktionierung von wirtschaftsdelinquentem Verhalten geschützt werden. Insoweit liegt kein Eingriff in Art. 12 Abs. 1 GG vor.

---

228 BVerfGE 61, S. 82 (100); 68, S. 193 (206); 75, S. 192 (196); 68, S. 193 (206).

229 Jarass in Jarass/Pieroth, GG-Kommentar, Art.19, Rn. 22; zu den Ausnahmen siehe Jarass, aal, Rn. 22, 25.

230 BVerfGE 21, S. 207 (208); 100, S. 313 (364); BFHE 195, S. 119 (120); offen gelassen von BVerfGE 64, S. 1 (11); BVerwGE 111, S. 284 (294); 117, S. 332 (338); Jarass in Jarass/Pieroth, GG-Kommentar, Art. 19, Rn. 20. Jedoch können sich ausländische juristische Personen u. a. auf die justitiellen Grundrechte berufen, siehe dazu weiterführend Jarass in Jarass/Pieroth, GG-Kommentar, Art. 19, Rn. 20.

231 Rüfer, HbStR V, S. 512.

232 Quaritsch, HbStR V, S. 686.

233 Bei anderen Staaten kann sich nur aus bilateralen Vereinbarungen ein Anspruch bzw. Grundrechtsberechtigung ergeben, siehe dazu BGHZ 76, S. 387 (396).

234 Jarass in Jarass/Pieroth, GG-Kommentar, Art. 19, Rn. 21.

235 BVerfGE 105, S. 252 (265).

236 BVerfG in NVwZ 06, S.1041, Rn. 82.

237 Jarass in Jarass/Pieroth, GG-Kommentar, Art. 12, Rn. 15.

(2) Art. 14 Abs. 1 GG – Eigentumsfreiheit

Die Eigentumsfreiheit des Art. 14 GG „soll dem Grundrechtsträger einen Freiraum im vermögensrechtlichen Bereich" erhalten.[238] Die Eigentumsgarantie steht in engem Zusammenhang mit der persönlichen Freiheit[239] und mit der wirtschaftlichen Betätigungsfreiheit.[240] Zu den schutzfähigen Rechtspositionen gehören alle vermögenswerten Rechte, die das bürgerliche Recht einem privaten Rechtsträger als Eigentum zuordnet,[241] die durch privatrechtliche Normen dem Einzelnen so „zugeordnet sind, dass er die damit verbundenen Befugnisse nach eigenverantwortlicher Entscheidung zu seinem privaten Nutzen ausüben darf".[242] Die Reichweite des Eigentums an Wirtschaftsbetrieben bezieht sich insbesondere auf das Recht am eingerichteten und ausgeübten Gewerbebetrieb.[243] Soweit dieses überhaupt in den Schutzbereich des Art. 14 GG fällt,[244] wird allein die Substanz der Sach- und Rechtsgesamtheit geschützt.[245] Der Schutzbereich des Art. 14 GG erfasst nicht zukünftige Verdienstmöglichkeiten und in der Zukunft liegende Chancen,[246] insbesondere die „tatsächliche Absatzmöglichkeit".[247] Nicht geschützt wird die Erwartung eines Unternehmens, dass es auch in Zukunft rentabel betrieben werden kann.[248] Art. 14 GG schützt auch nicht vor Konkurrenz, auch nicht vor der öffentlichen Hand.[249]

Im Verhältnis zu Art. 12 GG ist darauf abzustellen, ob die Maßnahme eher in die „Freiheit der individuellen Erwerbs- und Leistungsfähigkeit" eingreift (dann Art. 12 GG) oder die „Innehabung und Verwendung vorhandener Vermögensgüter" betrifft (dann Art. 14 GG).[250] Die Abgrenzung zwischen Berufs- und Eigentumsfreiheit erfolgt nach der Kategorisierung, ob es eher um den Erwerb

238 BVerfGE 83, S. 201 (208); 97, S. 350 (371); 102, S. 1 (15); 102, S. 292 (303 f).
239 BVerfGE 24, S. 367 (389); 100, S. 226 (241); 102, S. 1 (15, 17).
240 BVerfGE 78, S. 58 (73 f); BVerwGE 81, S. 329 (341).
241 BVerfGE 70, S. 191 (199).
242 BVerfGE 112, S. 93 (107); 89, S. 1 (6); 97, S. 350 (371).
243 Vgl. Jarass in Jarass/Pieroth, GG-Kommentar, Art. 14, Rn. 25.
244 Offen gelassen von BVerfGE 77, S. 84 (118); 81, S. 208 (227); 96, S. 375 (397); 105, S. 252 (278); ebenso BVerwGE 118, S. 226 (241); die Anwendbarkeit wird überwiegend bejaht, siehe BGHZ 92, S. 34 (37); BGH in DVBl 01, S. 1671; Papier in MD, Art.14, Rn. 95 ff.
245 BVerwGE 95, S. 341 (348); 118, S. 226 (241).
246 BVerfGE 30, S. 292 (335); 95, S. 173 (187 f.); BVerwGE 95, S. 341 (349).
247 BVerfGE 105, S. 252 (278).
248 BVerfGE 110, S. 274 (290).
249 BVerwGE 39, S. 329 (337).
250 BVerfGE 30, S. 292 (335), 84, S. 133 (157); BGHZ 161, S. 305 (312).

oder das Erworbene geht.[251] Art. 12 GG schützt die Betätigung, die zum Erwerb führt, während Art. 14 GG das Erworbene losgelöst vom Erwerbsakt erfasst.[252]

Die unternehmerische Tätigkeit und Freiheit basieren auf wirtschaftlichem Vorgehen, betriebswirtschaftlichen Überlegungen und kapitalmarktorientierten Zielsetzungen. Um ein Unternehmen zu erweitern, bedarf es zunächst eines ökonomisch soliden Unternehmens, dessen betriebswirtschaftliche Existenz gesichert ist. Um die Existenz eines Unternehmens zu gewährleisten, ist neben dem Erhalt der Liquidität auch ein rentables Arbeiten des Betriebes notwendig. Rentabilität ist dabei die Fähigkeit des Unternehmens, die aus einem Betriebsprozess entstandenen Kosten durch entsprechende Erträge abzusichern.[253] Dieser Prozess ist gekennzeichnet durch die unternehmerische Tätigkeit an sich, durch das betriebswirtschaftliche Vorgehen. Zwar werden dabei auch oftmals vorhandene Vermögenswerte verwendet und investiert. Jedoch liegt der Schwerpunkt einer unternehmerischen Tätigkeit in der Erwerbs- und Leistungsfähigkeit des Unternehmens. Das Wachstum und der wirtschaftliche Fortschritt eines Unternehmens stellen hauptsächlich einen Erwerbsakt dar, der nicht in den Schutzbereich der Eigentumsgarantie von Art. 14 GG fällt.

(3) Art. 2 Abs. 1 GG – Allgemeine Handlungsfreiheit

α) Schutzbereich

Die unternehmerische Freiheit fällt in den Schutzbereich des Art. 2 Abs. 1 GG, der u.a. die Privatautonomie sowie die wirtschaftliche Betätigung schützt.[254] Die Privatautonomie stellt sich dabei als „Selbstbestimmung des Einzelnen im Rechtsleben" dar.[255] Verträge stellen das rechtliche Instrument zur Wahrnehmung der vorgenannten Freiheit dar, sodass Art. 2 Abs. 1 GG auch die Vertragsfreiheit schützt, d. h. die Freiheit, Verträge zu schließen und sich durch sie zu binden.[256] Art. 2 Abs. 1 GG bietet auch sonst Schutz im wirtschaftlichen Bereich. Das Grundrecht schützt „berufliche Tätigkeiten", die „wirtschaftliche

---

251 Allgemeine Auffassung BVerfGE 85, S. 360 (383); 88, S. 366 (377); 102, S. 26 (40); BGHZ 132, S. 181 (187).

252 BVerfGE 102, S. 26 (40); Jarass in Jarass/Pieroth, GG-Kommentar, Art. 12, Rn. 3.

253 Jung, Allgemeine Betriebswirtschaftslehre, S. 720.

254 Jarass in Jarass/Pieroth, GG-Kommentar, Art. 2 GG, Rn. 4.

255 BVerfGE 114, S. 1 (34); 89, S. 214 (231); 103, S. 89 (100); Stern, Staatsrecht, IV/1, S. 903 ff.

256 BVerfGE 88, S. 384 (403); 89, S. 48 (61); 103, S. 197 (215); an dieser Stelle ist zu berücksichtigen, dass andere Grundrechte einschlägig sein könnten und daher vorrangig sind, bspw. bei wirtschaftlichen Verträgen und Arbeitsverträgen; vgl. dazu BVerfGE 73, S. 261 (270); 74, S. 129 (151); 95, S. 267 (303).

Betätigung" und die „unternehmerische Handlungsfreiheit".[257] Die in Art. 2 Abs. 1 GG verbürgte allgemeine Handlungsfreiheit ist auch auf juristische Personen und Personenmehrheiten anwendbar.[258] Bei Wirtschaftsgesellschaften wird das Grundrecht im Hinblick auf die wirtschaftliche Betätigungsfreiheit gewährt.[259]

β) Eingriff

Die wirtschaftliche Handlungsfreiheit nach Art. 2 Abs. 1 GG wird durch Maßnahmen betroffen, die auf Beschränkung wirtschaftlicher Entfaltung sowie Gestaltung, Ordnung oder auch Lenkung des Wirtschaftslebens angelegt sind oder sich in diesem Sinne auswirken.[260] Die Ausgestaltung des Wirtschaftsstrafrechts mittels der zuvor dargestellten dogmatischen Institute erweitert zwar die tatbestandliche Erfassung strafwürdigen Verhaltens, wirkt sich jedoch nicht als Beschränkung wirtschaftlicher Entfaltung aus. Die Unternehmen können weiterhin wettbewerbsorientiert tätig werden und sind darin in der Wahl der Mittel frei. Insoweit liegt kein Eingriff in Art. 2 Abs. 1 GG vor.

bb) Vorgehen der Ermittlungsbehörden

Die für das Ermittlungsverfahren verantwortlichen Behörden sind die Staatsanwaltschaft nach §§ 152, 160 Abs. 1 StPO als „Herrin des Ermittlungsverfahrens"[261] und die Polizei nach § 163 StPO. Sie bilden die wichtigste und ausschlaggebende Informationsquelle, die den Medien bei ihrer Berichterstattung über Straftaten und ein anschließendes Ermittlungsverfahren zur Verfügung steht.[262] Die Behörden haben im Rahmen ihrer Ermittlungstätigkeit einerseits zwischen dem Allgemeinen Persönlichkeitsrecht des Tatverdächtigen nach Art. 1 Abs. 1 i.V.m. Art. 2 Abs. 1 GG und dem Informationsrecht der Öffentlichkeit nach Art. 5 Abs. 1 GG andererseits abzuwägen. Dabei steht ihnen jedoch ein weiter Ermessensspielraum zur Seite.[263] Wirtschaftskriminelle Fälle rücken dabei mehr und mehr in den Fokus der Medien. Diese sind somit Zeugen, eines rabiaten, unkontrollierten und öffentlichkeitswirksamen Vorgehens der Strafver-

---

257 BVerfGE 113, S. 29 (45); 91, S. 207 (221); 98, S. 218 (259); 50, S. 290 (366); 65, S. 196 (210).

258 BVerfGE 20, S. 323 (336); 23, S. 12 (30); 44, S. 353 (372); 113, S. 1 (45).

259 BVerfGE 66, S. 116 (130).

260 BVerfGE 98, S. 218 (259).

261 Pfeiffer/Hannich in KK, Einleitung, Rn. 34.

262 v. Becker, Straftäter und Tatverdächtige, S. 25; Bornkamm, Pressefreiheit und Fairness des Strafverfahrens, S. 24; Reiß, Störung der Strafrechtspflege, S. 192; Roxin, Probleme der Vorverurteilung, NStZ 91, S. 153 (158).

263 Dalbkermeyer, Schutz des Beschuldigten, S. 1.

folgungsbehörden gegen Wirtschaftsdelinquenten.[264] Die wirtschaftsstrafrechtlichen Delikte bieten damit ein Beispiel für den massiven und rigorosen Einsatz des Staates, der sich in Fahndungen, Durchsuchungsbeschlüssen und Beschlagnahmebefehlen entlädt.[265]

Besorgniserregend in diesem Zusammenhang sind auch strafprozessuale Vorermittlungen unter dem Deckmantel der Gefahrenabwehr, wenn Aufsichtsbehörden im Vorfeld eines Tatverdachts ermitteln. Beispielhaft sei hier die Überwachung des Insiderhandels genannt, wo der Gesetzgeber die Kredit- und Finanzdienstleistungsinstitute verpflichtet, sämtliche als Eigengeschäft oder als Wertpapierdienstleistung getätigten Geschäfte mit Wertpapieren und Derivaten an die Bundesanstalt für Finanzdienstleistungsaufsicht zu melden (§ 9 WpHG).[266] Ergeben sich daraus Anhaltspunkte für Insidergeschäfte, nimmt die Bundesanstalt weitere Ermittlungen vor (§ 4 Abs. 3 und 4 WpHG). Führen die Ermittlungen zum Verdacht einer Insiderstraftat, ist die Bundesanstalt zur Anzeige bei der zuständigen Staatsanwaltschaft verpflichtet (§ 4 Abs.5 S. 1 WpHG). Die Meldung und Auswertung der Daten dienen damit der Vorbereitung eines anschließenden Strafverfahrens.[267] Der Zweck staatlicher Grundrechtseingriffe zur Informationserhebung ist in Abhängigkeit von dem Verfahren zu bestimmen, in dem diese Informationen anschließend verarbeitet werden sollen.[268] Ziel des Strafverfahrens ist es, die durch den Verdacht einer Straftat eingetretene Störung des Rechtsfriedens zu beseitigen, indem der Verdacht geklärt und die Geltung der verletzten Norm wiederhergestellt wird, oder der Beschuldigte von dem gegen ihn erhobenen Vorwurf freigesprochen wird.[269] Der Verdacht ist somit Grund und Anlass für die Einleitung und Durchführung des Strafverfahrens.[270] Ohne einen Anfangsverdacht fehlt es an der durch den Verdacht hervorgerufenen Erschütterung des Vertrauens in die Geltungskraft der

---

264 So im Falle Zumwinkel, wo die Presse anscheinend über die Dursuchung der Zumwinkel-Villa vorab informiert wurde; abrufbar unter http://www.faz.net/IN/INtemplates /faznet/default.asp?tpl=common/zwischenseite.asp&dox={BD3A87E1-D4B3-5E4F 53DA-0D775E1A2973}&rub={A5A53ED8-02AB-47C6-AFC5-F33A9E1AA71F}; zuletzt abgerufen am 02.10.2010.

265 Für die Steuerfahndung siehe Streck/Spatscheck, Steuerfahndung, S. 1.

266 Siehe zur Begründung des Regierungsentwurfs BT-Drucks. 12/6679 S. 43 f.

267 So richtigerweise Böse, Aufsichtsrechtliche Vorermittlungen, ZStW 119 (2007), S. 848 (853); zu weiteren Ansichten siehe ders. aal, S. 852.

268 Rudolph, Antizipierte Strafverfolgung, S. 220ff; Gusy, Informationelle Selbstbestimmung, KritV 2000, S. 52 (62).

269 Siehe zur Verdachtsklärung als Verfahrensziel Kindhäuser, Strafprozessrecht, § 1, Rn. 6 f, Köhler, Ermittlungseingriffe, ZStW 107 (1995), S. 10 (12); Weigend, Deliktsopfer und Strafverfahren, S. 217 ff.

270 Schulz, Normiertes Misstrauen, S. 475

Norm und damit an der für ein Strafverfahren grundlegenden Störung des Rechtsfriedens, die das öffentliche Interesse an dessen Durchführung begründet. Strafprozessuale Ermittlungseingriffe im Vorfeld eines Verdachts sind daher grundsätzlich unzulässig.[271]

Die Ermittlungen der Aufsichtsbehörden dienen hingegen präventiven Zielen. Die Aufgabe der Behörden besteht darin, die von einer wirtschaftlichen Betätigung ausgehenden Gefahren abzuwehren. Die Ermittlungsbefugnisse knüpfen daher nicht an einen Straftatenverdacht, sondern an die ordnungsrechtliche Verantwortlichkeit für die jeweilige Gefahr an. Beim Vorliegen objektiver Anhaltspunkte einer konkreten Gefahr (sog. „Gefahrenverdacht") können die Behörden zur Aufklärung Ermittlungseingriffe gegen den mutmaßlichen „Störer" vornehmen, die sodann gerechtfertigt sind.[272] Die Eingriffsbefugnisse und Maßnahmen der Aufsichtsbehörden und ihre Nähe zu den strafprozessualen Ermittlungen können nicht zu präventiven Zwecken, sondern allein zur Verfolgung von Straftaten legitimiert werden.[273]

Bei dem oben genannten Beispiel werden die Grenzen zwischen Repression und Prävention, zwischen Straftatenverdacht und Gefahrenverdacht jedoch verwischt. Angesichts dieser Umstände vermag ein öffentliches Interesse an der Abwehr von Gefahren die Meldepflicht und die anschließende Auswertung der gemeldeten Daten nicht zu rechtfertigen.[274] Dieses Beispiel zeichnet gerade die im Strafrecht bedrohliche Perspektive eines „Überwachungsstaates".[275]

Bedenklich ist dabei, dass viele betroffene Unternehmen ihre Rechte gegenüber ausschwärmenden Strafverfolgungsbehörden nicht kennen und dementsprechend auch nicht wahrnehmen.[276]

---

271 Beulke in Löwe-Rosenberg, StPO, § 152, Rn. 22; Deiters, Legalitätsprinzip und Normgeltung, S. 136; Gärditz, Strafprozess und Prävention, S. 60, 324 ff; Weßlau, Vorfeldermittlungen, S. 240, 279; siehe auch BVerfGE 100, S. 313 (383).

272 Siehe zum Gefahrenverdacht im Polizei- und Ordnungsrecht, Denninger in Lisken/Denninger, Handbuch Polizeirecht, Abschnitt E, Rn. 48; Pieroth/Schlink/Kniesel, POR, § 4, Rn. 27 ff; Schenke, POR, Rn. 83 ff.

273 Dies zeigt sich vor allem darin, dass die Bundesanstalt auf diese Daten nur zugreifen kann, sofern sie über die Staatsanwaltschaft einen gerichtlichen Beschluss erwirkt. Die verwaltungsrechtliche Anordnung bringt demnach nur im Zusammenspiel mit strafprozessualen Befugnissen Erkenntnisse hervor; vgl. Jahresbericht der BaFin von 2002, S. 153 und § 16 b Abs.1 S. 3 WpHG i. V. m. 100 h StPO.

274 So zutreffend Böse, Aufsichtsrechtliche Vorermittlungen, ZStW 119 (2007), S. 848 (853).

275 Siehe dazu eindringlich Albrecht, Die vergessene Freiheit, S. 101 ff.

276 Campos Nave/Bonenberger, Korruptionsaffären, Corporate Compliance und Sofortmaßnahmen für den Krisenfall, BB 08, S. 734 (737); zu den typischen Rechts- und Praxisproblemen unternehmensinterner Ermittlungen siehe weiterführend Klengel

b) Rolle der Medien

aa) Funktion demokratischer Willensbildung

Der medialen Verarbeitung von Kriminalität kommt bisweilen eine konstitutive Rolle für die demokratische Willensbildung zu. Dies setzt einen umfassenden und freien Prozess der Kommunikation voraus. Presse und Rundfunk sind Medium und Faktor dieses durch Art. 5 Abs. 1 GG kodifizierten Prozesses, in dem sich die öffentliche Meinungsbildung vollzieht.[277] Zudem kann durch die mediale Begleitung staatlicher Ermittlungstätigkeit auch demonstriert werden, dass die Staatsgewalt nicht untätig bleibt und dadurch eine friedensstiftende Wirkung entfaltet.[278]

bb) Mediale Brandmarkung

Die Schwerpunkte der medialen Begleitung strafrechtlich relevanter Vorgänge liegen meist im Vorfeld der Anklageerhebung. In den journalistischen Fokus rücken regelmäßig die polizeilichen und staatsanwaltschaftlichen Ermittlungen. Ein Beispiel dafür bietet das Verfahren gegen den früheren Vorstandsvorsitzenden der Deutschen Post, Klaus Zumwinkel. Vor laufenden Kameras hatten Staatsanwälte und Steuerfahnder sein privates Anwesen betreten, um das Haus nach Beweisen für eine Steuerhinterziehung zu durchsuchen.[279] „Nicht selten kommt das Unheil zuerst von der Seite der Medien".[280] „Die wahre Hinrichtung findet in den Medien statt."[281] Dies sind nur zwei Aussprüche, die die „Prangerwirkung"[282] und mediale Brandmarkung durch Berichterstattung in

---

/Mückenberger, Internal Investigations, CCZ 09, S. 81 ff und Klindt, Zehn Empfehlungen für die industrielle Praxis, CCZ 08, S. 81.

277 BVerfGE 12, S. 205 (260); 83, S. 238 (296); 97, S. 228 (257).

278 Wagner beobachtet „Generalprävention" und „Normstabilisierung" in Strafprozessführung über Medien, S. 63; vgl. dazu auch Hassemer, Medien und Strafjustiz, StV 05, S. 167; Geerds, Berichterstattung über Strafsachen, in FS Oehler 1985, S. 423 (425).

279 Vgl. sueddeutsche.de v. 26.01.2009, abrufbar unter http://www.sueddeutsche.de/wirtschaft/466/456136/text; sowie Welt-Online v. 14.02.2008, abrufbar unter www.welt.de/wirtschaft/article1675369/Post_Chef_Klaus_Zumwinkel_-am_Pranger_der_Nation.html; zuletzt abgerufen am 02.10.2010.

280 Siehe dazu in weitergehend literarischer Form die Formulierung von Kurt Tucholsky, der 1914 zum Thema Erpressungen schrieb: „Wenn der Angeklagte in einem deutschen Gerichtssaal vorgeführt wird, dann mag er sich sagen, dass eine Hauptgefahr nicht der gefürchtete Staatsanwalt ist, nicht der Vorsitzende, nicht die Richter. Die Meute lauert anderswo. (...) Korrupt ist die Presse, die den niedrigsten und schmierigsten Instinkten ihrer Leser so weit entgegenkommt, dass sie ihre Hunde auf die Jagd schickt"; Nachweis bei Krieger/Schneider, Handbuch Managerhaftung, S. 968.

281 Jahn in Krieger/Schneider, Handbuch Managerhaftung, S. 969.

282 Kempf beklagt eine „unheilige Allianz zwischen den Medien und Vertretern des Strafverfolgungsapparates". Die Betroffenen leisteten neben der Strafverfolgung eine Art Sonderopfer, weil sie an den Pranger gestellt würden; siehe Kempf, Strafjustiz und Me-

Wort, Bild und Ton verdeutlichen.[283] Der wirtschaftliche Druck zwischen Verlagen, Rundfunkveranstaltern und Internet-Anbietern verführt und führt dazu, über vermutetes kriminelles Verhalten als Ausdruck gesellschaftlicher Missstände zu berichten.[284] Strafrechtliche Ermittlungen werden durch die Medien nicht nur kritisch begleitet, sondern nicht selten durch die Berichterstattung erst initiiert, in Ausnahmefällen sogar von Journalisten erst provoziert. Die nachfolgende Berichterstattung wird dann mit der Meldung garniert, dass die Ermittlungsbehörden ihre Tätigkeit nun aufgenommen haben. Gerade im Bereich der Wirtschaftskriminalität werden „Netzwerke krimineller Machenschaften" damit vermeintlich erst aufgedeckt. Obwohl presserechtliche Anforderungen an zulässige Verdachtsäußerungen bestehen,[285] so stellen doch Zuspitzung, Dramatisierung, Übertreibung, Versimpelung, Personalisierung und Skandalisierung den medialen Alltag dar. Aber auch das Schüren von Hysterie bezüglich Risiken, Gefährdungen und Gefahren sind keine Seltenheit.[286] Die Massenmedien übernehmen die Wertungen der zuständigen Behörden. Die Allgemeinheit kennt das jeweilige Verfahrensstadium stets nur durch die Brille der Massenmedien.[287]

Auch das Eigeninteresse der Strafverfolgungsbehörden an einer Kooperation mit den Medien ist vielfältig. So geht es oftmals darum, die Tätigkeit der eigenen Behörde in der Öffentlichkeit positiv, effizient und effektiv darzustellen. Diese Effizienz und Effektivität wird nicht selten dadurch hervorgebracht, dass Strafverfolgungsbehörden Recherchemöglichkeiten des investigativen Journalismus ohne die „lästigen Fesseln" der StPO nutzen.[288] Dies ist die negative Seite der Presseberichterstattung, die die Kriminalität ins Grellfeld der Medien

---

dien, Deutscher Anwaltstag 06, Thesenpapier; Verweis auf http://www.koelner.nwaltverein.de/-dat2006/pdf/DATVeranstaltungen.pdf

283 Hamm, Strafprozesse und die Macht der Medien, S. 12; Dierlamm in Wabnitz/Janovsky, Handbuch Wirtschaftsstrafrecht, Kapitel 27.

284 Lehr, Grenzen für die Öffentlichkeitsarbeit der Ermittlungsbehörden, NStZ 09, S. 409 (409); siehe dazu weiterführend Leyendecker, Die große Gier-Korruption, Kartelle, Lustreisen.

285 So muss an der Information ein berechtigtes Interesse der Öffentlichkeit bestehen; die Medien müssen einen Mindestbestand an Beweistatsachen zusammengetragen haben, bevor der Verdacht veröffentlicht wird; es muss eine distanzierte Darstellung des Verdachts erfolgen und sie darf keine Vorverurteilung des Betroffenen enthalten; der Betroffene muss die Möglichkeit zur Stellungnahme erhalten, siehe dazu BGHZ 143, S. 199 (203).

286 Kepplinger, Die Mechanismen der Skandalierung, S. 17, 57.

287 Vgl. Murswiek, Das scharfe Schwert der streitbaren Demokratie, NVwZ 04, S. 769 (772).

288 Jahn in Krieger/Schneider, Handbuch Managerhaftung, § 33, Rn. 37.

rückt. Bedenklich ist die „unheilige Allianz zwischen den Medien und Vertretern des Strafverfolgungsapparates", die auf Kosten der Beschuldigten lebe.[289]

Die rechtliche Qualität der Mitteilungen von Ermittlungsbehörden als privilegierte Quelle legitimiert die Medien im Regelfall, diese Informationen der Ermittlungsbehörden in die Berichterstattung aufzunehmen. Daraus folgt oftmals, dass eine tendenziöse, vorverurteilende Verdachtsberichterstattung, die den Medien ohne Verweis auf die privilegierte Quelle verboten wäre, durch eine vorausgegangene Mitteilung der Strafverfolgungsbehörden legalisiert wird. Von den Medien könne schließlich nicht erwartet werden, „zurückhaltender zu sein als die Ermittlungsbehörden selbst".[290] Wird durch derartige Veröffentlichungen von medialer Seite in schwebende Verfahren eingegriffen, sind die Prinzipien von Objektivität und Unabhängigkeit der Strafverfolgungsbehörden gefährdet. In der Folge kann dies sogar zu Verzerrungen der Kriminaljustiz führen, welche auch der objektivste und unabhängigste Richter nicht mehr vollständig neutralisieren kann.[291]

Eine allgemeine und von der Strafrechtspflege begünstigte Normstabilisierung ist einerseits auf die Medien angewiesen. Die Medien ersetzen die Publikumsöffentlichkeit durch eine „Medienöffentlichkeit"[292], die im Strafverfahren das wichtigste Bindeglied zwischen Strafjustiz und Bevölkerung geworden ist. Andererseits wird die Hoffnung positiver Generalprävention gerade von den Medien nachhaltig enttäuscht. Die Medien haben oftmals ihre eigenen Vorstellungen vom Nachrichtenwert justiziellen Handelns, sind abhängig von Quoten, Gewinnen und Erwartungen und legen deswegen andere Selektionskriterien und -maßstäbe an.[293]

Die Medienpräsenz der Strafjustiz kann stets auch die Aushöhlung bzw. Tangierung des Persönlichkeitsschutzes nach Art. 2 Abs. 1 i.V.m. Art. 1 Abs. 1 GG Betroffener beinhalten.[294] Das Allgemeine Persönlichkeitsrecht umfasst den grundrechtlichen Anspruch, durch die Staatsgewalt nicht mit rufschädigenden Äußerungen überzogen zu werden, die sich außerhalb der verfassungsmäßigen Ordnung bewegen. Organe der öffentlichen Gewalt sind zu belastenden Äußerungen nur befugt, wenn und soweit eine gesetzliche Ermächtigung[295] zu dem

---

289 Kempf, Strafjustiz und Medien, Deutscher Anwaltstag 2006, Thesenpapier.
290 Vgl. LG Berlin, Urt. v. 15.01.2008 – 27 O 973/07.
291 Hassemer, Vorverurteilung durch die Medien, NJW 85, S. 1921 (1921, 1923).
292 Scherer, Gerichtsöffentlichkeit als Medienöffentlichkeit, S. 24 ff.
293 Hassemer, Vorverurteilung durch die Medien, NJW 85, S. 1921 (1924).
294 Huff, Öffentlichkeitsarbeit, NJW 04, S. 403 ff; Lehr, Strafverteidigung und Medien in Münchener Anwalts-handbuch StrafR, § 20, Rn. 5.
295 Siehe § 3 HPresseG, der die Auskunftspflicht von Behörden regelt und Verweigerungsgründe bei Auskunftspflicht aufzählt.

damit verbundenen Eingriff in die geschützte Rechtsposition besteht.[296] Nicht nur die gesellschaftliche Anerkennung, sondern auch das soziale Ansehen desjenigen ist bedroht, der zum Objekt negativer Publikationen in den Medien wird.[297] Dies gilt sowohl für Unternehmen, als auch für seine Angestellten und Mitarbeiter gleichermaßen.[298] Die Gefahr einer irreparablen Schädigung der unternehmerischen Reputation durch verkürzte oder unzureichende Recherche verdeutlicht,[299] dass ein falsch, weil vordergründig, verstandenes „Wächteramt" der Presse, nicht nur der Generalprävention dienlich sein, sondern sich massiv und nachteilig auf die wirtschaftliche Tätigkeit des Unternehmens und die private Lebensführung seiner Mitarbeiter auswirken kann.[300] Die Betroffenen leisten neben der Strafverfolgung eine Art „Sonderopfer", weil sie an den Pranger gestellt werden.[301] So wurde im Mannesmann-Urteil eine schwere Persönlichkeitsrechtsverletzung des von Äußerungen der Staatsanwaltschaft betroffenen Vorstandes bejaht, weil dieser durch den öffentlich formulierten Vorwurf der „Käuflichkeit" ohne Not über den eigentlichen Anklagevorwurf hinaus in Misskredit gebracht worden sei. Die Staatsanwaltschaft hätte sich auf die Erklärung beschränken können, dass es in der Anklageschrift um nichts anderes als Untreue gehe. Dies sei mit einer distanzierten Darstellung der Anklageerhebung nicht zu vereinbaren.[302] Befürchtungen, die gerichtliche Entscheidung führe dazu, dass der Informationsanspruch der Öffentlichkeit leiden müsste[303], sind jedoch unbegründet. Betroffen ist durch das Urteil nur das Wie der Informationspolitik staatlicher Stellen. Inhalt, Art und Weise der öffentlichen Unterrichtung müssen den Persönlichkeitsschutz der Betroffenen, unabhängig vom Mediendruck und der Überzeugung von der Richtigkeit der erhobenen Vorwürfe, berücksichtigen.[304] Bei Auskunft der Strafverfolgungsbehörden verbleibt jedoch stets die Gefahr, „dass die Öffentlichkeit die Einleitung eines Ermittlungsverfahrens mit dem Nachweis der Schuld gleichsetzt und deshalb auch im Fall einer späteren Einstellung des Ermittlungsverfahrens nicht ausgeschlossen ist, dass

---

296 BVerwGE 71, S. 183 ff.; OVG Koblenz in NJW 91, S. 2659 ff.

297 Groß, Medien im Ermittlungsverfahren, in FS Hanack, 1999, S. 39 (51).

298 Jahn in Krieger/Schneider, Handbuch Managerhaftung, § 33, Rn. 7.

299 Zu Fallstudien über Konsequenzen und Opfer von Falschberichterstattung siehe Kepplinger, Die Mechanismen der Skandalierung, S.88 ff, 104 ff.

300 Vgl. Jahn in Krieger/Schneider, Handbuch Managerhaftung, § 33, Rn. 8.

301 Kempf, Strafjustiz und Medien, Deutscher Anwaltstag 2006, Thesenpapier.

302 OLG Düsseldorf in NJW 05, S. 1791 (1807).

303 Lorz, Öffentlichkeitsarbeit, NJW 05, S. 2657 (2658).

304 Lehr, Grenzen für die Öffentlichkeitsarbeit der Ermittlungsbehörden, NStZ 09, S. 409 (413).

vom Schuldvorwurf etwas hängen bleibt".[305] Das „Persönlichkeitsrecht auf Resozialisierung"[306] ist mitnichten nur ein Anspruch des Betroffenen selbst, sondern zugleich ein fundamentales öffentliches Interesse, ein Prinzip der Strafrechtspflege,[307] welches durch Berichterstattung nach Verurteilung auf dieselbe Weise verletzt werden kann wie andere Persönlichkeitsrechte vor dem Urteil.[308]

c) *Auswirkungen auf die rechtsstaatliche Unschuldsvermutung*

Das Prinzip der Unschuldsvermutung hat nicht nur die Funktion eines obersten Verfahrensregulativs, sondern sichert dem Beschuldigten auch die Exklusivität der verfahrensmäßigen Schuldfeststellung.[309] Zu klären bleibt insoweit, inwieweit sich staatliche Offensiven und die damit verbundene mediale Brandmarkung und Stigmatisierung betroffener Unternehmen und ihrer Mitarbeiter auf die rechtsstaatliche Garantie der Unschuldsvermutung auswirkt.

aa) Prinzip des fairen Verfahrens

Das Prinzip des fairen Verfahrens ist Fundament des Strafprozesses im freiheitlichen Rechtsstaat.[310] In Art. 6 EMRK niederlegt, umfasst es fünf zentrale Prozessprinzipien wie das Nemo-tenetur-Prinzip,[311] das Prinzip der Waffengleichheit,[312] das Prinzip des gesetzlichen Richters,[313] die Gestaltungsprinzipien des Gerichtsprozesses[314] und das Prinzip der Unschuldsvermutung. Das Prinzip des fairen Verfahrens dient der Sicherung der Verteidigungsfähigkeit und Handlungskompetenz des Beschuldigten, welche durch Presseinterventionen schwer

---

305 KG, Urt. v. 12.01.2007 – 9 U 102/06, Rn. 21, 23.

306 Neumann-Duesberg, Persönlichkeitsrecht, JZ 73, S. 261 (261).

307 § 2 S. 1 StVollzG.

308 Hassemer, Vorverurteilung durch die Medien, NJW 85, S. 1921 (1924).

309 Marxen, Medienfreiheit und Unschuldsvermutung, GA 80, S. 365 (373).

310 Albrecht, Die vergessene Freiheit, S. 123.

311 Anspruch und Inhalt des Nemo-tenetur-Prinzips ist die Freiheit des Beschuldigten vom Selbstbelastungszwang; siehe dazu weiterführend Albrecht, Die vergessene Freiheit, S. 127 ff.

312 Anspruch und Inhalt des Prinzips der Waffengleichheit ist, dass sich Beschuldigter und Staatsanwaltschaft auf gleicher Augenhöhe begegnen bzw. nur eine starke Verteidigung des Angeklagten ein taugliches Gegengewicht zum Anklagemonopol der Staatsanwaltschaft zu bilden vermag; siehe dazu Albrecht, S. 133 ff.

313 Anspruch und Inhalt des Prinzips des gesetzlichen Richters ist die Unabhängigkeit der Justiz in sachlicher, örtlicher und funktioneller Hinsicht; siehe Albrecht, Die vergessene Freiheit, S. 149 ff.

314 Die Gestaltungsprinzipien des Gerichtsprozesses umfassen den Grundsatz der Unmittelbarkeit, Mündlichkeit und Öffentlichkeit von Gerichtsverfahren; siehe weiterführend Albrecht, Die vergessene Freiheit, S. 159 ff.

gestört werden können.[315] Jedoch können nicht nur die Persönlichkeitsrechte tangiert sein, sondern zugleich auch das verfassungs- und verfahrensrechtliche Prinzip, wonach die Suche nach der Wahrheit im fairen Strafverfahren formalisiert, also justizförmig geordnet vollzogen werden muss.[316] Bei Vor- und Nachverurteilungen geht es jedoch nur mittelbar um den Schutz der Beteiligten oder der Justiz. Es geht vielmehr um den Schutz des rechtsstaatlich geordneten Verfahrens.[317]

Auf das Prinzip der Unschuldsvermutung wird im Nachfolgenden im Hinblick auf dessen Wahrnehmung und Ausgestaltung durch staatliches Vorgehen und mediale Brandmarkung einzugehen sein.

bb) Prinzip der Unschuldsvermutung

Das rechtsstaatliche Prinzip der Unschuldsvermutung ist u. a. in Art. 6 Abs. 2 EMRK verankert und besitzt Verfassungsrang. Es besagt, dass „bis zum gesetzlichen Nachweis der Schuld vermutet wird, dass der wegen seiner strafbaren Handlung Angeklagte unschuldig ist". Aus diesem Inhalt leitet sich der Anspruch des Beschuldigten ab, dass in seine persönlichen Freiheitsrechte so wenig wie möglich eingegriffen wird, gerade so, dass es mit dem staatlichen Ziel der Tataufklärung noch vereinbar ist.[318] Der schmale Grat der Interessenabwägung ist ein Gebot sozialstaatlicher Medienverantwortung.[319]

Während die Politik mit populistischen Umschreibungen wie der „rücksichtslosen Gier von Managern" das Phänomen der Wirtschaftskriminalität kriminalpolitisch zu inszenieren sucht und die Strafverfolgungsbehörden öffentlichkeitswirksam gegen Wirtschaftsdelinquenz vorgehen, rückt die Wirtschaftskriminalität an sich verstärkt ins Grellfeld der Medien. Mittels kriminalpolitischer Bedrohungsvokabeln und den darin innewohnenden zugespitzten Irrationalitäten, verschärft, verformt und zerstört eine populistische Kriminalpolitik die rechtsstaatlichen Grundlagen des Kriminaljustizsystems.[320] Das medial inszenierte Vorgehen der Strafverfolgungsbehörden, das oftmals das Vorhandensein eines Täters oder Verurteilten anstatt eines Angeklagten suggeriert, vertieft die dargestellte rechtsstaatliche Problematik.

---

315 Giehring, Rechte des Beschuldigten, in Hassemer/Lüderssen, Sozialwissenschaften Band 3, S. 181 ff.

316 Vgl. dazu etwa § 136 a StPO; Krauß, Materielle Wahrheit, in FS Schaffstein, S. 411 ff.

317 Hassemer, Vorverurteilung durch die Medien, NJW 85, S. 1921 (1929).

318 Albrecht, Die vergessene Freiheit, S. 142.

319 v. Becker, Straftäter und Tatverdächtige, S. 265 ff.

320 So zutreffend Albrecht, Die vergessene Freiheit, S. 124.

Im Hinblick auf die rechtsstaatliche Unschuldsvermutung ist diesbezüglich zuerst an eine öffentliche Vorverurteilung [321] des Beschuldigten durch die Ermittlungsbehörden und die Medien zu denken. Zu diesem Phänomen gehören der vorverurteilte Beschuldigte und die Unschuldsvermutung. Quelle und Ursprung öffentlicher Vorverurteilungen stellen neben der Identifizierung eines Tatverdächtigen, insbesondere auch sog. tendenziöse Stellungnahmen der Strafverfolgungsbehörden dar. Diese zeichnen sich vor allem durch die Auswahl der Informationen (etwa einseitige Veröffentlichungen nur belastender Indizien) oder die Art der Darstellung (drastische, unsachliche Wortwahl) aus,[322] die wiederum von der Presse aufgegriffen werden. Die Presse nimmt dabei die Rolle einer Informationsmittlerin zwischen dem Informationsanspruch des Bürgers nach Art. 5 Abs. 1 S. 1 GG und den Strafverfolgungs- und Ermittlungsbehörden ein.[323] Die Massenmedien nehmen dabei eine Schlüsselstellung zwischen den Ermittlungsbehörden und ihren Mitteilungen gegenüber der Öffentlichkeit ein, da diese meist nur über die Medien kommunizieren. Dadurch, dass Massenmedien heutzutage im Zentrum des gesellschaftlichen Geschehens stehen und dieses stark beeinflussen, schaffen sie Realität, indem sie Definitionsmacht ausüben. Demzufolge sind sie Spiegel und Gestalter gesellschaftlicher Wirklichkeit.[324] Indem die Medien gestalten und damit auch beeinflussen, sind Zweifel hinsichtlich eines Manipulationsverdachtes angebracht.[325] Als Beispiel dafür mag die Tatsache dienen, dass die Schuld des Angeklagten in den Medien oftmals bereits vor dessen Verurteilung angenommen und dem Leser oder Zuschauer dadurch der Eindruck vermittelt wird, der Angeklagte wäre ohne Zweifel der Täter. An dieser Stelle wird die Menschenwürde nach Art. 1 Abs. 1 GG als höchstes Verfassungsgut tangiert.[326] Im Hinblick auf diese verfassungsrechtliche Kodifizierung ist zu beachten, dass der Unschuldsvermutung nach richtiger Auffassung ein allgemeines Präjudizierungsverbot zu entnehmen ist.[327] Die Fra-

---

321 Vorverurteilungen überziehen den Konfliktbereich von Pressefreiheit, Rechte des Beschuldigten und die Öffentlichkeit des Strafverfahrens, vgl. Hassemer, Vorverurteilung durch die Medien, NJW 85, S. 1921 (1922).

322 Dalbkermeyer, Schutz des Beschuldigten, S. 161.

323 Dalbkermeyer, Schutz des Beschuldigten, S. 43.

324 VGl. Brosius/Esser, Eskalation durch Berichterstattung, S. 33.

325 Luhmann, Die Realität der Massenmedien, S. 5.

326 Vgl. Albrecht, Die vergessene Freiheit, S. 144.

327 Siehe dazu Bornkamm, Bericherstattung, NStZ 83, S. 102 (104); Geerds, Berichterstattung über Strafsachen, S. 423 (430); Hassemer, Vorverurteilung durch die Medien, NJW 85, S. 1921 (1923); Kühl, Persönlichkeitsschutz in FS Hubmann S. 241 (248); Schubarth, Unschuldsvermutung, S. 11 f; Schmidt, Justiz und Publizistik, S. 55 f; aA Geppert, Unschuldsvermutung, Jura 93, S. 160 (162); Meyer, Grenzen der Unschulds-

ge, ob medienspezifische Gründe dafür sprechen, der Presse die Unschuldsmaxime nur in geringem Maße zur Auflage zu machen und im Rahmen ihrer Kriminalberichterstattung andere Maßstäbe gelten zu lassen als diejenigen, die für die tägliche Arbeit von Ermittlungsbehörden und Justiz relevant sind, ist strikt zu verneinen.[328] Die Unschuldsvermutung entfaltet zwar gegenüber den Medien keine unmittelbare Drittwirkung, [329] gilt jedoch als Maßstab für die Beurteilung von Veröffentlichungen über Strafverfahren.[330]

d) Zwischenergebnis

Die rechtsstaatliche Unschuldsvermutung wird durch die kriminalpolitische Dramatisierung von Wirtschaftskriminalität, dem öffentlichkeitswirksamen und rabiaten Vorgehen der Strafverfolgungsbehörden und der Handhabung und Inszenierung vermeintlicher Straftäter in der medialen Welt auf eine harte Probe gestellt. Durch politische „Bedrohungsszenarien", tendenziösen Stellungnahmen der Ermittlungsbehörden und der medialen Vorverurteilung durch die Presse wird die Unschuldsvermutung mehr und mehr zerrieben und vermag trotz ihres höchsten Verfassungsrangs im Hinblick auf die Menschenwürde nach Art. 1 Abs. 1 GG zu erodieren und an Geltung zu verlieren. Sowohl die Regierung als originär demokratisch legitimiertes Organ, als auch die Presse in ihrer Funktion der demokratischen Willensbildung, suggerieren dem Bürger das Vorhandensein von „Verurteilten" und „Schuldigen". Auch die Strafverfolgungsbehörden und die Kriminaljustiz vermögen diesem rechtsstaatlichen Defizit nicht mit einem die Bürgerrechte achtenden und schützenden Strafsystem entgegen zu treten.

Im Ergebnis kann daher festgestellt werden, dass bedenkliche rechtsstaatliche Defizite bei der derzeitigen Ahndung und Verfolgung von Wirtschaftskriminalität bestehen.

4. Auswirkungen auf das Rechtsbewusstsein der Allgemeinheit

Vorstehend wurde auf die kriminologischen Aspekte der Wirtschaftskriminalität eingegangen. Nunmehr sollen die Auswirkungen des Verstoßes gegen Wirtschaftsstraftaten im Hinblick auf das Rechtsbewusstsein der Allgemeinheit hin

vermutung, S. 61 (63); Roxin, Probleme der Vorverurteilung, NstZ 91, S. 153 (156); Stuckenberg, Untersuchungen zur Unschuldsvermutung, S. 560 ff., 578.

328 Diese Frage stellt sich Soehring, Vorverurteilung durch die Presse, S. 41.

329 Vorverurteilende Kriminalberichte durch die Presse können jedoch im Hinblick auf das allgemeine Persönlichkeitsrechts nach Art. 1 Abs. 1 iVm. Art. 2 Abs. 1 GG sowohl die Tatbestände der Beleidigungsdelikte nach §§ 183 ff. StGB erfüllen, als auch zivilrechtliche Haftungsansprüche nach §§ 1004 iVm. 823 ff. BGB auslösen; siehe dazu vertiefend Soehring, Vorverurteilung durch die Presse, S. 86 ff, 97 ff.

330 OLG Frankfurt in NJW 80, S. 597 (599).

untersucht werden. Als Ausgangspunkt soll dabei die Frage dienen, inwieweit die kriminologisch- empirischen Untersuchungen zu interpretieren sein könnten.

Wie bereits erörtert, sind die Aufdeckung, Verfolgung und Ahndung von Wirtschaftsdelinquenz geprägt durch zahlreiche kriminologische Phänomene wie die hohe Dunkelziffer, die Anonymität zwischen Täter und Opfer, technische Besonderheiten und die voranschreitende Internationalisierung der Straftatenbegehung. Was bleibt, ist die Wirtschaftsdelinquenz an sich, kein Bild der Kriminalitätswirklichkeit, sondern lediglich eine Vermutung, Schätzung und Annäherung an diese. Diese Tatsache lässt sich als Indiz dafür sehen, dass es dem Gesetzgeber nicht gelungen ist, angemessenen Strafrechtsschutz gegen die Wirtschaftsdelikte zu bieten.[331] Damit ist die kriminalpolitische Diskussion eröffnet. Sie lässt sich in zweierlei Richtung führen: Zum Einen lässt sich die Debatte in Richtung eines „strafrechtlichen Mehrs" führen, indem es als wirtschaftspolitische Steuerungsfunktion verstanden wird. Zum Anderen kann die kriminalpolitische Forderung auch dahingehend laufen, dass das Strafrecht eben nicht als gesellschaftliches Lenkungsmittel verstanden wird.[332] Im Nachfolgenden soll auf die einzelnen Ansätze eingegangen werden, um dann ihre Auswirkungen auf das Rechtsbewusstsein der Allgemeinheit zu beurteilen.

a) Strafrecht als gesellschafts- und wirtschaftspolitisches Steuerungs-modell

Die Konzeption, das Strafrecht als gesellschafts- und wirtschaftspolitisches Steuerungsmodell zu begreifen, ist geprägt von einer „Bekämpfungsrhetorik" und der beständigen Forderung nach einer Strafrahmenverschärfung bzw. einer normativen Ausweitung von staatlichen Zugriffsmöglichkeiten.[333] Der Schwerpunkt dabei liegt auf der Einführung und Verbesserung materieller Strafrechtsnormen und der Ausweitung strafprozessualer Eingriffsbefugnisse. Dabei steht die Notwendigkeit der Strafandrohung und einer verschärften Pönalisierung stets außer Frage.[334] Das Strafrecht als Steuerungsmodell wird in vielerlei Hinsicht interpretiert und verstanden.

---

331 Vgl. dazu Achenbach, Strafrechtlicher Schutz des Wettbewerbs, S. 178, 182; siehe dazu auch Otto, Jura 89, S. 24 (27).

332 Siehe dazu Albrecht, Kriminologie, S. 316.

333 Hefendehl, Eindämmung der Wirtschaftskriminalität, ZStW 119 (2007), S. 816 (826).

334 Dannecker in Wabnitz/Janovsky, Handbuch Wirtschaftsstrafrecht, Kapitel 1, Rn. 55.

aa) Governing through Crime[335]

Dieser kriminalpolitische Steuerungsansatz stellt das traditionelle staatliche Vorgehen dar und setzt auf die Instrumentalisierung von Kriminalität und Kriminalpolitik zum Zwecke politischer Macht.[336] Dieses Modell ist durch seine hohe Funktionalität gekennzeichnet, sowie durch seinen symbolischen Charakter.[337] Dabei wird wirtschaftsdelinquentes Verhalten meist medial aufgearbeitet und skandalisiert, und dadurch versucht, die Wirkung auf das politische Klientel zu erhöhen.[338] Intention dieser Strafzielbestimmung sind nicht nur die instrumentelle Verwirklichung von Strafrecht und Strafgerechtigkeit, sondern auch spezial- und generalpräventive Absichten. Dem Bestraften soll das Gefühl eigener Verantwortlichkeit vermittelt werden. Zudem stehen der Schutz sozialethischer Gesinnungswerte der Bevölkerung im Vordergrund und die Festigung des sozialethischen Urteils, dass es um die Bewährung des Rechts und um die allgemeine Gesetzesachtung gehe.[339] Es wird ein bestimmtes Bild vom Strafrecht, vor allem von dessen Unverbrüchlichkeit, suggeriert.[340]

Trügerisch an diesem Ansatz erscheint jedoch, dass die von einer „symbolischen" Norm bzw. Gesetzgebung verfolgten Regelungsziele andere sind als eine tatsächliche Vermeidung bzw. Verringerung von Kriminalität. Oftmals geht es lediglich um die kurzzeitige Befriedigung eines akuten Handlungsbedarfs,[341] über die Beruhigung und Besänftigung der Bevölkerung bis hin zur Bekundung und Bezeugung eines starken Staates.[342] Bedenken an diesem

---

335 Vgl. dazu den gleichnamigen Titel der Monografie von Simpson, Governing through Crime: How the War on Crime Transformed American Democracy and Created a Culture of Fear.

336 Zum Strafrecht als „politische Scheinwaffe" siehe Albrecht, Strafrecht im Zugriff politischer Politik, S. 429 ff; Albrecht, KritV 88, Strafrecht als Interventionsstaat, S. 182 ff.

337 Ausführlich dazu Hassemer, Symbolisches Strafrecht, NStZ 89, S. 553 (556), der auch auf die Erscheinungsformen symbolischer Gesetzgebung eingeht, wie etwa gesetzgeberischen Wertbekenntnissen, Gesetzen mit (moralischem) Appellcharakter, Ersatzreaktionen des Gesetzgebers und Kompromissgesetzen.

338 Siehe dazu Hefendehl, Eindämmung der Wirtschaftskriminalität, ZStW 119 (2007), S. 816 (830), welcher jedoch nicht ausdrücklich das politische Klientel definiert. Es kann jedoch vermutet werden, dass es sich um die Unternehmensspitzen bzw. Führungskräfte von Unternehmen handelt.

339 Hassemer, Symbolisches Strafrecht, NStZ 89, S. 553 (555).

340 Vgl. Lüderssen, Generalpräventive Funktion des Deliktssystems, in Hassemer-/Lüderssen/Naucke (Hrsg.), Hauptprobleme der Generalprävention, S. 54, 64, 66, 69.

341 Siehe unter diesem Blickwinkel auch den gesetzgeberischen „Aktionismus" hinsichtlich der „Kindervernachlässigung und –verwahrlosung", sowie das gesetzgeberische Bestreben nach dem „Gammelfleisch-Skandal" bzw. der Managergehälter.

342 So zutreffend Hassemer, Symbolisches Strafrecht, NStZ 89, S. 553 (556).

Handlungsmodell rühren vor allem von der Legitimationsseite her, die durch die Folgenorientierung des Governing through Crime provoziert werden.[343]

Auch das Interesse an Risikobeherrschung, das sich insbesondere durch Kriminalisierungen im Vorfeld von Rechtsgutsverletzungen,[344] die Schaffung von abstrakten Gefährdungsdelikten, den Schutz von Universalrechtsgütern wie den Kapitalmarkt [345] und durch die globale Steuerung von komplexen Problemen[346] äußert, ruft bedenkliche Zweifel hervor. Durch diese Instrumentarien werden die Grenzen zwischen liberaler Beschaulichkeit als Sicherungsmittel für ein „ethisches Minimum" und dem Strafrecht als Steuerungsmittel für gesellschaftspolitische Großstörungen verwischt.[347]

bb) Ökonomisierung der Kriminalpolitik

Dieses Steuerungsmodell basiert auf dem Gedanken der Ökonomisierung der Kriminalpolitik, bei welcher Logik und Rationalität zur maßgeblichen politischen Maxime erhoben werden.[348] Diese Sichtweise zeichnet sich durch drei Faktoren aus: Erstens der Abschreckungswirkung durch Strafverschärfung. Zweitens durch die Gewinnabschöpfung als ökonomischer Beeinflussung kriminalisierter Verhaltensweisen.[349] Drittens der Veränderung der äußeren Rahmenbedingungen, wie der Möglichkeiten der Straftatenbegehung und der Verteuerung der Kriminalität.[350] Eine angeblich abschreckende Wirkung von Strafe wird vielfach in einer vermeintlichen Korrelation und Interdependenz von einer erhöhten Strafandrohung und einer Veränderung der registrierten Wirtschaftsdelinquenz hergeleitet.[351] Unberücksichtigt bleiben dabei jedoch eine

343 Zu der Problematik der Folgenorientierung des Strafrechts siehe Hassermer, Generalprävention, in Hassemer/Lüderssen/Naucke, Hauptprobleme der Generalprävention, S. 29, 49; ders., Prävention im Strafrecht, JuS 87, S. 257 (260).

344 Siehe dazu Jakobs, Kriminalisierung im Vorfeld einer Rechtsgutsverletzung, ZStW 97 (1985), S. 751 ff.

345 § 264 a StGB-Kapitalanlagebetrug.

346 Siehe dazu Beck, Risikogesellschaft – Auf dem Weg in eine andere Moderne.

347 Vgl. dazu zutreffend Hassemer, Symbolisches Strafrecht, NStZ 89, S. 553 (558).

348 Schünemann in Hefendehl (Hrsg.), Symposium, S. 349 (361).

349 Siehe dazu Hefendehl, Eindämmung der Wirtschaftskriminalität, ZStW 119 (2007), S. 816 (829).

350 Hefendehl versteht diese Aussage dahingehend, dass sich durch die Verteuerung der von Straftätern für eine Rechtsgutsverletzung aufzuwenden Kosten auf der anderen Seite die Kosten für den Rechtsgüterschutz verringern, siehe ders. in ZStW 119 (2007), S. 816 (829).

351 Vgl. Curti, Abschreckungswirkung in Ott (Hrsg.), Präventivwirkung zivil- und strafrechtlicher Sanktionen, S. 71 ff.

Vielzahl von Variablen, sowie die bereits erwähnte Dunkelziffer-Problematik.[352] Befragungsstudien bestätigten die Vermutung, dass Strafschwere bzw. Strafandrohung sich für wirtschaftsdelinquentes Verhalten als bedeutungslos erweisen.[353]

b) Strafrecht als rechtsstaatliches Sicherungsmodell

Die vorgenannten Modelle interpretieren das Strafrecht als Steuerungsmodell zur gesellschaftspolitischen und wirtschaftspolitischen Kriminalitätsbewältigung. Sie gehen einerseits von einem „haushaltenden" und rationalisierenden Straftäter aus.

Auf der anderen Seite wird die Gesellschaft bzw. Allgemeinheit als „verblendet" bzw. unmündig aufgefasst, der man symbolische Steuerungskonzepte darbieten kann, die schlichtweg von ihr akzeptiert und nicht kritisch beleuchtet werden.

Es gilt jedoch zu hinterfragen, inwieweit ein „Strafstaat" tatsächlich zu einem erhöhten Sicherheitsgefühl der Allgemeinheit beitragen kann bzw. wie er sich auf das Rechtsbewusstsein der Allgemeinheit auswirkt.

Oftmals wird Kriminalität an sich als „Versagen des Rechtsstaats" empfunden. Der Rechtsstaat wird zunehmend an seiner Erfolgsabhängigkeit gemessen, der Ruf nach Recht und Ordnung wird immer lauter.[354] Dabei ist vor allem zu berücksichtigen, dass die Kriminalitätsfurcht bzw. das Verlangen nach einem erhöhten Sicherheitsgefühl von den verschiedensten Faktoren, wie etwa der medialen Wahrnehmung von Kriminalität und dem eigenen und persönlich wahrgenommen Bild von strafrechtlicher Delinquenz abhängen.[355] Das Verlangen nach mehr normativer Regelung und Verschärfungen des geltenden Rechts, sollte in Anbetracht dessen Fragwürdigkeit und Bedenklichkeit verhallen. Die Forderung nach einem Strafrecht als gesellschafts- und wirtschaftspolitischem Steuerungsmodell ist dringend zu dekonstruieren.

Wie bereits erörtert, lassen sich die Regelungsmodelle der Ökonomisierung der Kriminalpolitik und des Governing through Crime als kriminalpolitische Ansätze begreifen, die das Strafrecht als wirtschafts- und gesellschaftspoliti-

---

352 Dazu Simpson, Corporate Crime S. 26 ff; Bannenberg, Korruption in Deutschland und ihre strafrechtliche Kontrolle, S. 263 ff.

353 Schöch, Generalprävention, FS Jeschek, 1985, S. 1081 (1098 ff); Bönitz, Strafgesetze, S. 329.

354 Siehe dazu Arzt, Ruf nach Recht und Ordnung; siehe auch Dörmann, Sicherheitsgefühl und Kriminalitätsbewertung, S. 323 ff, der zwar auf ein sinkende Kriminalitätsfurcht bzw. ein steigendes Sicherheitsgefühl hinweist, aber auch feststellt, dass sich die Bevölkerung trotzdem eine verbesserte Sicherheitslage erhofft.

355 Siehe zur sozialen Kontrolle und Sicherheit als Kollektivgüter und zur Kriminalitätsfurcht Lüdemann/Ohlemacher, Soziologie der Kriminalität, S. 160 ff, 189 ff.

sches Steuerungsmodell ansehen. Während die Ökonomisierung der Kriminalpolitik auf die Strafverschärfung, Gewinnabschöpfung und Verteuerung der Kriminalität setzt, bedient sich der Governing through Crime-Ansatz der Instrumentalisierung der Kriminalität und Kriminalpolitik zum Zwecke politischer Macht. Beiden Ansätzen ist gemeinsam, dass sie versuchen, Kriminalität einzudämmen bzw. zu verringern. Während die Ökonomisierung der Kriminalpolitik durch Änderung der rechtlichen und wirtschaftlichen Rahmenbedingungen dieses Ziel zu erreichen versucht, setzt das Governing through Crime-Modell auf die Symbolträchtigkeit und Brandmarkung von und durch Straftaten. Beiden Ansätzen ist immanent, dass sie von „außen" auf das wirtschaftsdelinquente Verhalten Einfluss zu nehmen versuchen. Das Strafrecht nimmt dabei die Funktion einer „Fremdsteuerung" an, indem durch äußere Umstände auf das Täterverhalten einzuwirken versucht wird. Dabei wird jedoch übersehen, dass das Strafrecht zwar Möglichkeiten bietet, ihm jedoch auch Grenzen gesetzt sind. So z. B. durch das verfassungsrechtliche Gebot der Entkriminalisierung.[356] Diese Ansätze zeigen demzufolge „Risse im Rechtsstaat" auf. Beachtlich ist auch, dass „outputorientierte" Vorschriften bzw. Ansätze auf Ebene der Gesetzgebung wie auf Ebene des Gesetzesvollzugs nicht nur richtig, sondern auch erfolgreich sein müssen, sei es im Hinblick auf Einzelne (Resozialisierung, Wiedereingliederung), sei es im Hinblick auf die Allgemeinheit (Generalprävention, Beherrschung der Kriminalität). Prävention ist ein akzeptables Konzept, aber nur wenn sie gelingt.[357] Eine abschreckende Wirkung durch Strafrecht könnte jedoch nur dann erzielt werden, wenn Rechtsverstöße tatsächlich aufgedeckt und sanktioniert würden.[358] Somit sind angesichts der Dunkelziffer-Problematik der Ökonomisierung der Kriminalpolitik und dem Governing through Crime auch kriminologische Grenzen gesetzt. Warum das Strafrecht demzufolge effizienter sein soll, wird nicht begründet.[359]

Zu fragen bleibt indes, was dem Strafrecht als Mittel der Fremdsteuerung entgegen zu setzen sein könnte. Hilft tatsächlich nur das Recht und der Staatsanwalt, wenn und wo die Moral versagt?[360] Diese Frage kann und muss unter freiheitlich- liberalen Gesichtspunkten freilich verneint werden. Zur Verbesserung der Bekämpfung der Wirtschaftskriminalität ist stets auch immer daran zu denken, die bestehenden normativen Grundlagen zu nutzen, indem sie lediglich

---

356 Siehe dazu Albrecht, Kriminologie, S. 316.

357 Hassemer, Symbolisches Strafrecht, NStZ 89, S. 553 (556).

358 Dannecker in Wabnitz/Janovsky, Handbuch Wirtschaftsstrafrecht, Kapitel 1, Rn. 55.

359 Hefendehl, Eindämmung der Wirtschaftskriminalität, ZStW 119 (2007), S. 816 (832).

360 So zutreffend Wieland, Unternehmensethik und Compliance-Management, CCZ 08, S. 15.

im Hinblick auf ihre Handhabung effizienter eingesetzt werden. So wird bspw. von Seiten der Polizei die Forderung erhoben, im Bereich der Wirtschaftskriminalität auf eine Spezialausbildung der Beamten zu setzen.[361] Dabei soll die Polizei nicht nur durch ein Auskunftssystem mit Falldateien ausgestattet werden, in welchem relevante Erkenntnisse zur Verfügung stehen, [362] sondern auch durch spezifisches externes Fachpersonal (Wirtschaftsreferenten, EDV-Fachkräfte, Buchhalter) beraten und unterstützt werden.[363] Zudem wird gefordert, dass ein verbesserter Informationsaustausch zwischen Präventions- (BAFin, Gewerbeämter, Arbeitsagenturen) und Repressionsbehörden (Staatsanwaltschaften) umgesetzt wird.[364] Weiterhin soll eine Entbürokratisierung und damit eine Beschleunigung und Rationalisierung des Strafverfahrens stattfinden. Auch durch eine verstärkte internationale Zusammenarbeit soll diesem Ziel Rechnung getragen werden.[365]

Diese Forderungen und Anregungen sind gegenüber den benannten gesellschafts- und wirtschaftspolitischen Steuerungsmodellen vorzugswürdig, da sie das materielle und prozessuale Strafrecht nicht de lege ferenda auszuweiten versuchen, sondern de lege lata bestehende Befugnisse effizient ein- und umsetzen. Jedoch weist auch dieser Ansatz bei näherer Betrachtungsweise Schwächen auf: Das Strafrecht fungiert weiterhin als Mittel der Fremdsteuerung. Es geht nunmehr darum, einen Lösungsansatz zur Eindämmung der Wirtschaftskriminalität zu finden, welcher auch dem Erfordernis einer „Selbststeuerung“ gerecht wird. Dieser Ansatz sollte in umfassender Weise die freiheitlich-liberale Wirtschaftsbetätigung ermöglichen. Dabei muss jedoch beachtet werden, dass es sich nicht um eine „grenzenlose“ Freiheit handeln kann. Fehlende Transparenz, eine unzureichende Aufsicht und Risikoentscheidungen ohne persönliche Haftung und Pflichtbewusstsein, bergen das Risiko einer Freiheit ohne Verantwortung in sich. Wirtschaftliche Betätigung und Wettbewerb bedingen und beinhalten die Verantwortung einer Begrenzung wirtschaftlicher Macht: durch Transparenz und durch Rechts-[366] und Regeltreue, der Corporate Compliance. Das Strafrecht und andere Gesetze und Normen bieten bereits hinreichend effektive und effiziente Mittel zur Straftatenverfolgung und -ahndung. Es gilt nunmehr im Rechts-

361 Bund deutscher Kriminalbeamter, Bekämpfung Wirtschaftskriminalität, S. 12 ff; vgl. auch Kube, Prävention von Wirtschaftskriminalität, S. 32.

362 Bund deutscher Kriminalbeamter, Bekämpfung Wirtschaftskriminalität, S. 16.

363 Berckhauer in Poerting (Hrsg.), Wirtschaftsriminalität, S. 319.

364 Kube, Prävention von Wirtschaftskriminalität, S. 40.

365 Michaelsen, Wirtschaftsstrafverfahren, Kriminalistik 82, 498 ff.

366 So der Bundespräsident Horst Köhler in seiner Berliner Rede 2009 mit dem Titel „Die Glaubwürdigkeit der Freiheit“; abrufbar unter http://www.bundespraesident.de/, 2.653300/Berliner-Rede-2009-von-Bundesp.htm; zuletzt abgerufen am 02.10.2010.

bewusstsein der Allgemeinheit die Erforderlichkeit und Notwendigkeit der Rechts- und Regeltreue im Rahmen einer Selbstverpflichtung zu institutionalisieren. Dies könnte mittels einer Corporate Compliance-Organisation erreicht werden. Darauf wird im Nachfolgenden vertieft einzugehen sein.

B. Zwischenergebnis

Vorangehend wurde das Strafrecht im Hinblick auf seine Zugriffsmöglichkeiten als gesellschafts- und wirtschaftspolitisches Steuerungsmodell kritisch eingeschätzt. Den Gegenpol bildete das Verständnis eines Strafrechts als rechtsstaatliches Sicherungsmodell. Beiden Betrachtungsweisen ist jedoch ein Defizit immanent: Das Strafrecht fungiert als Fremdsteuerung. Es wird lediglich durch die Allgemeinheit registriert und wahrgenommen, hat demzufolge keine Auswirkungen auf das Rechtsbewusstsein der Allgemeinheit und ist somit im Hinblick auf die Eindämmung der Wirtschaftskriminalität nur bedingt geeignet.

Zudem ist das Strafrecht nicht zeitgemäß, um mit den rasanten unternehmerischen, technologischen und gesellschaftlichen Entwicklungen mithalten zu können. Das Wirtschaftsstrafrecht ist vor allem durch seine kriminologischen Phänomene „Geißel" seiner selbst. Strafrecht soll und muss Gefahren und Risiken, die aus den oben benannten Bereichen stammen, reduzieren. Dabei muss es jedoch reaktiv und punktuell ansetzen und gegensteuern. Ein prospektives Verständnis von Strafrecht, das flächig und flächendeckend ansetzt wird schnell ineffektiv. Das liegt daran, dass der Bezug zwischen Täter und Opfer, zwischen Rechtsgutsverletzung und Rechtsgutsträger immer mehr verwischt wird. Lösungen individueller Konflikte mittels des Kriminalstrafrechts stellen sich nicht als deren retrospektive Bewältigung, sondern vielmehr als Steuerung gesellschaftlicher und kollektiver Fehlentwicklungen dar. Diesem Konflikt kann in einem freiheitlich-liberalen Verständnis richtigerweise jedoch nicht mit der Aufweichung vorhandener Strafrechtsprinzipien begegnet werden. Es muss vielmehr eine Denkweise vorherrschen, die die Rechts- und Regeltreue im Rahmen einer Selbstverpflichtung institutionalisiert und somit auch auf das Rechtsbewusstsein der Allgemeinheit Einfluss nehmen kann. Wirtschaftskriminalität könnte mit dem Lösungsansatz einer unternehmerischen Selbstverpflichtung begegnet werden. Diesem Denk- und Lösungsansatz der Corporate Governance und Corporate Compliance soll in den nachfolgenden Kapiteln nachgegangen werden.

3. Kapitel: Lösungen mit Hilfe unternehmerischer Selbstverpflichtung

Der Schwerpunkt der Arbeit liegt in der Analyse von Instrumentarien, die Wirtschaftskriminalität eindämmen und vermeiden könnten. Im Mittelpunkt steht dabei das Spannungsverhältnis zwischen dem Wirtschafts- und Kriminalstrafrecht und der unternehmerischen Selbstverpflichtung. In diesem Kontext ist danach zu fragen, auf welche Art und Weise mittels unternehmerischer Selbstverpflichtung Wirtschaftsdelinquenz verringert und unterbunden werden könnte.

In diesem Themenabschnitt erfolgen Betrachtungen zur Theorie der Corporate Governance und Corporate Compliance im Allgemeinen. Es wird untersucht, aus welcher Motivation heraus sich die Corporate Governance herausgebildet hat. Sodann wird zu beleuchten sein, inwiefern Corporate Compliance eine Ergänzung oder Abkehr von dem Corporate Governance-Gedanken bedeutet. Damit soll das theoretische Fundament für die konkrete Handhabung von Compliance in einzelnen Unternehmens- und Risikobereichen gelegt werden.

1. Teil: Unternehmerische Selbstverpflichtung mittels Fremdsteuerung – Corporate Governance

A. Entwicklung der Corporate Compliance aus dem Corporate Governance-Gedanken

Corporate Compliance und Corporate Governance sind verwandte Begrifflichkeiten und prägen seit Anfang der Neunziger Jahre das Wirtschaftsleben und die wirtschaftliche Organisation von Unternehmen in Deutschland.[367]

Corporate Governance bezeichnet dabei den rechtlichen und faktischen Ordnungsrahmen für die Leitung und Überwachung eines Unternehmens.[368] Das Thema um die ordnungsgemäße Leitung und Überwachung von Unternehmen ist von herausragender Aktualität und Brisanz gekennzeichnet. Diese Entwicklung wurde durch zahlreiche Fälle von Missmanagement und Unternehmensschieflagen im In- und Ausland bedingt. Zudem tragen auch die Globalisierung der Wirtschaft und die Liberalisierung der Kapital- und Finanzmärkte dazu bei, dass transparente und effiziente Formen der Unternehmensführung angestrebt und umgesetzt werden.[369] Dabei ist vor allem zu berücksichtigen, dass die Einordnung und Wahrnehmung eines Unternehmens in zunehmender Weise am öffentlichen Auftritt an den Kapitalmärkten erfolgt. Das Unternehmen muss sich somit gegenüber anderen Unternehmen in seiner öffentlichen Wahrnehmung und Akzeptanz profilieren, um konkurrenzfähig zu bleiben. Dies gilt einerseits hinsichtlich der Verbraucher als „Endkonsumenten" des unternehmerischen Erfolgs oder Misserfolgs. Andererseits ist dieser Gedanke auch auf die großen institutionellen Investoren zu übertragen. Die unternehmerischen Finanzierungsstrategien sind im Wandel und basieren nicht mehr lediglich auf einbehaltenen Gewinnen oder Krediten, sondern vielmehr auf der Teilnahme an internationalen Finanzierungsmärkten. Im öffentlichen Wettbewerb um Kapital (Eigen- und Fremdkapital) und damit auch um unternehmerische Umsatz- und Gewinnsteigerung, sind die internationalen Maßstäbe maßgebend. Dazu zählen nicht nur betriebswirtschaftliche und buchhalterische Aspekte, sondern eben auch verstärkt anerkannte Regeln der Corporate Governance.[370]

---

367 Hauschka, Corporate Compliance Handbuch, § 1, Rn. 1.

368 So v. Werder in Ringleb/Kremer/Lutter/v. Werder, Deutscher CGK, Rn. 1 mit weiteren Nachweisen.

369 v. Werder in Ringleb/Kremer/Lutter/v. Werder, Deutscher CGK, Rn. 2.

370 v. Werder in Ringleb/Kremer/Lutter/v. Werder, Deutscher CGK, Rn. 2.

I. Begriff und Aktualität der Corporate Governance – Entstehungshintergrund des Deutschen Corporate Governance Kodex

Die Regelwerke zur Corporate Governance basieren auf Initiativen der verschiedensten Einrichtungen, Zusammenschlüsse und Organisationen.[371] Das maßgebliche Ziel der Corporate Governance-Bewegung basierte auf der Erreichung einer breiten Akzeptanz der Marktakteure in Deutschland hinsichtlich der Umsetzung und Anerkennung der im Corporate Governance Kodex enthaltenen Grundsätze.[372] Zudem sollte der nationalen und internationalen Marktkommunität verdeutlicht und bewiesen werden, dass eine ordnungsgemäße Unternehmensführung- und Überwachung auch in Deutschland höchste Priorität genießt.[373] Insofern kommt dem Deutschen Corporate Governance Kodex zweierlei Bedeutung zu: Auf der einen Seite intendiert der Kodex die Verwirklichung eines ordnungsgemäßen Markt- und unternehmerischen Verhaltens. Auf der anderen Seite soll die in Rede stehende Regelkonformität dazu beitragen, dass sich der Unternehmenswert eines jeden Marktteilnehmers national und international behaupten kann.

II. Inhalt und Grundprinzipien des Corporate Governance Kodex

1. Freiwilligkeit, Flexibilität, Transparenz

Der Inhalt des Corporate Governance Kodex orientiert sich am weitgehend zwingenden Charakter des deutschen Aktienrechts. Auf der Grundlage geltenden Rechts sollen daher Grundsätze statuiert werden, die eine gute und verantwortungsvolle Unternehmensführung zum Inhalt haben. Ziel ist es, das Vertrauen der Marktteilnehmer in die Leitung und Überwachung börsennotierter deutscher Gesellschaften[374] zu fördern bzw. zu erhöhen.[375] Keinesfalls soll durch

---

371 Vgl. nur etwa OECD Steering Group on Corporate Governance, OECD Principles of Corporate Governance; The Business Roundtable, Principles of Corporate Governance; Governance-Regeln von Hermes Pension Management Ltd. Und des Cadburry Committees und die unternehmerischen Leitlinien von General Motors; weitere Nachweise in Ringleb/Kremer/Lutter/v. Werder, Deutscher CGK, Rn. 3.

372 Ringleb in Ringleb/Kremer/Lutter/v. Werder, Deutscher CGK, Rn. 19; zur Akzeptanz des Corporate Governance Kodex, Ringleb siehe Fn. 38.

373 Vgl. Ringleb in Ringleb/Kremer/Lutter/v. Werder, Deutscher CGK, Rn. 19.

374 Wegen der Einbeziehung der Societas Europea (SE) stellt der Kodex nicht mehr lediglich auf Aktiengesellschaften ab.

den Kodex eine Rechtssetzung erfolgen oder eine Weiterentwicklung geltenden Rechts vorgenommen werden.[376] Vielmehr sollen gesetzlich eröffnete Handlungsspielräume konkretisiert und ausgestaltet werden. Es handelt sich dabei jedoch lediglich um Vorschläge und Empfehlungen. Es liegt ausschließlich im Ermessen und Entscheidungsspielraum der betroffenen Gesellschaften, ob diese Vorschläge angenommen und umgesetzt werden.[377] Dabei ist zu berücksichtigen, dass § 161 AktG eine sog. Entsprechenserklärung fordert. Vorstand und Aufsichtsrat müssen lediglich offenlegen, dass, wo und warum von den Empfehlungen des Kodex abgewichen wird.[378] Eine Rechtspflicht, die die Befolgung der Empfehlungen des Kodexes vorschreibt[379] oder nur aus guten Gründen von jenen abweicht,[380] ist weder aus dem Wortlaut des Kodex noch aus einer gesetzgeberischen Intention ersichtlich.[381]

Vor allem der Transparenz kommt dabei die maßgebliche Bedeutung zu.[382] Durch die Transparenzanforderungen der Entsprechenserklärung des § 161 AktG wird eine effiziente Kontrollmöglichkeit durch die Marktteilnehmer eröffnet.[383] Ob allein dadurch schon eine präventive Wirkung hinsichtlich einer nicht ordnungsgemäßen Unternehmensführung angenommen werden kann, ist indes fraglich.[384] Dass eine offene Begründung von Management-Entscheidungen deren Glaubwürdigkeit und die des Unternehmens stärkt, ist zwar prinzipiell richtig.[385] Eine präventive Wirkung hinsichtlich nicht ordnungsgemäßer Entscheidungen würde jedoch bedingen, dass die Unternehmen sich hinsichtlich eines

---

375 Ringleb in Ringleb/Kremer/Lutter/v. Werder, Deutscher CGK, Rn. 20.

376 Lutter, Deutscher Corporate Governance Kodex, in FS Forstmoser, S. 287

377 Ringleb in Ringleb/Kremer/Lutter/v. Werder, Deutscher CGK, Rn. 20.

378 Siehe RL 2006/46/EG des Europäischen Parlaments und des Rates vom 14.06.2006 zur Änderung der 4. und 7. gesellschaftsrechtlichen Richtlinie (ABl. EG Nr. L 224/1). Siehe Ringleb, S. 21; zur Abweichung von der Entsprechenserklärung siehe Thümmel, CCZ 08, S. 141 ff.

379 So die hM, Semler in MüKo AktG, § 161 Rn. 29; Lutter, Kodex Unternehmensführung, in FS Druey, S. 463 (468).

380 Vgl. die Aufforderung von Baums, „Baums mahnt zur Kodexdisziplin“ in Börsenzeitung vom 28.02.2004.

381 Siehe die Regierungsentscheidung, S. 52; http://www.corporate-governance-kodex.de/HV-DATEN/TransPuG%20-%20Regierungsentwurf%20(Stand%206-2-2002).pdf; zuletzt abgerufen am 02.10.2010.

382 Dolzer, Good Governance, Zaö RV 64 (2004), S. 535 (536, 538).

383 So auch Ringleb in Ringleb/Kremer/Lutter/v. Werder, Deutscher CGK, Rn. 20.

384 Befürwortende Ringleb in Ringleb/Kremer/Lutter/v. Werder, Deutscher CGK, Rn. 20.

385 Insofern trifft es zu, wenn der Vorsitzende der Kodexkommission verlautbart, dass „was man nicht mit gutem Gewissen und mit guten Gründen der Öffentlichkeit mitteilen kann, auch gar nicht erst tun soll“, Cromme, Aktuelle Fragen der Corporate Governance, S. 5.

etwaigen Fehlverhaltens bewusst sind. Oftmals sind jedoch gerade unternehmerische Entscheidungen unternehmenspolitisch- und konkurrenzorientiert und beinhalten in verstärktem Maße unternehmerische Risiken, die nicht absehbar sind. Eine generelle Vermeidbarkeit ist somit nicht anzunehmen.

2. Eigenverantwortung und Deregulierung

Aufgrund der vorgenannten Prinzipien der Freiwilligkeit, Flexibilität und Transparenz wird die unternehmerische Selbstverantwortung gestärkt. Aus diesem Grunde führt die Befolgung oder die Nichtbefolgung der im Corporate Governance Kodex genannten Empfehlungen zu einer erhöhten unternehmerischen Eigenverantwortung.[386] Diese trägt in ihrer Folge auch dazu bei, dass weniger staatliche Regulierung, namentlich durch den Erlass von Rechtsvorschriften, erforderlich ist.[387] Die Bereitschaft in den Unternehmen durch eine „freiwillige Selbstverpflichtung" den gesetzgeberischen Regularien zu entgehen, zeichnet sich damit empirisch ab.[388]

Der Kodex steht rechtsmethodisch in der kontinentaleuropäischen Rechtstradition. Er beruht auf der Aufstellung von Grundsätzen guter Unternehmensführung und ist damit *principles based.*[389] Durch die Verwendung von Grundsätzen an statt starrer Rechtsbegriffe und Gesetzesformulierungen ist eine kontinuierliche und flexible Anpassung und Auslegung der Corporate Governance mög-

---

386 Diese Beobachtung machte auch der Aufsichtsratsvorsitzende der Deutschen Bank AG Börsig auf der 5. Konferenz Deutscher Corporate Govenance Kodex am 22.6.2006 in Berlin: „Zum Primat des Geistes gehört auch der Mut, von Richtlinien abzuweichen, wenn eine andere Vorgehensweise sachgerechter ist. Wir müssen also eine gewisse Abweichungskultur entwickeln"; Nachweise dazu bei Ringleb in Ringleb-/Kremer/Lutter/v. Werder, Deutscher CGK, Rn. 20.

387 Siehe nur den Wortlaut des Deutschen Corporate Governance Kodex in der Präambel Abs. 5, wonach „der Kodex zur Flexibilisierung und Selbstregulierung der deutschen Unternehmensverfassung beiträgt". Ein Gegenbeispiel zur Abkehr von der staatlichen Regulierung bietet jedoch der Erlass des Vorstandsvergütungsoffenlegungsgesetz (VorstOG) vom 03.08.2005, BGBl. I v. 10.08.2005, S. 2267; siehe dazu auch die Financial Times Deutschland vom 24.04.2003 „Zypries will gläserne Vorstandsbezüge: „möglicherweise nimmt H. Cromme (Vorsitzender der Kodexkommission) die individuelle Offenlegung in dem Kodex auf oder der Gesetzgeber nimmt sich der Frage an"; vgl. auch v. Rosen „ Die Überregulierung behindert den Kapitalmarkt" in FAZ vom 14.08.2003.

388 Von 30 DAX-Unternehmen erklärten sich 20 Unternehmen bereit, ihre Bezüge entsprechend der Kodex-Empfehlungen des Abschnittes 4.2.4. offen zu legen; siehe dazu die Nachweise bei Ringleb in Ringleb/Kremer/Lutter/v. Werder, Deutscher CGK, Rn. 20.

389 Das Gegenstück dazu ist ein kasuistisches Regelwerk, welches rules based ist. Die Rechtsmethodik findet sich vor allem im US-amerikanischen Rechtsraum. Der SOA hingegen ist ein Beispiel für die Abkehr der rules based-Tradition; weitere Nachweise finden sich bei Ringleb in Ringleb/Kremer/Lutter/v. Werder, Deutscher CGK, Rn. 21.

lich. Gerade in dieser Flexibilität und der dadurch in der Folge auftretenden Weiterentwicklung der Standards guter Unternehmensführung wird die unternehmerische Selbstverantwortung und Selbstverwaltung gestärkt. Durch diese Fokussierung und rechtsmethodische Schwerpunktsetzung kann davon ausgegangen werden, dass auch die unternehmerische Selbstverantwortung und die staatliche Deregulierung richtigerweise zu eigenständigen Prinzipien des Kodex erhoben werden.[390]

Aus den dargestellten Gründen liegen dem Corporate Governance Kodex demzufolge die Prinzipien der Freiwilligkeit (Empfehlungen), Transparenz (Entsprechenserklärung i.S.v. § 161 AktG), Flexibilität (Möglichkeit zur Abweichung), unternehmerischer Eigenverantwortung und der Unabhängigkeit von staatlichen Regularien zu Grunde.

III. Rechtsnatur und Bindungswirkung des Kodex

Fraglich ist jedoch, welche Rechtsnatur und Rechtsqualität dem Deutschen Corporate Governance Kodex zukommt. In Frage steht zudem, ob der Kodex geeignet ist, Bindungswirkung zu entfalten.

1. Der rechtsbeschreibende Teil des Kodex

Der Kodex besteht aus drei Teilen, wie sich schon aus der Präambel ergibt.[391] Der rechtsbeschreibende Teil des Kodex orientiert sich am geltenden Recht. Er hat somit keine Normqualität. Dabei liegt der Schwerpunkt nicht etwa auf einer umfassenden juristischen Beschreibung des geltenden Rechts, sondern auf einer leicht verständlichen Darstellung der Inhalte des Kodex.[392]

---

390 Zwar erkennt Ringleb in Ringleb/Kremer/Lutter/v. Werder, Deutscher CGK, Rn. 21 die Wichtigkeit der unternehmerischen Selbstverantwortung und betont sie in vielerlei Hinsicht, verkennt jedoch, dass gerade dies ein Anzeichen für die Wertung der Selbstverantwortung und Deregulierung als Prinzipien des Kodex ist.

391 Vgl. dazu den Wortlaut der Präambel des DCGK: „Deutschen Aktiengesellschaften ist ein duales Führungssystem gesetzlich vorgegeben.“ Im Anschluss daran werden die Aufgaben des Vorstandes und des Aufsichtsrates näher beschrieben. Des Weiteren werden in der Präambel die sprachlichen Formulierungen des Empfehlungs- („soll“) und Anregungsteil („sollte“ oder „kann“) dargelegt. Die Präambel spricht selbst davon, dass die übrigen sprachlich nicht so gekennzeichneten Teile des Kodex betreffenden Bestimmungen, als geltendes Gesetzesrecht von den Unternehmen zu beachten sind.

392 Siehe etwa das Vorwort des Kommissionsvorsitzenden zum Deutschen Corporate Governance Kodex vom 26.02.2002: „Auch dort, wo der Kodex geltendes Rechts beschreibt, gibt er dem Ziel leichter Verständlichkeit den Vorrang vor juristischer Präzision. Er erhebt nicht den Anspruch, die geltenden Gesetze umfassend und in allen relevanten Facetten darzustellen“; abrufbar unter www.corporate-governance-code.de; zuletzt abgerufen am 02.10.2010.

2. Der Empfehlungs- und Anregungsteil des Kodex

Wie bereits dargestellt und erläutert, enthält der Kodex einen Empfehlungs- und Anregungsteil, die dieser selbst jedoch als nicht verbindlich bezeichnet. Gerade die dem Kodex zu Grunde liegenden Prinzipien der Freiwilligkeit, Flexibilität, Transparenz und unternehmerischer Eigenverantwortung verdeutlichen dies. Durch die Umsetzung der Europäischen Richtlinie[393] bleibt zwar die unternehmerische Entscheidung zur Befolgung bzw. Nichtbefolgung der Empfehlungen und Anregungen unangetastet und bestehen. Jedoch muss eine Abweichung von Kodexempfehlungen nunmehr[394] begründet werden und lässt somit eine gesetzliche Pflicht daraus erwachsen.[395]

IV. Rechtsqualität des Kodex

Um die Frage nach der Rechtsqualität und -natur des Deutschen Corporate Governance Kodex beantworten zu können, stellt sich die Vorfrage, ob es sich beim Kodex um ein privates oder staatliches Regelwerk handelt.

Bei einer rein privaten Regelung würde sich eine Bindungswirkung des Kodex nur ergeben, wenn sich betroffene Unternehmen als Private dazu verpflichten würden, sich den Regelungen des Kodex zu unterwerfen. Dem Kodex würde somit die Wirkung einer „Selbststeuerung" zukommen, da die Adressaten des Kodex sich freiwillig seinem Regelungsgehalt unterordnen würden. In diesem Falle könnte der Kodex zunächst abstrakt dazu geeignet sein, durch „Selbststeuerung" wirtschaftsdelinquentes Verhalten mittels unternehmerischer Selbstverpflichtung einzudämmen.

Würde es sich beim Kodex hingegen um eine staatliche Regelung handeln, wären die Wirtschaftsakteure somit qua hoheitlicher Maßnahme dazu verpflichtet, den Regelungen des Kodex zu entsprechen. In diesem Falle würde der Kodex aufgrund seiner Bindungswirkung als „Fremdsteuerung" fungieren und könnte demzufolge den gleichen Bedenken wie das Strafrecht ausgesetzt sein.

---

393 RL 2006/46/EG des Europäischen Parlaments und des Rates vom 14.06.2006 zur Änderung der 4. und 7. gesellschaftsrechtlichen Richtlinie (ABl. EG Nr. L 224/1).

394 Vormals waren die Unternehmen durch § 161 AktG nur verpflichtet, Abweichungen von Kodexempfehlungen offenzulegen.

395 Niemeier, Änderung der 4. und 7. Richtlinie, WPg 2006, S. 173 ff; die Abweichung von Kodexanregungen bedingt weder eine Mitteilungs- noch eine Begründungspflicht, siehe Ringleb in Ringleb/Kremer/Lutter/v. Werder, Deutscher CGK, Rn. 45.

1. Rechtliche Einordnung des Kodex als private oder staatliche Regelung

Der Deutsche Corporate Governance Kodex fügt sich nicht in ein Rechtsquellensystem, welches aus Verfassung, Parlamentsgesetz, exekutivem Recht (Verordnung, Satzung, Verwaltungsvorschrift) und Gewohnheitsrecht besteht, ein.[396]

Der Kodex könnte als Selbstorganisation der Wirtschaft[397] oder als privates Regelwerk[398] angesehen werden. Dafür ließe sich anführen, dass sich die für die Erstellung, Bearbeitung und Änderung des Kodex zuständige Kodex-Kommission Corporate Governance weder aus Politikern oder Regierungsvertretern zusammensetzte, sondern größtenteils aus Unternehmensvertretern und Universitätsprofessoren bestand.[399]

Diese Sichtweise mag jedoch Anlass zu Kritik geben. Auch Maßnahmen Privater können über die Rechtsinstitute des Beliehenen,[400] des Verwaltungshelfers[401] oder Erfüllungsgehilfen[402] dem Staat zugerechnet werden. Vorliegend sind die benannten Rechtsinstitute jedoch nicht anwendbar, da hier keine hoheitliche Kompetenz oder Aufgabe von Privaten ausgeübt wird. Die Erarbeitung der Corporate Governance-Grundsätze, die sich auf die Rechtsbeziehung Privater erstreckt, fällt nicht in jenen hoheitlichen Kompetenzrahmen. Dennoch wäre es verfehlt, davon auszugehen, dass neuartige private Maßnahmen dem Staat generell nicht zugerechnet werden können. Des Weiteren ist zu beachten, dass die Schaffung des Kodex gerade nicht von einzelnen unabhängigen Privatperso-

---

396 Heintzen, Deutscher Corporate Governance Kodex und Verfassungsrecht, ZIP 04, S. 1933 (1933).

397 Seibert, DCGK, BB 02, S. 581 (582); Ulmer, Deutscher Corporate Governance Kodex als Regulierungsinstrument, ZHR 166 (2002), S. 150 (159); Berg/Stöcker, Anwendung, DCGK, WM 02, 1569 ff; Ringleb, Ringleb/Kremer/Lutter/v. Werder, Deutscher CGK, Rn. 14; BMJ, Pressemitteilung Nr. 39/03 vom 22.05.03.

398 Seibt, Deutscher Corporate Governance Kodex und § 161 AktG-E, AG 02, S. 249 (250); Schüppen, To comply o not to comply – that's the question!, ZIP 02, S. 1269 (1278); Claussen/Bröcker, DCGK, DB 02, S. 1199; Ettinger/Grützediek, Entsprechenserklärung, AG 03, 353 (355); Andere bezeichnen die Kodex- Kommission als ein Privatgremium, so Kiethe, Haftungsverschärfung, NZG 03, 559 (560); Weitere sprechen von Rechtsetzung und Mitwirkung Privater oder gar einer kooperativen Rechtsetzung, so Hommelhoff/Schwab, in Hommelhoff/Hopt/v. Werder, Handbuch, S. 51, 59.

399 „Bundesministerin Zypries unterstreicht die Unabhängigkeit der Kodex Kommission Corporate Governance" in BörsenZ v. 26.06.03; Seibert, DCGK, BB 02, S. 581 (582); Seibert, Unternehmensintegrität, BB 03, S. 693 (695); Ringleb in Ringleb/ Kremer/Lutter/v. Werder, Deutscher CGK, Rn. 14 f.

400 Ossenbühl, Staatshaftungsrecht, S.12; Maurer, Allgemeines Verwaltungsrecht, § 23, Rn. 57; Ehlers in Erichsen, Allgemeines Verwaltungsrecht, § 1, Rn. 16.

401 Ossenbühl, Staatshaftungsrecht, S. 18.

402 Ossenbühl, Staatshaftungsrecht, S. 20.

nen vorgenommen wurde, sondern eben von der Regierungskommission Deutscher Corporate Governance Kodex.[403] Daran ändert auch die Tatsache nichts, dass die damalige Justizministerin in einer Pressemitteilung „vom Kodex aus der Wirtschaft für die Wirtschaft“ sprach.[404] Die Mitglieder der Kommission wurden in Abstimmung mit dem Kanzleramt ausgewählt, um eine breite Repräsentanz sowohl hinsichtlich der Unternehmensgröße als auch hinsichtlich der Unternehmensbranche abzubilden.[405]

Zudem gab es zum Zeitpunkt der Einsetzung der Kodex-Kommission am 6. September 2001 schon von einigen regierungsunabhängigen Gremien entworfene Leitlinien guter Unternehmensleitung und ihrer effektiven Kontrolle. Beispielhaft seien hier der „German Code of Corporate Governance“ des Berliner Initiativkreises, der „Code of Best Practice“ der Grundsatzkommission Corporate Governance, die „Scorecard for German Corporate Governance” der Deutschen Vereinigung für Finanzanalyse und der eigenständige Kodex der Deutschen Bahn AG genannt.[406] Diese Eigeninitiativen wurden jedoch vom Bundesministerium der Justiz als Ansätze einer echten Selbstorganisation der deutschen Wirtschaft bewertet. Diese staatsfreie, autonome Bildung von Gremien zur Erarbeitung von Corporate Governance-Grundsätzen wurde jedoch im Hinblick auf das Nebeneinander mehrerer Kodizes von selbst ernannten Kommissionen mit der Folge einer unübersichtlichen Lage als ausdrücklich negativ gewertet.[407]

Auch die Bindung der Mitglieder der Regierungskommission an die Interessen der Allgemeinheit durch die Pflicht zur Sachlichkeit und Unparteilichkeit sind gerade charakteristisch für das Öffentliche Recht. Eine Gemengelage von Staat und Gesellschaft, von Privatem und Öffentlichem Recht, ist Ausdruck der wachsenden Anforderungen des täglichen Lebens an den Gesetzgeber und der dadurch erforderliche Sachverstand privater Dritter.[408]

Die am 6. September 2001 durch die Bundesjustizministerin eingesetzte „Kodex- Kommission Corporate Governance“ tritt seit der öffentlichen Vorstellung des Kodex-Entwurfs am 18. Dezember 2001 als „Regierungs-

---

403 So Seidel, Kodex als private oder staatliche Regelung, ZIP 04, S. 285 (285).

404 BMJ, Pressemitteilung v. 24.08.01 (Bundesjustizministerin Däubler-Gmelin stellt die Kodex-Kommision vor), abrufbar unter http://www.bmj.bund.de/ger/service/-pressemitteilungen/10000095; nicht mehr verfügbar.

405 So der zuständige Referatsleiter im BMJ Seibert, DCGK, BB 02, 581 (582).

406 Weitere Nachweise dazu bei Seidel, Kodex als private oder staatliche Regelung, ZIP 04, S. 285 (286).

407 So der Referatsleiter im BMJ Seibert, DCGK, BB 02, S. 581 (581).

408 Vgl. Heintzen, Deutscher Corporate Governance Kodex und Verfassungsrecht, ZIP 04, S. 1933 (1935).

kommission Deutscher Corporate Governance Kodex“ auf.[409] Das Bundesjustizministerium selbst[410] und § 161 AktG, der durch das TransPuG[411] neu gefasst wurde, haben diese Bezeichnung übernommen.

Weiterhin wird der Bundesadler auf den offiziellen Seiten der Kodex-Kommission benutzt.[412] Das Bundesministerium der Justiz verweist im elektronischen Teil des Bundesanzeigers ausdrücklich auf die Website der Kodex-Kommission und ist demzufolge in Kenntnis der Benutzung des Bundesadlers. Nichtstaatlichen Stellen versagt das zuständige Bundesverwaltungsamt die Genehmigung zur Verwendung des Bundesadlers.[413] Die Kodex-Kommission tritt somit in Anbetracht der dargestellten Tatsachen gerade nicht wie eine private Drittperson auf. Sie tritt öffentlich auf und nimmt dadurch das Vertrauen der Rechtssubjekte in die Autorität und Urheberschaft der Bundesregierung in Anspruch.[414]

Der Kodex ergänzt damit staatliches Recht. Die Mitglieder der Regierungskommission sind Berater der Bundesregierung und der gesetzgebenden Körperschaften des Bundes und stellen ihren Sachverstand zur Verfügung. Diese Tatsachen sprechen für ein durch öffentliches Recht geprägtes Beratungsverhält-

---

409 Vgl. dazu die Ausführungen von Cromme, http://www.corporate-governance-code.de/ger/news/rede-crommes.html; zuletzt abgerufen am 02.10.2010.

410 MJ, Ansprache der damaligen Bundesministerin der Justiz Däubler-Gmelin anlässlich der Übergabe des Kodex der Regierungskommission Deutscher Corporate Governance Kodex am 26.02.2002, abrufbar unter http://www.bmj.bund.de/ger/service/redeb_und_interviews; nicht mehr abrufbar.

411 Gesetz zur weiteren Reform des Aktien- und Bilanzrechts, zu Transparenz und Publizität; anders lautete jedoch noch der RegE TransPuG v. 6.2.02 zur Neufassung des § 161 AktG, wo noch von der „Kodex-Kommission zur Unternehmensleitung und –überwachung“ die Rede ist, vgl. NZG 02, S.213 (214)

412 Vgl. dazu http://www.corporate-governance-code.de/ger/download/kodex_2009/D_CorGov_Endfassung_Juni_2009.pdf; zuletzt abgerufen am 02.10.2010.

413 Vgl. http://www.bva.bund.de/nn_372236/DE/Aufgaben/aufgabennode.html?__nnn=true zuletzt abgerufen am 02.10.2010.

414 So zutreffend Seidel, Kodex als private oder staatliche Regelung, ZIP 04, S. 285 (287). Jedoch bleibt zu bedenken, dass die Bezeichnung als Regierungskommission und die Verwendung des Bundesadlers eine Rechtsnatur durchaus veranschaulichen, aber keinesfalls für diese konstitutiv sind; vgl. Heintzen, Deutscher Corporate Governance Kodex und Verfassungsrecht, ZIP 04, S. 1933 (1934).

nis.[415] Auch die Wortwahl „amtlich" des § 161 AktG qualifiziert die Einordnung des Kodex als öffentlich-rechtlich.[416]

Des Weiteren ist eine inhaltliche Einflussnahme des Bundesjustizministeriums auf den Inhalt des Kodex zu verzeichnen, indem das Ministerium maßgeblich darauf einwirkte. Die Verpflichtungen börsennotierter Gesellschaften aus § 161 AktG, §§ 285 Nr. 16, 314 Abs. 1 Nr.8, 325 Abs.1 HGB im Hinblick auf die Kodex-Empfehlungen knüpfen an die amtliche Bekanntmachung des Kodex durch das Ministerium im elektronischen Bundesanzeiger an.[417] Die Kommission ist somit vom Ministerium betreut und beraten worden und die Empfehlungen des Kodex sind vor Veröffentlichung im Bundesanzeiger inhaltlich von diesem überprüft worden.[418] Das Einstellen des Kodex in den amtlichen Teil des elektronischen Bundesanzeigers stellt ein öffentliches Bekenntnis bzw. eine öffentliche Stellungnahme zum Deutschen Corporate Governance Kodex dar.[419] Die öffentliche Anerkennung des Kodex durch die Bundesregierung wird weiterhin dadurch bekräftigt, dass der Kodex auf der Website des BMJ unter der

415 Heintzen, Deutscher Corporate Governance Kodex und Verfassungsrecht, ZIP 04, S. 1933 (1935). Dieses Beratungsverhältnis kann als atypisches öffentliches Amt qualifiziert werden; vgl. Brohm, in Isensee/Kirchhof, Handbuch Staatsrecht, Bd. 2, § 36, Rn. 48.

416 Heintzen, Deutscher Corporate Governance Kodex und Verfassungsrecht, ZIP 04, S. 1933 (1935).

417 So der Referatsleiter im BMJ Seibert, DCGK, BB 02, S. 581 (582), wonach eine inhaltliche Prüfung des Kodex durch das BMJ vorausgeht. Insbesondere werde dabei untersucht, ob der Kodex in einem fairen Verfahren unter breiter Beteiligung der betroffenen Kreise zustande gekommen ist und ob der Kodex nicht gegen geltendes Recht verstoße. Seibert wertet diese Untersuchung als Rechtmäßigkeitsprüfung. Nach anderer Auffassung handelt es sich um eine Rechts- und Zweckmäßigkeitsprüfung, so Seidel, Kodex als private oder staatliche Regelung, ZIP 04, S. 285 (288).

418 Das BMJ bestätigte in Pressemitteilungen v. 22.05.03, 10.06.03 und 04.07.03, dass es die Neuerungen des Kodex v. 21.05.03 vor der Bekanntmachung im Einzelnen geprüft habe bzw. prüfen werde; siehe dazu BMJ, Pressemitteilung Nr. 39/03, Pressemitteilung Nr. 49/03, Pressemitteilung Nr. 55/03; nicht mehr verfügbar.

419 Ähnlich auch Seidel, Kodex als private oder staatliche Regelung, ZIP 04, S. 285 (288), der dem Kodex unter diesen Umständen eine höhere Wertigkeit zuspricht; andere Auffassung etwa Seibt, DCGK, AG 03, 465 (471). Jedoch bleibt zu beachten, dass die Veröffentlichung im Bundesanzeiger nicht konstitutiv für ein In-Kraft-Treten wie bei staatlichen Rechtsnormen ist, sondern eine Tatbestandsvoraussetzung darstellt, die das staatliche Recht, hier § 161 AktG, an den Kodex knüpft. Dem Veröffentlichungsort wird jedoch Indizwirkung beigemessen; vgl. Heintzen, Deutscher Corporate Governance Kodex und Verfassungsrecht, ZIP 04, S. 1933 (1934).

Rubrik „Themen/Wirtschaft und Recht“ neben Bundesgesetze und Gesetzgebungsvorhaben der Bundesregierung gestellt wird.[420]

Neben jener inhaltlichen Einflussnahme[421] auf den Kodex ist auch eine politische Einflussnahme des BMJ auf die Regierungskommission zu verzeichnen. So wies die Bundesjustizministerin darauf hin, dass der Gesetzgeber selbst tätig werde, wenn die Kommission die Anliegen der Regierung bei der Überarbeitung des Kodex nicht berücksichtige.[422] Insofern ist zweifelhaft, ob überhaupt von Selbstregulierungskräften der Wirtschaft gesprochen werden kann.[423] Daran ändert auch die Bekräftigung der Bundesjustizministerin nichts, dass die Regierungskommission aufgrund der Abwesenheit von Regierungsvertretern völlig unabhängig von der Regierung sei. Zudem habe die Regierung der Kommission keine Forderungen zu stellen.[424] Zwar kann jener Ansicht insofern beigepflichtet werden, als dass die Kodex-Kommission nicht im luftleeren Raum schwebt und sich immer an der nationalen und europäischen rechtspolitischen Diskussion zu messen hat. Jedoch bleibt zu bedenken, dass inhaltliche Einflussnahmen des BMJ bei der Erstellung und Überarbeitung des Kodex vorhanden waren, die von Regierungsseite gegenüber der Öffentlichkeit kommuniziert wurden. Diese Feststellung bekräftigt die Zurechnung des Deutschen Corporate Governance Kodex zur Bundesregierung. Des Weiteren ist nicht ersichtlich, aus welchen Gründen der Gesetzgeber einer privaten Regelung anstatt einer öffentlich-rechtlichen Regelung den Vorzug geben sollte.[425]

---

420 Siehe dazu http://www.bmj.bund.de/ger/themen/wirtschaft_und_recht; nicht mehr verfügbar.

421 Verwunderlich erscheint in diesem Zusammenhang die Ansicht von Ringleb, Ringleb/Kremer/Lutter/v. Werder, Deutscher CGK, Rn. 51, die keine inhaltliche Einflussnahme feststellen.

422 Siehe dazu die einschlägige Wirtschaftspresse, die die Einflussnahme der Bundesjustizministerin sogar als „Druck“ bezeichnete, so das Handelsblatt v. 12.05.03 „Der Druck auf die Cromme-Kommission wächst“; ähnlich Jahn, „Das FAZ-Gespräch mit Gerhard Cromme“, FAZ v. 12.05.03, S. 15, wonach Cromme unter Erwartungsdruck steht. Die Bundesjustizministerin habe zu verstehen gegeben, dass sie von der Regierungskommission eine Transparenzvorgabe für Spitzenmanager von börsennotierten Gesellschaften erwarte. Andernfalls, werde der Gesetzgeber nachhelfen.

423 So aber die Bundesministerin der Justiz, BMJ, Pressemitteilung Nr.39/03, Zypries begrüßt Beschlüsse der Cromme-Kommission, v. 22.05.03, nicht mehr verfügbar.

424 Rede der Bundesministerin der Justiz Zypries bei der 2. Corporate Governance Kodex-Konferenz am 25.06.03 in Berlin, abrufbar unter http://www.bmj.bund.de/-ger/service/reden_und_interviews/10000745; nicht mehr verfügbar.

425 So Seidel, Kodex als private oder staatliche Regelung, ZIP 04, S. 285 (288). Zum Grundsatz der Freiheit der Formenwahl, vgl. Maurer, Allgemeines Verwaltungsrecht, § 3, Rn. 9, 31; § 17; Rn. 1, 2.

2. Zwischenergebnis

Zusammenfassend lässt sich daher feststellen, dass die Urheberschaft des Deutschen Corporate Governance Kodex de facto der Kommission Corporate Governance Kodex bzw. der Regierungskommission Deutscher Corporate Governance Kodex obliegt. Durch die Einsetzung und Beauftragung der Kodex- Kommission durch die Bundesregierung, die Benutzung des Bundesadlers durch die Regierungskommission, die inhaltliche Einflussnahme auf den Kodex und seine Prüfung durch das BMJ und die Gleichstellung mit Bundesgesetzen und Gesetzgebungsvorhaben kann die Urheberschaft des Kodex de iure jedoch nur auf die Bundesregierung zurückgeführt werden bzw. dieser zuzurechnen sein. Die mehrfache öffentliche Anerkennung des Kodex durch das BMJ als Teil der Bundesregierung stellt sich lediglich als Konsequenz der Inanspruchnahme der Autorität der Bundesregierung dar.[426] Beim Deutschen Corporate Governance Kodex handelt es sich um eine Empfehlung der Bundesregierung, um regierungsamtliches *soft law*.[427]

V. Verfassungsmäßigkeit des Kodex

Indem der Deutsche Corporate Governance Kodex als Öffentliches Recht eingeordnet wurde, muss er sich an den Prinzipien der Verfassung messen lassen. Die verfassungsrechtliche Problematik basiert im Wesentlichen auf dem Erfordernis einer gesetzlichen Grundlage im Hinblick auf eventuelle Grundrechtseingriffe in Art. 12 Abs. 1 Satz 2 GG und das Demokratie- und Rechtsstaatsprinzip des Art. 20 Absätze 1 bis 3. Es ist zu untersuchen, ob der Kodex die Grundrechte der betroffenen Gesellschaften und ihrer Organmitglieder sowie Rechte des Parlaments und Kompetenzen der Rechtsprechung verletzt.

1. Rechtliche Bindungswirkung und faktische Zwangswirkung

Wie bereits dargelegt, handelt es sich bei den Kodex-Empfehlungen[428] um keine unmittelbar rechtlich zwingenden Regelungen für börsennotierte Aktiengesell-

---

426 Ähnlich Seidel, Kodex als private oder staatliche Regelung, ZIP 04, S. 285 (289), der jedoch nicht zwischen Urheberschaft und Zurechnung differenziert.

427 So richtigerweise Heintzen, Deutscher Corporate Governance Kodex und Verfassungsrecht, ZIP 04, S. 1933 (1935); so auch Schüppen, To comply or not to comply – that's the question! ZIP 02, S. 1269 (1278); so auch Ulmer, Deutscher Corporate Governance Kodex als Regulierungsinstrument, ZHR 166 (2002), S. 150 (168).

428 Im Rahmen dieser Untersuchung soll nur auf die Verfassungsmäßigkeit der Kodex-Empfehlungen eingegangen werden. Nach richtiger Auffassung liegt dort die Kerndiskussion. Zu einer nicht beizupflichtenden Verfassungswidrigkeit des Anregungs- und Informationsteils des Kodex siehe Seidel, Kodex als private oder staatliche Regelung, ZIP 2004, S. 285 (291 ff).

schaften. Die Entsprechenserklärung nach § 161 AktG und die Zugänglichmachung der Erklärung nach §§ 285 Nr. 16, 314 Abs. 1 Nr. 8, 325 Abs. 1 HGB können einzeln oder insgesamt ignoriert werden, solange Vorstand und Aufsichtsrat die Nicht-Entsprechung nur öffentlich erklären. Rechtlich verpflichtend ist nach § 161 AktG lediglich die Erklärung zur Entsprechung oder Nicht-Entsprechung, wie die Präambel des Kodex ausdrücklich festlegt.[429] Im Ergebnis besitzt der Corporate Governance Kodex nicht den Charakter formeller Gesetze, sondern ergänzt vielmehr die einschlägigen gesetzlichen Vorschriften.[430]

Jedoch sind eine faktische oder mittelbare Zwangswirkung betreffend der Befolgung oder Nichtbefolgung der Kodex-Empfehlungen feststellbar.[431] Von ihnen geht ein faktischer, wirtschaftlicher Zwang zur Entsprechung aus.[432] Es kann bezweifelt werden, ob börsennotierte Gesellschaften es sich im Verhältnis zur ihren an Wertsteigerung der Aktien interessierten Aktionären[433] wirklich leisten können, ein generelles „opt out" gegenüber dem Kodex zu erklären. Diese wirtschaftliche Drucksituation bringt in ihrer Konsequenz somit auch unternehmenspolitische Entscheidungen hervor.[434] Die Erwartungen des Kapitalmarktes bedingen die Befolgung bzw. die Begründung der Nichtbefolgung der Empfehlungen des Kodex.[435] Dem Kodex wird Einfluss auf den Wettbewerb um Eigenkapital zugeschrieben und entfaltet somit Strahlungswirkung.[436] Durch die

---

429 Seidel, Kodex als private oder staatliche Regelung, ZIP 04, S. 285 (289, 290).

430 Zutreffend stellt sich daher die Beurteilung von Lutter, in Vergleichende Corporate Governance, ZGR 2001, 224 (225, 228) als „Soft Law" dar.

431 Vgl. z.B. Coombes/Watson, McKinsey Quarterly IV/2000, S. 74 ff: Diese Studie belegt, dass institutionelle Investoren im Durchschnitt bereit sind, für Aktien einer deutschen Gesellschaft 20 % mehr zu zahlen als für ein nach den Finanzdaten vergleichbares Unternehmen, sofern sie „well-governed" ist; v. Werder/Talaulicar/Kolat, Kodex Report, 03, S. 1857 (1863).

432 Wolf, Corporate Governance, ZRP 02, S. 59 (60); Ettinger/Grützediek, Entsprechenserklärung, AG 03, S. 353 (355); Hommelhoff/Schwab in Hommelhoff/Hopt/v. Werder, Handbuch, S. 51, 58; Seibt, Deutscher Corporate Governance Kodex und § 161 Aktg-E, AG 02, S. 249 (255).

433 Corporate Governance-Grundsätze werden somit auch als Instrument zur Beeinflussung von Anlegerentscheidungen begriffen, vgl. dazu Schulze-Osterloh, Gesellschaftsrecht, ZIP 01, 1433 (1436); Berg/Stöcker, Anwendung DCGK, WM 02, S. 1569 (1572) sehen die Gesellschaften einem Rechtfertigungsdruck seitens der Kapitalmärkte und der Öffentlichkeit ausgesetzt.

434 Vgl. Ulmer, Deutscher Corporate Governance Kodex als Regulierungsinstrument, ZHR 166 (2002), S. 150 (172), der jedoch den unternehmenspolitischen Aspekt nicht beschreibt; vgl. dazu auch Lutter, Erklärung gem. § 161 AktG, ZHR 166 (2002), S. 523 (542), der die Entscheidung von Vorstand und Aufsichtsrat zum Kodex als unternehmerische Entscheidung auffasst.

435 Vgl. Lutter, Erklärung gem. § 161 AktG, ZHR 166 (2002), S. 523 (531).

436 Claussen/Bröcker, DB 02, S. 1199 (1200).

gesetzliche Pflicht zur Entsprechenserklärung soll dem Kodex besonderer Nachdruck verliehen werden.[437] Der Kodex verfolgt demnach das Ziel, das Vertrauen der Anleger in die Leitung und Überwachung deutscher Unternehmen zu stärken, um auf diese Weise einen positiven Anreiz für die Anlage-Entscheidung zu bieten.[438] Die Kodex-Empfehlungen sind dementsprechend längst Zeugnis eines kapitalmarktorientierten Anlegerschutzes geworden.

2. Mittelbar rechtliche Bindungswirkung

Eine mittelbar rechtliche Bindungswirkung des Kodex könnte dahingehend angenommen werden, indem die Kodex-Empfehlungen im Rahmen der Auslegung gesetzlicher Generalklauseln, z.B. betreffend der Sorgfaltsanforderungen an die Mitglieder von Vorstand (§ 93 Abs. 1 Satz 1 AktG) und Aufsichtsrat (§§ 116 Satz 1, 93 Abs. 1 Satz 1 AktG), Berücksichtigung finden.[439]

Zur Beantwortung der Frage nach dem mittelbaren Normcharakter des Kodex wird ein systematischer Vergleich mit § 342 HGB[440] angestellt. Dort geht es um die von einem privaten Rechnungslegungsgremium erarbeiteten Standards einer ordnungsgemäßen Buchführung und der Annahme des Normcharakters des § 342 HGB.[441] Auch § 161 AktG könne mittelbaren Normcharakter entfalten, da den Unternehmen ja rechtstatsächlich eine Pflicht zur Befolgung der Empfehlungen des Kodex zukomme.[442] Dabei wird unterstellt, dass die Unternehmen nur unzureichend von den Abweichungsregeln Gebrauch machen, da sie die Begründungspflicht „scheuen".[443]

Empirisch lässt sich jedoch feststellen, dass die Unternehmen differenziert vorgehen und ihre Entsprechenserklärungen einschränken.[444] Dies steht prinzipiell mit dem Willen des Gesetzgebers in Einklang, wonach der Kodex nur unverbindliche Empfehlungen enthält, von denen das Unternehmen trotz Begrün-

---

437 Begründung zum RegE TransPuG, BR-Drucks. 109/02, S. 50.

438 So Lutter, Erklärung gem. § 161 AktG, ZHR 166 (2002), S. 523 (530); vgl. dazu auch die Präambel des Deutschen Corporate Governance Kodex.

439 Weitere Einzelheiten zum Streitstand finden sich bei Seidel, Kodex-Regelung, ZIP 04, S. 285 (290).

440 Eine Vertiefung zur Konzeption des § 342 HGB findet sich bei Ringleb in Ringleb/Kremer/Litter/v. Werder, Deutscher CGK, Rn. 53 ff.

441 Ulmer, Deutscher Corporate Governance Kodex, ZHR 166 (2002), S. 150 (161, 162).

442 Ag. ex Seidel, Kodex als private oder staatliche Regelung, ZIP 04, S. 285 (289, 290).

443 Druey, Corporate Governance, GesRZ 02, S. 32 (35).

444 Vgl. dazu die empirische Erhebung der DAX 30, MDAX 69 und SDAX 49 Gesellschaften des Berlin Center of Corporate Governance, abrufbar unter http://www.bccg.tu-berlin.de/main/publikationen/tabellen_kodex_report.pdf; zuletzt abgerufen am 02.10.2010.

dungspflicht abweichen kann.[445] Des Weiteren wird auch im Gesetzeswortlaut selbst deutlich, dass weder die Beachtung und Befolgung noch die Nichtbefolgung der Empfehlungen auf die Sorgfalt eines ordentlichen Geschäftsleiters oder Aufsichtsrates i.S.d. §§ 93, 116 AktG schließen lassen.[446] Demzufolge läge § 161 AktG und damit auch dem Kodex eine andere Konzeption zu Grunde, die einem Vergleich mit dem mittelbaren Normcharakter des § 342 HGB nicht Stand halten könnte.

Die Akzeptanz der Empfehlungen und Anregungen des Kodex und deren Umsetzung lassen sich jedoch nicht leugnen. Ein weiterer empirischer Befund ergibt,[447] dass eine generelle Akzeptanz der Kodex-Empfehlungen vorliegt. Sämtliche 81 Empfehlungen des Kodex werden bereits von 9 Unternehmen vollständig befolgt. Die durchschnittliche Anzahl der befolgten Kodexnormen pro Unternehmen liegt bei 67,2 %. Daraus resultiert eine Befolgungsquote von 82,9 %.

Bei den Anregungen des Kodex lässt sich eine geringere Befolgungsquote feststellen. Die Unternehmen können von jenen Sollte- bzw. Kann-Bestimmungen abweichen, ohne dies in ihrer Entsprechenserklärung angeben zu müssen. Die durchschnittliche Befolgungsquote aller 20 Anregungen durch die Unternehmen liegt bei 61,2 %.[448] Interessant in diesem Zusammenhang ist auch die Tatsache, dass auch die Anzahl der Kodexnormen, die von mehr als einem Zehntel der Gesellschaften abgelehnt werden und damit als neuralgisch bezeichnet werden, sinken.[449]

---

445 Siehe dazu die RegE. S. 49 ff.

446 Siehe Abs. 1 und Abs. 6 der Präambel des Deutschen Corporate Governance Kodex, der ausdrücklich die Abweichungen von den Empfehlungen hinsichtlich branchen- oder unternehmensspezfischer Bedürfnisse zulässt; eine Pflichtverletzung wegen mangelnder Offenlegung von Kodexabweichungen i.S.v. § 161 AktG bleibt davon jedoch unberührt.

447 Der Befund ist das Ergebnis des Kodex Reports 2007. In dieser betriebswirtschaftlichen Studie wurde mittels eines Fragebogens die Akzeptanz der Regelungen des DCGK in der Wirtschaftspraxis ermittelt. Dabei wurden 601 Unternehmen befragt, die nach Angabe der Deutschen Börse an der Frankfurter Wertpapierbörse notiert waren und dem Kodex unterlagen. In diesem Zusammenhang ist beachtlich, dass die Untersuchung auf Angaben von 213 Unternehmen beruht. Daraus darf jedoch nicht geschlossen werden, dass nicht-teilnehmende Unternehmen die Empfehlungen des Kodex häufiger ablehnen als die Teilnehmer; siehe dazu v. Werder/Talaulicar, Kodex Report 2007, DB 07, S. 869 (869).

448 v. Werder/Talaulicar, Kodex Report 2007, DB 07, S. 869 (870).

449 Von 81 Empfehlungen waren im Kodex Report 2007 38 Empfehlungen als neuralgisch zu bewerten. Im Vorjahr lagen die entsprechenden Werte noch bei 48; siehe dazu v. Werder/Talaulicar, Kodex Report 2007, DB 07, S. 869 (870) und v. Werder/Talaulicar, Kodex Report 2006, DB 06, S. 849 (849).

Den Unternehmen gelingt es, die Kodex-Empfehlungen zwar kritisch zu beleuchten und ihr Handeln differenziert im Hinblick auf die Entsprechenserklärungen auszurichten.[450] Jedoch lässt sich im Ergebnis festhalten, dass die Bereitwilligkeit der teilnehmenden Unternehmen als Indiz für die Akzeptanz des Kodex in der deutschen Wirtschaftspraxis gewertet werden kann. Auch die Tatsache, dass die Reduktion der neuralgischen Empfehlungen voranschreitet, zeigt, dass der Deutsche Corporate Governance Kodex tatsächlich Veränderungen der Corporate Governance bewirkt und verstärkt.[451]

Wie bereits dargestellt, stoßen die Kodex-Empfehlungen auf eine breite Akzeptanz und entfalten aufgrund ihrer Urheberschaft durch die Bundesregierung und ihrer Zurechnung eine besondere Autorität. Diese Tatsache führt in der Folge dazu, dass die Kodex-Empfehlungen bei der Auslegung generalklauselartiger gesetzlicher Anforderungen an die unternehmensinterne Kontrolle zu deren Konkretisierung beitragen und herangezogen werden. Der faktische Zwang zur Berücksichtigung der Kodex-Empfehlungen, der durch die Teilnehmer und Anleger des Kapitalmarktes ausgeübt wird, führt jedoch zur Beschränkung des unternehmerischen Ermessens. Das Unternehmen muss die Abweichung von den Kodex-Empfehlungen sachlich begründen.[452] Die Beschränkung des unternehmerischen Ermessens, welche durch den Zwang und Druck der Anleger am Kapitalmarkt ausgeübt wird, lassen eine mittelbar rechtliche Bindungswirkung des Kodex begründen.

Auch das Argument, der Kodex beinhalte zwar international und national anerkannte Standards guter und verantwortungsvoller Unternehmensführung,[453] lasse aber keine Vermutungsgrundlage und damit auch keine Vergleichbarkeit mit § 342 HGB annehmen, geht fehl.[454] Zwar stellt der Kodex kein starres Regelwerk dar, welches unternehmerische Entscheidungen unterbinden soll. Viel-

---

450 Siehe die empirische Erhebung der DAX 30, MDAX 69 und SDAX 49 Gesellschaften des Berlin Center of Corporate Governance, abrufbar unter http://www.bccg.tu-berlin.de/main/publikationen/tabellen_kodex_report.pdf ; zuletzt abgerufen am 02.10.2010. Erstaunlich ist in diesem Zusammenhang, dass Ringleb in Ringleb/Kremer/Lutter/v. Werder, Deutscher CGK, Rn. 53 zwar die einschlägigen Studien zitiert, jedoch daraus keine breite Akzeptanz des Kodex für die deutsche Wirtschafts- und Unternehmenspraxis ableitet.

451 v. Werder/Talaulicar, Kodex Report 2007, DB 07, S. 869 (869, 870, 871). Insofern ist nicht ersichtlich, aus welchen Gründen Ringleb in Ringleb/Kremer/Lutter/v. Werder, Deutscher CGK, Rn. 53 keine mittelbare Zwangswirkung des Kodex ableitet und sich somit in Widerspruch zu v. Werder/Talaulicar, Kodex Report 2007, DB 07, S. 869 (869, 870, 871) befindet.

452 Seidel, Kodex-Regelung, ZIP 04, S. 285 (291).

453 Siehe Abs. 1 der Präambel des Deutschen Corporate Governance Kodex.

454 So aber Ringleb in Ringleb/Kremer/Lutter/v. Werder, Deutscher CGK, Rn. 60 ff.

mehr bietet er Raum, auf konkrete Situationen zu reagieren. So sind beispielsweise manche unternehmerische Entscheidungen nur ordnungsgemäß, wenn der Aufsichtsrat im Rahmen seiner aktienrechtlichen Sorgfaltsanforderungen über Empfehlungen des Kodex hinausgeht. Ebenso ist es denkbar, dass Vorstand und/oder Aufsichtsrat die Anforderungen des Kodex hinsichtlich der Entsprechenserklärung unterschreiten, weil dies im pflichtgemäßen Ermessen des Unternehmens liegt. Demzufolge kann rein rechtlich weder aus der Beachtung noch aus der Nichtbeachtung der Kodexanforderungen per se auf die Tatsache geschlossen werden, dass eine ordnungsgemäße oder nicht ordnungsgemäße Unternehmensführung vorliegt.[455] Jedoch greift die rein rechtliche Argumentation zu kurz. Die faktische Zwangswirkung bzw. der mittelbare Normcharakter wird gerade nicht durch eine gesetzgeberische Intention geschaffen, sondern durch die Befolgung oder Nichtbefolgung der Kondexanforderungen und der daraus resultierenden Marktakzeptanz oder -ablehnung des Unternehmens.

Das Zusammenspiel des Kodex mit internationalen und nationalen Regelwerken, die seine ständige Weiterentwicklung bedingen, könnte den Schluss nahe legen, dass es sich nicht um ein starres Rechtskonstrukt handelt, das Normcharakter besitzt.[456]

Diese Sichtweise mag jedoch Anlass zu Kritik geben. Allein die flexible Ausgestaltung und Anpassungsfähigkeit des Kodex, kann nicht gegen dessen mittelbaren Normcharakter sprechen. So wäre doch allen gesetzgeberischen Ausgestaltungen, die mit unbestimmten Rechtsbegriffen operieren oder Beurteilungsspielräume enthalten, die Normwirkung abzusprechen, da auch diese kein „starres Regelwerk", sowohl auf Tatbestands- als auch auf Rechtsfolgenebene darstellen. Auch die Tatsache, dass sowohl der Gesetzgeber, als auch die Kodexkommission den Kodex als Leitfaden verstehen, der Empfehlungen beinhaltet,[457] spricht nicht gegen dessen mittelbaren Normcharakter. Der mittelbare Normcharakter wird ja gerade durch die faktische Zwangswirkung am Markt geschaffen.

Die gänzliche Abkehr von dem Gedanken, dem Kodex einen mittelbaren Normcharakter zuzusprechen, sei er rechtlicher oder faktischer Natur, erscheint indes verwunderlich.[458] So sind doch gerade die Regierungskommission Corpo-

---

455 So auch Ringleb in Ringleb/Kremer/Lutter/v. Werder, Deutscher CGK, Rn. 60, 61; anders jedoch Ulmer, Deutscher Corporate Governance Kodex als Regulierungsinstrument, ZHR 166 (2002), S. 150 (164).

456 Ringleb in Ringleb/Kremer/Lutter/v. Werder, Deutscher CGK, Rn. 64.

457 So Ringleb in Ringleb/Kremer/Lutter/v. Werder, Deutscher CGK, Rn. 63, der den Kodex nicht als „getarnte normative Anordnung" versteht.

458 Vgl. Ringleb in Ringleb/Kremer/Lutter/v. Werder, Deutscher CGK, Rn. 63, der den Kodex nicht als „getarnte normative Anordnung" versteht.

rate Governance und die Kodex- Kommission durchaus an der Beachtung der Kodex- Empfehlungen interessiert und versprechen sich davon eine Verbesserung der Corporate Governance.[459] Anderenfalls würde der Kodex nur als „Feigenblatt" einer Verbesserung der Unternehmenskultur zu verstehen sein können.

Obwohl sich die unternehmerische Umsetzung von Corporate Governance Grundsätzen teilweise schon im Ermessen des einzelnen Unternehmens erschöpft bzw. lediglich in einer völligen Freiwilligkeit liegt, mündet sie trotzdem in der Unternehmensphilosophie des „Comply or Explain".[460] Die Akzeptanz und Befolgung des Kodex sind oftmals Voraussetzung für eine Börsenzulassung und er beinhaltet damit einen faktischen Zwang zur Umsetzung der Regeln.[461] Der Kodex verfolgt das Ziel, das Vertrauen der Anleger in die Leitung und Überwachung deutscher Unternehmen zu stärken und dadurch einen positiven Anreiz für die Anlage-Entscheidung zu bieten.[462]

Selbst wenn im heutigen Verfassungsstaat Formen der Selbstverwaltung und Selbstregulierung „weniger aus staatlicher Schwäche (zur Regulierung) als aus staatlicher Stärke geboren" werden[463], können sie dennoch mittelbar rechtliche Wirkung entfalten. Aus den vorgenannten Gründen kann der Deutsche Corporate Governance Kodex nicht als Selbstorganisation der Wirtschaft angesehen werden. Zu stark ist die inhaltliche und politische Einflussnahme der Bundesregierung bzw. des BMJ. Der Kodex ist demzufolge als staatliche Maßnahme zu

---

459 Ulmer, Deutscher Corporate Governance Kodex als Regulierungsinstrument, ZHR 166 (2002), S. 150 (164).

460 Der „Comply or Explain"-Grundsatz wurde von der Baums-Kommission vorgeschlagen, siehe Baums, Bericht, Rn. 8. Dabei handelt es sich um das Zusammenspiel von Kodex und gesetzlicher Erklärungspflicht, Lutter, Erklärung gem. § 161 AktG, ZHR 166 (2002), S. 523 (525).

461 Eine Bedeutung der Kodex-Empfehlungen für den Kapitalmarkt stellt Ulmer, Deutscher Corporate Governance Kodex als Regulierungsinstrument, ZHR 166 (2002), S. 150 (165), fest; vgl. dazu auch Hopt in Hommelhoff/Ulmer, Aktienrecht, S. 27, 36 ff. Nach der dort erwähnten Studie sollen Anleger in Deutschland bereit sein, für Aktien einer gut geleiteten und überwachten AG ceteris paribus einen Zuschlag von mind. 20 % zu bezahlen, in Drittländern sogar noch erheblich mehr und in den USA und Japan noch 18 %; vgl. dazu auch Peltzer/v. Werder, DCGK, AG 01, S. 1ff.

462 Lutter, Erklärung gem. § 161 AktG, ZHR 166 (2002), S. 523 (530).

463 Zu dieser zu befürwortenden Einschätzung gelangte Verfassungsrichter Udo di Fabio in einer Vortragsveranstaltung an der Humboldt-Universität Berlin am 06.05.002 unter dem Titel „Der CEO kommt – der Gesetzgeber geht? Der Corporate Governance Kodex in der Unternehmenspraxis; aus verfassungsrechtlicher Sicht sei die Kodexregelung und ihr Zusammenspiel mit § 161 AktG unbedenklich. Problematisch erscheint indes die staatliche Letztverantwortung für die Rechtmäßigkeit des Kodex; siehe dazu Hommelhoff/Schwab, Privatgremien im Unternehmensrecht in FS Kruse, 2001, S.693, S. 712.

qualifizieren.[464] Aufgrund der inhaltlichen Einflussnahme des BMJ auf den Kodex[465] und der darin implizierten „Drohung", dass der Gesetzgeber selbst tätig werde, falls die Kommission Vorstellungen des BMJ betreffend der Offenlegung von Vorstandsbezügen nicht berücksichtige, kann von einem „quasi Normcharakter" des Deutschen Corporate Governance Kodex gesprochen werden. So wären doch die Regelungen als logische Konsequenz durch ein Gesetzgebungsverfahren des Bundes ergangen.

Dieser „quasi Normcharakter" zeigt sich vor allem in der Entsprechenserklärung des § 161 AktG. Der Gesetzestext hält diese Erklärung für sich selbst genügend und verlangt bei Abweichung von den Empfehlungen keine gesonderte Begründung. Dem gegenüber wird im Kodex selbst die Erläuterung eventueller Abweichungen von den Empfehlungen des Kodex erwartet.[466] Der Gesetzgeber selbst erwartet, dass die Unternehmen die Erklärungen im eigenen Interesse abgeben, denn gute Kontrolle und Transparenz schaffen Vertrauen.[467] Die Idee des Gesetzgebers ist es dementsprechend, dem Kodex als einer an sich nicht verbindlichen Regelung mittelbar dadurch Nachdruck und quasi Verbindlichkeit zu verleihen, dass Abweichungen offengelegt werden müssen. Dieses Modell basiert auf der Voraussetzung, dass die den Kapitalmarktteilnehmern zur Verfügung gestellten Informationen über Abweichungen von den Verhaltensempfehlungen zu negativen Reaktionen führen.[468]

Abschließend lässt sich daher feststellen, dass der „quasi Normcharakter" des Deutschen Corporate Governance Kodex durch drei Faktoren zu Stande kommt:

---

464 So auch Seidel, Kodex als private oder staatliche Regelung, ZIP 04, S. 285 (288). Eine vermittelnde Auffassung qualifiziert den Kodex als private Selbstregulierung unter staatlicher Mitwirkung. Dabei ist jedoch zu berücksichtigen, dass auch diese Auffassung eine originäre Selbstregulierung strikt verneint, vgl. Wolf, ZRP 02, 59 (60).

465 Siehe dazu die einschlägige Wirtschaftspresse, die die Einflussnahme der Bundesjustizministerin sogar als „Druck" bezeichnete, so das Handelsblatt v. 12.05.03 „Der Druck auf die Cromme-Kommission wächst"; ähnlich Jahn, „Das FAZ-Gespräch mit Gerhard Cromme, FAZ v. 12.05.03, S. 15, wonach Cromme unter Erwartungsdruck. Die Bundesjustizministerin habe zu verstehen gegeben, dass sie von der Regierungskommission eine Transparenzvorgabe für Spitzenmanager von börsennotierten Gesellschaften erwarte. Andernfalls, werde der Gesetzgeber nachhelfen.

466 Siehe dazu Kodexabschnitt 3.10; wer die Abweichung von einzelnen Empfehlungen nicht begründet, weicht damit erklärungspflichtig von einer weiteren Empfehlung ab.

467 BT-Drucks. 14/8769; S. 1, 52.

468 Schüppen, To comply or not to comply – that's the question! , ZIP 02, S. 1269 (1271).

1. Der mittelbar ausgeübte Druck des Gesetzgebers gegenüber der Regierungskommission bzgl. der Schaffung und Überarbeitung neuer Regelungen im Kodex;
2. Die mittelbar verbindliche Regelung der Entsprechenserklärung des § 161 AktG;
3. Die Reaktionen der Kapitalmarktteilnehmer auf Abweichungen von Verhaltensempfehlungen.

   Aufgrund der dargestellten Argumentation entfaltet der Deutsche Corporate Governance Kodex mittelbar rechtliche Bindungswirkung und ist somit verfassungsrechtlichen Problemstellungen ausgesetzt.

3. Verfassungsrechtliche Problemlagen

a) Grundrechtseingriff und Vorbehalt des Gesetzes

aa) Verfassungswidrigkeit des Kodex

Die Empfehlungen des Kodex stellen einen Eingriff in die Berufsausübungsfreiheit börsennotierter Aktiengesellschaften aus Art. 12 Abs. 1 Satz 1 GG i.V.m. Art. 19 Abs. 3 GG dar.[469]

Nach der Rechtsprechung des Bundesverfassungsgerichts[470] und der Literatur[471] schützt Art. 12 Abs. 1 GG die Unternehmerfreiheit, d.h. das Recht auf die freie Gründung und Führung von Unternehmen nach ökonomischen Gesichtspunkten und unbeeinflusst von staatlichen Auflagen und Kontrollen.[472]

Fraglich ist, ob die in den Empfehlungen des Kodex behandelten rechtlichen Fragen ohne ein parlamentarisches Gesetzgebungsverfahren[473] gelöst werden können.

Einer Auffassung zu Folge resultieren hieraus verfassungsrechtliche Bedenken. Aufgrund des Mangels einer parlamentarischen Rechtsgrundlage und eines formellen Gesetzgebungsverfahrens könnte ein Verstoß gegen das Demokratieprinzip aus Art. 20 Abs. 1 GG und dem daraus resultierenden Gesetzesvorbehalt vorliegen.[474] Der Gesetzesvorbehalt ist Grundpfeiler jeder Demokratie und er-

---

469 Seidel, Kodex als private oder staatliche Regelung, ZIP 04, S. 285 (291).

470 BVerfG in NJW 98, S. 1547 (1549); BVerfG in NJW 79, S.699 (708); BVerfG in NJW 71, S. 1255.

471 Tettinger in Sachs, GG-Kommentar, Art. 12, Rn. 57.

472 Erichsen in Isensee/Kirchhof, HbStR Bd. VI, § 152, Rn. 61.

473 Siehe dazu die Rede der Bundesjustizministerin Zypries bei der 2. Corporate Governance Kodex-Konferenz am 25.06.2003 in Berlin, abrufbar unter http://www.bmj.bund.de/ger/service/reden_interviews; nicht mehr verfügbar. Die Ministerin begrüßte es, dass die Kodex-Kommission dem Gesetzgeber zuvor kommt.

474 Ulmer, Kodex als Regulierungsinstrument, ZHR 166 (2002), S. 150 (161); Seidel, Kodex-Regelung, ZIP 2004, S. 285 (291); Seibt, Deutscher Corporate Governance Kodex und § 161 AktG-E, AG 02, S. 249 (250).

fordert die Rückführung allen normativen Rechts auf die Legislative.[475] Der Kodex werde durch gesetzliche Regelungen, die durch das TransPuG[476] in das AktG und HGB eingefügt worden sind, berührt. Die benannten Regelungen erschöpfen sich in einer Bezugnahme und regeln und bestätigen den Kodex selbst jedoch gerade nicht.[477]

Dem ist jedoch entgegenzuhalten, dass die Rechtsgrundlage des Kodex nach richtiger Ansicht die Aufgabe der Bunderegierung zur Staatsleitung ist. Diese Aufgabe umfasst die Berechtigung der Bundesregierung, Dritte mit der Schaffung des Kodex zu betrauen und so für Orientierung am Kapitalmarkt zu sorgen.[478] Die in der Staatsleitung immanente Informationsfunktion ist Ausdruck einer rechtzeitigen Information über Konflikte und deren Bewältigung in Staat und Gesellschaft.[479] Der Kodex hat keine andere Qualität als Regierungsinformationen, für die das BVerfG Art. 65 GG als hinreichende Grundlage ansieht. Die gesetzliche Regelung regierungsamtlicher Informationstätigkeit lässt sich gesetzlich nicht näher sinnvoll regeln.[480]

Gegen die Verfassungsmäßigkeit der Kodex-Empfehlungen spricht, dass diese dem Staat zurechenbare, faktisch zwingende und rechtlich mittelbar bin-

---

475 Vgl. Herzog in MD, Art. 20, Rn. I 10, II 83 ff. und VI 33 ff., 55 ff.

476 Transparenz- und Publizitätsgesetz 19. Juli 2002, BGBl. I, 2681.

477 Siehe Ulmer, Deutscher Corporate Governance Kodex als Regulierungsinstrument, ZHR 166 (2002), S. 150 (158), der § 161 AktG als eine Bezugnahme auf den Bundesanzeiger wertet und der Gesetzgeber damit die Kodex-Kommission als eine von ihm (dem Gesetzgeber) vorgefundene Instanz ansieht; so auch Seidel, Kodex als private oder staatliche Regelung, ZIP 2004, S. 285 (291). Bezweifelt werden kann in diesem Zusammenhang weiterhin, dass die Regierungskommission Corporate Governance (Baums-Kommission) überhaupt keine gesetzliche Grundlage schaffen wollte; siehe dazu den Bericht der Regierungskommission Corporate Governance, BT-Drucks. 14/7515 v. 14.08.2001, S. 32.

478 Heintzen, Deutscher Corporate Governance Kodex und Verfassungsrecht, ZIP 2004, S. 1933 (1936, 1937).

479 Hierzu führt das BVerfG in BVerfGE 105, S. 252 (269 f.) (Lebensmittelskandal) und BVerfGE 105, S. 279 (302 f.) (Jugendsekten) aus: Von der Staatsleitung wird nicht nur die Verpflichtung zur rechtzeitigen öffentlichen Information erfasst, „sondern auch die Verpflichtung, auf diese Weise neuen, oft kurzfristig auftretenden Herausforderungen entgegenzutreten (…). Würde die Bunderegierung sich in solchen Lagen der Aufgabe entziehen, den Bürgern durch Aufklärung, Beratung und Verhaltensempfehlungen Orientierung zu geben, und sich stattdessen auf Gesetzesinitiativen beschränken oder auf administrative Maßnahmen anderer Staatsorgane warten, würde ein wichtiges Element schneller, wirkungsvoller und auf möglichst geringe Beeinträchtigungen Dritter gerichteter Krisenbewältigung fehlen. Das Schweigen der Regierung würde von vielen Bürgern i. Ü. als Versagen bewertet werden. Dies kann zu Legitimationsverlusten führen.“

480 BVerfGE 105, 279 (304 f.).und BVerfGE 105, 252

dende Regelungen darstellen,[481] welche dem Willen der Bundesregierung entspringen[482] und somit nicht als unabhängig von staatlichem Einfluss zu werten sind, sodass auch an dieser Stelle ein parlamentarisches Verfahren erforderlich wäre.

Gegen die Annahme einer berufsregelnden Tendenz[483] spricht jedoch, dass das BVerfG eine solche Tendenz bei Akten der öffentlichen Gewalt mit berufsneutraler Zielsetzung verneint, auch wenn diese Normen faktische Außenwirkung auf die Berufstätigkeit entfalten.[484] Bezweifelt wird in diesem Zusammenhang das Vorliegen eines Grundrechtseingriffs an sich. Eine mittelbar-faktische Zwangswirkung,[485] die einem finalen und rechtsförmlichen Grundrechtseingriff entspricht, kann nur beim Vorliegen strenger Voraussetzungen angenommen werden. Ansonsten wäre nahezu jedes staatliche Handeln schutzbereichsverkürzend und würde somit den Eingriffsbegriff ausufern lassen.[486]

Unzutreffend hinsichtlich des Erfordernisses einer parlamentsgesetzlichen Grundlage ist auch der Verweis auf die Wesentlichkeitstheorie unabhängig von einem Grundrechtseingriff.[487] Die Wesentlichkeitstheorie besagt, dass alle wesentlichen, evtl. Grundrechte beeinträchtigende Regelungen, vom parlamentarischen Gesetzgeber selbst zu treffen sind. Sie betrifft das Verhältnis von parlamentarischen und exekutiven Normen und deren Aufteilung auf Legislative und Exekutive.[488] Der Deutsche Corporate Governance Kodex ersetzt zwar in gewisser Hinsicht das Tätigwerden des Gesetzgebers und entfaltet durch seine

---

481 Siehe die Ergebnisse unter C.

482 Siehe dazu die Rede der Bundesjustizministerin Zypries bei der 2. Corporate Governance Kodex-Konferenz am 25.06.2003 in Berlin, abrufbar unter http://www.bmj.bund.de/-ger/service/reden_interviews; nicht mehr verfügbar. Die Ministerin begrüßte es, dass die Kodex-Kommission dem Gesetzgeber zuvor kommt.

483 Seidel, Kodex als private oder staatliche Regelung, ZIP 2004, S. 285 (291) spricht zwar, wie bereits erörtert, zu Recht von faktisch zwingenden und rechtlich mittelbar bindenden Regelungen des Kodex, führt die verfassungsrechtliche Problematik diesbezüglich jedoch nicht aus.

484 BVerfG, Entscheidung v. 30.10.1961 – 1 BvR 833/59, Rn. 21, 22.

485 An dieser Stelle darf nicht verkannt werden, dass Heintzen, Deutscher Corporate Governance Kodex und Verfassungsrecht, ZIP 2004, S. 1933 (1936) sich nicht gegen die mittelbar faktische Zwangswirkung des Kodex an sich wendet, da auch er a.a.O. den Unterschied zwischen Muss-, Soll-, Sollte- und Kann-Bestimmungen des Kodex erkennt. Jedoch berücksichtigt er in zutreffender Weise den verfassungsrechtlichen Unterschied zwischen finaler Außenwirkung und finalem Grundrechtseingriff.

486 Jarass in Jarass/Pieroth, GG-Kommentar, Art. 12, Rn. 12.

487 So zutreffend Heintzen, Deutscher Corporate Governance Kodex und Verfassungsrecht, ZIP 2004, S. 1933 (1936).

488 Das BVerfG beschreibt diesen Zusammenhang als „normativen Bereich“, vgl. BVerfGE 68, 1 (83-89).

faktische Zwangswirkung „quasi Normcharakter", liegt jedoch rein rechtlich gesehen, außerhalb des „normativen Bereichs". Die Wesentlichkeitstheorie erfasst damit nicht den Kodex, der lediglich eine Empfehlung darstellt.[489]

Aufgrund der vorgenannten Argumente und hinreichender gesetzlicher Grundlagen, ist der Deutsche Corporate Governance Kodex verfassungsmäßig.

bb) Verfassungswidrigkeit des § 161 AktG

Die Pflicht zur Abgabe einer Entsprechenserklärung nach § 161 AktG stellt einen Grundrechtseingriff in die Berufsausübungsfreiheit des Art. 12 Abs. 1 Satz 1 GG i.V.m. Art. 19 Abs. 3 GG börsennotierter Aktiengesellschaften dar.[490]

Jedoch sind im Rahmen der verfassungsrechtlichen Rechtfertigung unter dem Gesichtspunkt der Erforderlichkeit eines Grundrechtseingriffs die vernünftigen Erwägungen des Allgemeinwohls anzuführen, die für die Rechtfertigung von Berufsausübungsregelungen erforderlich sind.[491] Mithin steht dem demokratisch legitimierten Aktiengesetzgeber eine Einschätzungsprärogative hinsichtlich der Ausgestaltung des § 161 AktG zu. § 161 AktG stellt demnach eine hinreichende gesetzliche Grundlage für die dem Kodex zugedachte Informationsaufgabe dar.[492]

b) Auslegungskompetenz der Bundesregierung

Verfassungsrechtliche Bedenken gegen den Deutschen Corporate Governance Kodex werden auch hinsichtlich der Auslegungskompetenz der Bundesregierung geäußert. Der Kodex stelle eine regierungsamtliche Auslegung förmlicher Gesetze dar, zu der der Bundesregierung die Auslegungskompetenz fehle.

Jedoch übt die Bundesregierung nach Art. 65 GG die Staatsleitung aus. Zudem ist sie an der Bundesgesetzgebung mittels ihres Gesetzesinitiativrechtes nach Art. 76 Abs. 1 GG beteiligt. Das Zusammenspiel von Staatsleitungsfunktion und der Funktion des Gesetzesinitiativrechts begründen die Tatsache, dass es der Bundesregierung nicht verwehrt sein kann, ihre Meinung über die richtige Auslegung von Bundesgesetzen[493] zu äußern oder durch Dritte zuzulassen.[494]

---

489 Heintzen, Deutscher Corporate Governance Kodex und Verfassungsrecht, ZIP 2004, S. 1933 (1936).

490 Heintzen, Deutscher Corporate Governance Kodex und Verfassungsrecht, ZIP 04, S. 1933 (1936).

491 Vgl. dazu Jarass in Jarass/Pieroth, GG Kommentar, Art. 12, Rn. 36.

492 Heintzen, Deutscher Corporate Governance Kodex und Verfassungsrecht, ZIP 2004, S. 1933 (1936).

493 Klarstellend soll hier auf die Tatsache hingewiesen werden, dass es um die Auslegung des § 161 AktG geht.

494 Wenn sich die Bundesregierung allgemein zu öffentlich interessierenden Fragen äußern darf, ist es nicht ersichtlich, davon Fragen auszuschließen, die teilweise gesetzlich gere-

Des Weiteren könnte in der regierungsamtlichen Auslegung ein verfassungsrechtlich relevanter Eingriff in das Gesetzgebungsrecht der Legislative gesehen werden. Der Staat wäre bei gesellschaftsrechtlichen Fragen gerade nicht auf externen Sachverstand angewiesen, sodass die regierungsamtliche Auslegung nicht erforderlich wäre. Dieses Argument ist dogmatisch jedoch nicht haltbar. Das Erforderlichkeitsprinzip als Teilstück des Grundsatzes der Verhältnismäßigkeit gilt zwischen staatlichen Organen gerade nicht, da diese in Ausübung ihrer Kompetenzen handeln. Kompetenzen sind jedoch anders als Freiheitsrechte nicht gegen Eingriffe zu schützen.[495]

c) Rechtsstaatliche Anforderungen

Fraglich ist, ob der Deutsche Corporate Governance Kodex rechtsstaatlichen Anforderungen im Hinblick auf normative Verweisungen genügt. Diese Problematik stellt sich im Hinblick auf die Auslegung unbestimmter Rechtsbegriffe, z.B. im Rahmen der Sorgfaltsanforderungen eines ordentlichen Geschäftsleiters oder Aufsichtsrates nach §§ 93, 116 AktG. Der Kodex könnte zu deren Konkretisierung durch die staatlichen Gerichte herangezogen werden. Dabei darf jedoch nicht verkannt werden, dass der Kodex gerade keine Auslegungsverweisung darstellt.[496] Die Heranziehung des Deutschen Corporate Governance Kodex ist Sache der staatlichen Fachgerichte, und deren Gesetzesanwendung und -auslegung ist demokratisch und demzufolge rechtsstaatlich legitimiert.[497]

d) Demokratische Legitimation

Wie bereits erörtert, wird der Kodex als öffentlich-rechtliches Regelwerk qualifiziert und unterliegt somit dem Gebot demokratischer Legitimation aus Art. 20 Abs. 2 Satz 1 GG. Der Kodex muss dementsprechend ein hinreichendes Niveau an sachlich-inhaltlicher und personeller Legitimation aufweisen.[498] § 161 AktG

---

gelt sind; dazu Heintzen, Deutscher Corporate Governance Kodex und Verfassungsrecht, ZIP 04, S. 1933 (1937).

495 So richtigerweise Heintzen, Deutscher Corporate Governance Kodex und Verfassungsrecht, ZIP 04, S. 1933 (1937).

496 Vgl. dazu Heintzen, Deutscher Corporate Governance Kodex und Verfassungsrecht, ZIP 04, S. 1933 (1937), der dem Kodex einen mittelbaren Normcharakter abspricht und auf weitere Autoren verweist. Dabei lässt Heintzen jedoch unberücksichtigt, dass die dortige Diskussion um den mittelbaren Normcharakter auf einer rechtstatsächlichen Fragestellung (Akzeptanz durch die Unternehmen und als Folge sog. mittelbarer Normcharakter) und nicht auf einer rechtsdogmatischen Fragestellung (Kodex als Gesetz) beruht.

497 Heintzen, Deutscher Corporate Governance Kodex und Verfassungsrecht, ZIP 04, S. 1933 (1937).

498 Zu Formen demokratischer Legitimation siehe Böckenförde, Demokratie als Verfassungsprinzip, in Isensee/Kirchhof, Handbuch des Staatsrechts der Bundesrepublik Deutschland, Bd. 1, § 22.

stellt nach richtiger Auffassung dieses Legitimationsniveau dar. Die Mitglieder der Kommission werden von der Bundesregierung ernannt, welche wiederum demokratisch legitimiert ist.[499]

B. Zwischenergebnis

Beim Deutschen Corporate Governance Kodex handelt es sich um öffentlich-rechtliches soft law und er ist damit an verfassungsrechtlichen Anforderungen zu messen. Rechtsgrundlage des Kodex stellt die Aufgabe der Bundesregierung zur Staatsleitung nach Art. 65 GG dar. Die Entsprechenserklärung des § 161 AktG stellt einen Eingriff in Art. 12 Abs. 1 GG dar. Der Eingriff steht jedoch unter dem einfachen Gesetzesvorbehalt. § 161 AktG ist dafür eine hinreichende gesetzliche Grundlage. Der Deutsche Corporate Governance Kodex ist demzufolge verfassungsgemäß.

Aufgrund der von den Unternehmen nach Maßgabe des § 161 AktG abzugebenden Entsprechenserklärung, der Wahl zwischen „comply or explain", der faktischen Begrenzung des unternehmerischen Handlungsermessens und der Erwartungen des Kapitalmarktes, stellt sich Corporate Governance als unternehmerische Selbstverpflichtung mittels Fremdsteuerung dar. Ob Corporate Governance damit geeignet sein könnte, wirtschaftskriminelles Verhalten zu verringern bzw. einzudämmen, wird noch zu beurteilen sein.

---

499 Heintzen, Deutscher Corporate Governance Kodex und Verfassungsrecht, ZIP 04, S. 1933 (1937, 1938).

2. Teil: Unternehmerische Selbstverpflichtung mittels Selbststeuerung – Corporate Compliance

A. Definition und Begriffsbestimmung der Corporate Compliance

Der Begriff *Corporate Compliance* ist anglo-amerikanischen Ursprungs und hat auch in das deutsche Wirtschaftsrecht Eingang gefunden. Demnach stellt der Compliance-Ansatz ein *legal transplant* dar. Der Compliance-Gedanke entwickelte sich in den USA vor dem Hintergrund der *Federal Sentencing Guidelines* (FSG). Ziel dieser Richtlinien war es, die Unternehmens- und Wirtschaftskriminalität einzudämmen.[500] Des Weiteren geben die FSG seit dem Jahre 1991 den Richtern die Möglichkeit, dass Urteil bzw. das Strafmaß beim Vorliegen bestimmter Umstände zu mildern. Ein Milderungsgrund stellt das unternehmerische Handeln im Rahmen eines Compliance-Systems dar. Was zunächst nur bei amerikanischen und in den USA tätigen ausländischen Unternehmen Entwicklung fand, wurde jedoch auch zunehmend von den Unternehmen im Rahmen ihrer nationalen Tätigkeit übernommen und entwickelt.[501]

Corporate Compliance bedeutet dabei die Einhaltung, Befolgung, Übereinstimmung bestimmter Gebote.[502] Dabei sind die Anforderungen daran sehr simpel: Im Kern geht es darum, dass sich Unternehmen und deren Organe im Einklang mit dem geltenden Recht bewegen müssen. Richtigerweise stellt dies eine Binsenweisheit dar.[503] Zu bedenken bleibt jedoch, dass die Wirklichkeit oft anders aussieht.[504] Denn es ist ebenso eine uralte Einsicht, dass gutes Handeln einen „guten Willen" voraussetzt.[505] Somit definiert sich Compliance notwendig als organisatorischer Mechanismus: Sie ist nicht das Postulat der Notwendigkeit von Regelkonformität, denn dieses folgt aus den rechtlichen und faktischen Rahmenbedingungen per se. Compliance bedeutet die Sicherstellung der Regel-

500 Zu Compliance-Programmen im Sinne der United Federal Sentencing Guidelines siehe Hopson/Koehler, CCZ 08, S. 208 ff.

501 Siehe Bürkle, Corporate Compliance-Pflicht oder Kür? BB 05, S. 565 (565).

502 So Hauschka, Corporate Compliance Handbuch, § 1, Rn. 1.

503 So Schneider, Compliance als Aufgabe der Unternehmensleitung, ZIP 03, S. 645 (646).

504 Peltzer in Hommelhoff, Hopt/v. Werder, Handbuch, S. 223, 232.

505 Ignor, Die Zukunft des Strafverfahrens, ZStW 119 (2007), S. 927 (932).

konformität eines Unternehmens durch Organisation.[506] Einem Unternehmen, das lediglich und ausschließlich an der Steigerung des Unternehmenswertes orientiert ist, erscheint Rechtstreue gerade nicht mehr als selbstverständlich.[507] In Rechtsvorschriften, Satzungen und Anstellungsverträgen formuliert sich dennoch Jenes, was man auf diesem Gebiet zuverlässig befolgen sollte.[508] Soweit etwa Kapitalgesellschaften nach deutschem Recht[509] betroffen sind, ergibt sich diese Rechtspflicht bereits aus der allgemeinen Sorgfaltspflicht eines ordentlichen Geschäftsmannes, wonach dieser alles zu tun bzw. zu unterlassen hat, um Schaden von der Gesellschaft abzuwenden.[510] Jedoch verbirgt sich hinter dem Begriff Compliance mehr als schlichte Gesetzestreue oder die Einhaltung und Befolgung geltenden Rechts. Compliance steht nicht nur für den Versuch,[511] sondern für das ernstliche und ernsthafte Bemühen, Haftungsrisiken für die Unternehmen und ihre Organe zu minimieren, indem wirksame vorbeugende Maßnahmen im Rahmen der Unternehmensorganisation bereit gehalten werden. Zu Recht wird Compliance daher als umfassende Aufgabe angesehen.[512]

Ursprünglich wurde der Anwendungsbereich von Compliance nur in einzelnen Branchen bzw. Wirtschaftssektoren wahrgenommen. So wurde Compliance bspw. als die Gesamtheit vorbeugender Maßnahmen in Unternehmen bezeichnet, dass die Gesetze, Regeln und Usancen im Wertpapiergeschäft eingehalten, Interessenkonflikte vermieden und insbesondere, dass Insiderinformationen nicht unlauter verwendet werden.[513] Zudem beschränkten sich die Compliance-Praktiken auf die Einhaltung diverser Normen zur Prävention von Geldwä-

---

506 Holzhauser, Gesellschafts- und kapitalmarktrechtliche Grundlagen von Compliance, abrufbar unter http://www.frankfurt-main.ihk.de/recht/themen/unternehmensrecht/-compliance/-index.html; zuletzt abgerufen am 02.10.2010.

507 Vgl. Bachmann/Prüfer, Korruptionsprävention und Corporate Governance, ZRP 05, S. 109 (109).

508 Hauschka, Compliance als geeignete Reaktion auf gestiegene Haftungsrisiken, NJW 04, S. 257 (257).

509 So die Gesellschaft mit beschränkter Haftung (GmbH), die Aktiengesellschaft (AG) oder die Kommanditgesellschaft auf Aktien (KGaA).

510 Für den Geschäftsführer nach § 43 I GmbHG, für den Vorstand nach § 93 I 1 AktG, für den Komplementär nach § 283 Nr. 3 AktG.

511 So etwa Hauschka, Compliance als geeignete Reaktion auf gestiegene Haftungsrisiken, NJW 04, S. 257 (257), der diese Beobachtung aus dem anglo-amerikanischen Rechtsraum gewinnt, aber dabei nicht deutlich widergibt, dass sich Compliance gerade nicht in einem lediglichen Versuch zur Haftungsvermeidung erschöpfen sollte.

512 So richtigerweise Schneider, Compliance als Aufgabe der Unternehmensleitung, ZIP 03, S. 645 (646).

513 So etwa Eisele, Verhaltensregeln und Compliance, in: Schimansky/Bunte/Lwowski, Bankrechts-Handbuch, S. 3437; ähnlich auch Spindler, Unternehmensorganisationspflichten, S. 228.

sche.[514] Auch im Versicherungswesen war der Compliance-Gedanke und die Einrichtung einer Compliance-Organisation verankert und bekannt.[515] Jedoch zeigen zahlreiche Fälle, dass Compliance nicht mehr nur branchen- oder sektorenspezifisch definiert werden kann und sollte. Die in der Wirtschaftspresse nachhaltig behandelten Fälle von ENRON, MCI WORLDCOM, PARMALAT, VW und SIEMENS verdeutlichen, dass ein fehlendes oder mangelhaftes Risikomanagement und Risikoüberwachung nicht nur zu Finanzmittelabflüssen, sondern auch zu empfindlichen Umsatzeinbußen und Reputationsverlusten bis hin zur Insolvenz führen kann.[516] Zutreffend kann dies, entgegen aller buchhalterischen Kostenregelungen, mit dem Grundsatz *„If you think compliance is too expensive – try to be non-compliant"* umschrieben werden.[517] Demnach sollte Compliance daher unternehmensbezogen (*Corporate*) definiert werden.[518]

Die Thematik der Compliance ist an drei Stellen im Deutschen Corporate Governance Kodex behandelt.[519] In Ziffer 4.1.3 des Kodex findet sich eine formulierte Definition, wonach der *„Vorstand für die Einhaltung der gesetzlichen Bestimmungen und der unternehmensinternen Richtlinien zu sorgen hat und auf deren Beachtung durch die Konzernunternehmen hinwirkt (Compliance)"*. Den Kodex versteht Compliance damit als übergeordneten Begriff, der die Einhaltung von externen und internen Vorgaben mit verbindlichem Charakter umfasst. Auf beide vorgenannten Bereiche bezieht sich gleichermaßen die Leitungsverantwortung des Vorstandes, die sich in eine Organisations- und Legalitätspflicht, wie bereits in 4.1.3 des Kodex niedergelegt, unterteilen lässt.[520]

Abzugrenzen ist der Begriff Compliance von der Problematik der Vermeidung fehlerhafter Unternehmensentscheidungen. Solche Fehlentscheidungen können auf eine unzureichende Unternehmensorganisation zurückzuführen sein, müssen es aber nicht. Des Weiteren sind fehlerhafte Unternehmensentscheidun-

---

514 Mengel/Hagemeister, Compliance und Arbeitsrecht, BB 06, S. 2466 (2467).

515 Lösler, Compliance im Finanzmarktrecht, NZG 05, S. 104 (104).

516 Schneider, Compliance als Aufgabe der Unternehmensleitung, ZIP 03, S. 645 (645) bezeichnet dies zutreffend als drakonische Rechtsfolgen.

517 So zutreffend Campos Nave/Bonenberger, Korruptionsaffären, Corporate Compliance und Sofortmaßnahmen für den Krisenfall, BB 08, S. 734, (741).

518 Rodewald/Unger, Organisatorische Vorkehrungen zur Vermeidung von Haftungsfällen der Geschäftsleitung, BB 06, S. 113 (116), die den Terminus „rechtskreisbezogen" verwenden.

519 Siehe etwa die Ziffern 4.1.3, 5.3.2. und 3.4 Abs. 2 des DCGK

520 Bürkle, Corporate Compliance als Standard guter Unternehmensführung des Deutschen Corporate Governance Kodex, BB 07, S. 1797 (1798).

gen Teil des unternehmerischen und wirtschaftlichen Ermessens.[521] Sie stehen nicht im Mittelpunkt dieser Untersuchung.[522]

Compliance verlangt und beinhaltet Risikomanagement. Jede unternehmerische Tätigkeit beinhaltet im Kern unternehmerische Risiken. Dabei stellt sich jedoch nicht die Frage, ob Risiken im Rahmen des unternehmerischen Ermessens überhaupt eingegangen werden, sondern wie mit bestehenden Risiken umgegangen wird. Das Risikomanagement ist somit Teil von Corporate Compliance.[523]

B. Rechtlicher und wirtschaftlicher Hintergrund

Um den Sinn und Zweck einer Corporate Compliance-Organisation beurteilen zu können, muss zunächst untersucht werden, welche rechtlichen und wirtschaftlichen Hintergründe in Bezug auf die Unternehmenswirklichkeit vorliegen. Dabei sind die Rechtsgrundlagen und eine evtl. Rechtspflicht zur Compliance darzustellen. Anschließend sind der Sinn und Zweck einer Compliance-Organisation als Lösungsansatz zu untersuchen.

I. Rechtsgrundlagen und Rechtspflicht zur Compliance

1. Rechtsgrundlagen

Wie bereits dargestellt, verlangt Compliance zunächst nur die Beachtung des geltenden Rechts, sodass dieses eben die primäre Rechtsgrundlage darstellt. Für den Bereich des Strafrechts handelt es sich für das Management von Unternehmen dabei vornehmlich um Beihilfe- und Anstiftungsdelikte.[524] Beachtlich ist dabei, dass das deutsche Recht keine Gesetzesnorm kennt, die ein Unternehmen oder sein Organ oder einen seiner Mitarbeiter ausdrücklich zur Vornahme systematischer Compliance-Maßnahmen und zur Einrichtung einer Compliance-Organisation verpflichtet.[525] Jedoch finden sich einige Anknüpfungspunkte im Gesetz, die den „Compliance-Gedanken“ beinhalten.

a) Sorgfaltspflicht und Verantwortlichkeit der Unternehmensleitung: § 76 Abs. 1 AktG i.V.m. § 93 Abs. 1 AktG bzw. § 43 Abs. 1 GmbHG

§ 76 Abs. 1 AktG sieht vor, dass der Vorstand die Gesellschaft unter eigener Verantwortung zu leiten hat und, wie § 93 Abs. 1 AktG bestimmt, dabei die Sorgfalt eines ordentlichen und gewissenhaften Geschäftsleiters anzuwenden

---

521 Vgl. dazu Hauschka, Corporate Compliance Handbuch, § 1, Rn. 6.

522 Weiterführend dazu siehe Bahnsen, Handbuch Vorstand und Aufsichtsrat, Loseblattsammlung, 6.1.

523 Vgl. Hauschka, Corporate Compliance Handbuch, § 1, Rn. 5.

524 Hauschka, Corporate Compliance Handbuch, § 1,Rn. 21.

525 Vetter in Wecker/van Laak, Compliance in der Unternehmenspraxis, S. 32.

hat. Für den GmbH-Geschäftsführer findet sich, was die Sorgfaltspflichten betrifft, die Parallele zu § 93 Abs. 1 AktG in § 43 Abs. 1 GmbHG.[526] Aus den §§ 76 Abs. 1 und 93 Abs. 1 AktG lässt sich dementsprechend eine organschaftliche Pflicht des Vorstands zur Compliance als Präventionsmaßnahme, die sich als Compliance-Verantwortung umschreiben lässt, ableiten.[527]

b) Verletzung der Aufsichtspflicht in Betrieben und Unternehmen: § 130 OWiG

Eine weitere Rechtsgrundlage für die Ergreifung von Compliance-Maßnahmen bzw. für die Implementierung eines Compliance-Systems findet sich in den §§ 3, 9 und 130 OWiG.[528] § 130 OWiG weist die Pflichtenstellung dem Vorstand bzw. der Geschäftsführung der juristischen Person zu. Das Organmitglied kann in der Folge somit für alle Verletzungen und Verstöße bußgeldbewehrter Pflichten in einem Unternehmen zur Rechenschaft gezogen werden, soweit der Verstoß auf die Verletzung von Aufsichtspflichten zurückzuführen ist.[529] Auch zahlreiche öffentlich-rechtliche Pflichten eines Unternehmens[530] sind mit einem

---

526 Zu der Sorgfalt eines ordentlichen Geschäftsführers siehe Ischebeck, wistra 09, S. 95 ff.

527 Vetter Wecker/van Laak, Compliance in der Unternehmenspraxis, S. 32 mit weiteren Nachweisen; Hauschka, Compliance als geeignete Reaktion auf gestiegene Haftungsrisiken, NJW 2004, S. 257 (259), der jedoch zu Recht darauf hinweist, dass es eine wirklich „alleinige" Compliance-Verantwortung nicht geben kann, wenn wichtige Aufgabenbereiche und Risikoursachen nicht delegierbar sind, sodass auch andere Mitarbeiter zu Handlungspflichtigen werden; Hauschka, Compliance und Korruptionsbekämpfung ZIP 04, S. 877 (877); Rodewald/Unger, Organisatorische Vorkehrungen zur Vermeidung von Haftungsfällen der Geschäftsleitung, BB 06, S. 113 (113).

528 § 130 OWiG wird nach überwiegender Ansicht betreffend seiner Rechtsnatur und seines Deliktscharakters von der überwiegenden Ansicht als Unterlassungs-Sonderdelikt qualifiziert, vgl. Göhler, § 130, Rn. 9; Tiedemann, NJW 1988, S. 1169 (1173); Bottke, wistra 1991, S. 52 (54), ders. wistra1991, S. 81 (86); Maschke, Aufsichtspflichtverletzungen in Betrieben, S. 2; BGHSt 32, S. 389 (391); Rogall hingegen qualifiziert die Norm als konkretes Gefährdungsdelikt, ders. in ZStW 98 (1986), S. 573 (599, 600).

529 Vetter in Wecker/van Laak, Compliance in der Unternehmenspraxis, S. 32; der notwendige Inhalt und Umfang von Aufsichtsmaßnahmen hängt von der Größe des Betriebes, der Anzahl der Beschäftigten, deren Sachkunde und Sorgfalt, der innerbetrieblichen Organisation, den realen Überwachungsmöglichkeiten sowie der Bedeutung der einzuhaltenden Vorschriften ab, siehe dazu OLG Düsseldorf, wistra 91, S. 389; siehe dazu auch Rau, Compliance und Unternehmensverantwortlichkeit, S.58 ff.

530 Zur Kartellrechts-Compliance siehe Janssen in Wecker/van Laak, Compliance in der Unternehmenspraxis, S. 171 ff; Dreher in Krieger/Uwe H. Schneider, Handbuch Managerhaftung, § 29, Rn. 59 ff; zur Kapitalmarktrechts-Compliance siehe Krämer in Krieger/Uwe H. Schneider, Handbuch Managerhaftung, § 26, Rn. 67 ff; zur Umweltrechts-Compliance siehe Uwer in Krieger/Uwe H. Schneider, Handbuch Managerhaftung, § 32, Rn. 18 ff; weitere bußgeldbewehrte Pflichten finden sich im Datenschutzrecht, Arbeitsstrafrecht und Außenwirtschaftsrecht.

Bußgeld bewehrt.[531] Mit der Schaffung des § 130 OWiG wollte der Gesetzgeber sicherstellen, dass in Betrieben und Unternehmen die entsprechenden Vorkehrungen getroffen werden, um die Begehung betriebsbezogener Zuwiderhandlungen zu vermeiden. In Unternehmen besteht die Situation, dass der Inhaber des Betriebs, der eigentlich Verpflichtete, vielfach gar nicht handelt, während der Handelnde in erster Linie verpflichtet ist und deshalb der Verantwortung ferner steht. Rechte und Pflichten wären jedoch nicht im angemessenen Maß gegeneinander abgewogen, wenn man dem Inhaber des Betriebs zwar die Vorteile gesteigerter Betätigungsmöglichkeiten einräumen wollte, wenn er aber aus seiner Verantwortung entlassen wäre, weil er nicht selbst handelt. Daraus folgt, dass der Betriebsinhaber die notwendigen Aufsichtsmaßnahmen zu treffen hat, damit die ihm obliegenden Pflichten eingehalten werden und er bei einer Pflichtverletzung dafür verantwortlich gemacht werden kann.[532] Die Pflichten, die einen Unternehmensinhaber üblicherweise treffen, hat der Gesetzgeber auf reine Kontroll- und Aufsichtsmaßnahmen reduziert.[533] Eine solche Reduzierung stellt jedoch dem Betriebsinhaber keinen „Persilschein" aus.[534]

Die Einrichtung und Überwachung eines Compliance-Systems fällt in die Gesamtverantwortung der Geschäftsleitung und damit in ihre Leitungsaufgabe.[535] Im Rahmen der rechtlichen Organisationsverantwortung müssen alle grundlegenden Entscheidungen getroffen werden.[536] Die konkrete Ausgestaltung des Compliance-Systems ist durch ein weitreichendes unternehmerisches Ermessen geprägt. Der BGH beschrieb in der grundlegenden ARAG/Garmenbeck-Entscheidung, dass dem Vorstand bei der Leitung der Geschäfte des Gesellschaftsunternehmens ein weiter Handlungsspielraum zugebilligt werden muss, ohne den eine unternehmerische Tätigkeit nicht denkbar ist. Dazu gehören sowohl das bewusste Eingehen geschäftlicher Risiken als auch die Gefahr von Fehlbeurteilungen und Fehleinschätzungen.[537] Der nationale Gesetzgeber konkretisierte die Entscheidung mit der Normierung der *Business Judgement Rule* in § 93 Abs. 1 Satz 2 AktG.[538] Eine Einschränkung dieses unternehmerischen Er-

---

531 Für börsennotierte Unternehmen verlangt § 33 Abs. 1 WpHG eine bestimmte Organisation und ein angemessenes internes Kontrollverfahren, Hauschka, Corporate Compliance Handbuch, § 1, Rn. 21.

532 BT-Drucks. V/1269, S. 69.

533 Rogall in KK-OWiG, § 130, Rn. 37.

534 So zutreffend Schürmann, Aufsichtspflichtverletzungen, S. 87.

535 Fleischer, Handbuch des Vorstandsrechts, S. 283, Rn. 44.

536 Zu den Organisationspflichten der Geschäftsleitung siehe Spindler, Unternehmensorganisationspflichten.

537 BGH, Urt. v. 21.04.97 – II ZR 175/95-ARAG/Garmenbeck in NJW 97, S. 1926 (1927).

538 § 93 Abs. 1 Satz 2 AktG wurde im Rahmen des Gesetzes zur Unternehmensintegrität und Modernisierung des Anfechtungsrechts (UMAG) v. 22.09.05, BGBl. I S. 2802, ein-

messens kann sich aus Branchenstandards ergeben[539] und durch Vorkommnisse im Unternehmen selbst oder Unternehmen derselben Branche erfolgen. In Ausnahmefällen kann sich der Handlungsspielraum zu einer Handlungspflicht verdichten.[540] Beachtlich ist dabei, dass sich eine Verpflichtung für konkrete Compliance-Maßnahmen nicht aus den genannten Vorschriften ergibt.[541]

2. Rechtspflicht

Im folgenden Abschnitt gilt es zu untersuchen, ob die Leitungsorgane eines Unternehmens zur Implementierung einer Compliance-Organisation verpflichtet sind und daraus eine Rechtspflicht zur Compliance folgt.
Vereinzelt wird die Annahme vertreten, dass es eine allgemeine Rechtspflicht zur Errichtung und Implementierung einer Compliance-Organisation gäbe. Einzelnen Vorschriften aus verschiedenen Rechtsgebieten[542] lasse sich der allgemeine Rechtsgedanke zur verpflichtenden Compliance-Organisation entneh-

---

gefügt. Diese Vorschrift betrifft den Umfang des Vorstandsermessens und bewirkt im Ergebnis eine Haftungsprivilegierung der Vorstände. Auf Tatbestandsebene liegt bereits dann keine Pflichtverletzung vor, wenn das Vorstandsmitglied bei einer unternehmerischen Entscheidung vernünftigerweise annehmen durfte, auf der Grundlage angemessener Information zum Wohle der Gesellschaft zu handeln. Der Deutsche Corporate Governance Kodex berücksichtigt diese Neuerung in Ziffer 3.8 Satz 3 DCGK; siehe dazu Jäger/Rödl/Campos Nave, Praxishandbuch Corporate Compliance, S. 43; siehe auch Langenbucher, Vorstandshandeln, DStR 05, S. 2083 ff; Paefgen, Business Judgement Rule, AG 04, S. 245 ff. Zu beachten bleibt dabei aber, dass der Gesetzgeber in seiner Begründung zum UMAG darauf hingewiesen hat, dass der Vorstand den „sicheren Hafen" der Business Judgement Rule für unternehmerische Ermessensentscheidungen bei Verstößen gegen rechtliche Vorgaben nicht erreicht; siehe BR-Drucks. 3/05, S. 18.

539 BGH in DB 02, S. 473 (473).

540 Eine Handlungspflicht auf der Ebene des Entschließungsermessens („Ob" der Compliance-Einrichtung) könnte sich aus potentiell existenzbedrohenden Folgen unrechtmäßigen Verhaltens ergeben; das Auswahlermessen („Wie" der Compliance-Organisation) kann sich zu einer Handlungspflicht verdichten, wenn z.B. eine Aufsichtsbehörde detaillierte Vorgaben für das einzurichtende Compliance-System macht; siehe dazu Bürkle, Compliance als Pflicht oder Kür, BB 05, S. 565 (569, 570).

541 Zur Erinnerung: Auch der Deutsche Corporate Governace (z. B. in Ziffer 4.1.3 DCGK) beinhaltet lediglich Compliance-Regelungen definitorischer Art, ausgenommen Ziffer 5.3.2 (Einrichtung eines Prüfungsausschusses-Audit Committees). Diese Regelungen verfolgen das Ziel, die Verpflichtung der Unternehmen zur strikten Befolgung der Gesetze und unternehmensinterner Regeln durch Verwendung des Begriffs „Compliance" anschaulicher zu gestalten; vgl. Ringleb in Ringleb/Kremer/Lutter/v. Werder, DCGK, Rn. 155 a.

542 Gesellschaftsrechtliche Vorschriften; § 25 a KWG; § 33 WpHG; § 130 OWiG; § 91 Abs. 2 AktG; § 52a Abs. 2 BImSchG; § 53 KrW-/AbfG; Art. 11 der EG-Richtlinie zur Verhinderung der Nutzung des Finanzsystems zum Zwecke der Geldwäsche; § 14 Abs. 2 GwG.

men.[543] Kern dieses Rechtsgedankens sei das gesetzgeberische Anliegen, dass sich das Unternehmen, alle Organmitglieder und alle Mitarbeiter zu rechtmäßigem Verhalten bekennen und sich entsprechend verhalten.[544]

Diese Sichtweise mag Anlass zu Kritik geben, da sie bei näherer Betrachtung einen falschen Anhaltspunkt wählt. Es gibt keine hinreichenden gesetzlichen Vorgaben,[545] sodass die Einrichtung einer Compliance-Organisation ausschließlich der unternehmerischen Freiheit der Leitungsorgane unterliegt.[546] Des Weiteren kann die „Flut" spezialgesetzlicher Bestimmungen nicht als Grundlage einer für alle Unternehmen bestehenden Verpflichtung ausreichen.[547] Normative Gebote und Verbote stellen sich zwar als Herausforderung für Unternehmen dar. Dennoch sollte es sich um eine Selbstverständlichkeit handeln, dass Unternehmen, deren Organe und Mitglieder im Einklang mit dem geltenden Recht handeln.[548] Jedoch ist es sinnvoll, dass man den Leitungsorganen im Regelfall die Mittel und Wege überlassen sollte, um die Rechtstreue zu gewährleisten. Die Annahme, dass ein Richter besser als ein Unternehmer wüsste, wie man ein Unternehmen organisiert, schlägt fehl.[549] Es ist und bleibt Sache des Unternehmens für die Gewähr der Rechtstreue eine Compliance-Organisation einzurichten oder selbst quasi „mit der Person" des Leitungsorgans für die Einhaltung geltenden Rechts einzustehen. Der Unternehmer trägt stets die Folgen

---

543 So Schneider, Compliance als Aufgabe der Unternehmensleitung, ZIP 03, S .645 (649), der den allgemeinen Rechtsgedanken aus einer Analogie zu den benannten Vorschriften herleitet, diese Analogie jedoch nicht begründet; siehe auch Schneider/v. Buttlar, Compliance-Pflichten für Emittenten, ZIP 04, S. 1621 (1622); so auch Vetter in Wecker/van Laak, Compliance in der Unternehmenspraxis, S. 32, der § 130 OWiG eine mittelbare Verpflichtung zur Einrichtung einer Compliance-Organisation entnimmt; ebenfalls Fleischer, Vorstandsverantwortlichkeit und Errichtung einer Compliance-Organisation, AG 03, S. 291 (298, 299).

544 Als weitere Anliegen seien die Abwendung von drakonischen Rechtsfolgen von den Unternehmen bei Rechtsverstößen, die Sicherung des Vertrauens der Geschäftspartner und die erfolgreiche Positionierung des Unternehmens am Kapitalmarkt und in der medialen Öffentlichkeit, vgl. Schneider, Compliance als Aufgabe der Unternehmensleitung, ZIP 03, S. 645 (648).

545 So hat auch das Aktienrecht nur eine beschränkte Geltung.

546 Lücke, Vorstand der AG, § 3, Rn. 15; Ringleb in Ringleb/Kremer/Lutter/v. Werder, DCGK, Rn. 603.

547 Hauschka, Corporate Compliance-Handbuch, § 1, Rn. 23.

548 Schneider, Compliance als Aufgabe der Unternehmensleitung, ZIP 2003, S. 645 (646).

549 So zutreffend Hauschka, Compliance am Beispiel der Korruptionsbekämpfung, ZIP 04, S. 877 (878), der auf die Rechtsprechung zu § 130 OWiG verweist, die gelegentlich die Einrichtung einer organisatorischen Revision oder anderer Institutionen fordert; siehe dazu die Nachweise bei Schmid in Müller-Gugenberger/Bieneck, Wirtschaftsstrafrecht, S. 730; Hermanns/Kleier, Grenzen der Aufsichtspflicht in Unternehmen.

und Konsequenzen seines Handelns.[550] Die allgemeine Pflicht zu einer Compliance-Organisation ist weder rechtspolitisch[551] noch unternehmenspraktisch[552] realistisch und wünschenswert.[553]

Eine Rechtspflicht zur Compliance-Organisation besteht demnach nicht. Dies ändert jedoch nichts an der Tatsache, dass Rechts- und Gesetzesverstöße schwerwiegende Folgen für Unternehmen bedeuten können und existentielle Risiken bergen. Ein unzureichendes oder fehlerhaftes System zur Vermeidung von Rechtsverstößen kann zu Verlusten am Unternehmenswert führen und stellt sich somit als operationelles Risiko dar.[554] Ob eine Compliance-Organisation der richtige Weg sein kann, um jenen „gestiegenen Unternehmensrisiken" zu begegnen, soll nachstehend untersucht werden.

II. Wirtschaftliche Erforderlichkeit von Compliance

Im nachfolgenden Themenabschnitt soll untersucht werden, ob eine wirtschaftliche Erforderlichkeit zur Einrichtung einer Corporate Compliance-Organisation besteht. Ausgegangen wird dabei von der unternehmerischen Ausgangssituation.

1. Unternehmerische Ausgangssituation

Die Inanspruchnahme weltweiter Kapitalmärkte, die fortschreitende Internationalisierung unternehmerischen Handelns und die Globalisierung und Dynamisierung des Wettbewerbs tragen zur Verflechtung und Verschmelzung der Wirtschafts- und Kapitalräume bei. Die Veränderung und Entwicklung der rechtlichen und wirtschaftlichen Rahmenbedingungen eröffnen Unternehmen neue Chancen und Perspektiven, bergen jedoch auch eine Vielzahl von Risiken. Diese reichen bspw. von der Unüberschaubarkeit rechtlicher Erfordernisse bis hin zur

---

550 Hauschka, Compliance am Beispiel der Korruptionsbekämpfung, ZIP 04, S. 877 (878).

551 Würde man eine allgemeine Pflicht zur Compliance-Organisation annehmen, hätte dies zur Folge, dass etwa 99 % aller Leitungsorgane im Zustand permanenter Pflichtverletzung ihrer Tätigkeit nachgehen würden, siehe dazu Hauschka, Compliance am Beispiel der Korruptionsbekämpfung, ZIP 04, S. 877 (878).

552 Auch an dieser Stelle ist darauf hinzuweisen, dass die Erforderlichkeit einer Compliance-Organisation stets im Hinblick auf die Größe des Unternehmens, der Komplexität der an jenes gestellten Anforderungen und der Branchenspezifika beurteilt werden muss.

553 Beachtlich ist dabei, dass Rechtsverstöße zwar eine Existenzgefährdung des Unternehmens beinhalten können. Jedoch geht es zu weit, jeden Rechtsverstoß stets als existenzgefährdend zu beurteilen und daraus eine zwingende Pflicht zur Compliance-Organisation abzuleiten.

554 Siehe zum Begriff des operationellen Risikos Schneider, Compliance als Aufgabe der Unternehmensleitung, ZIP 2003, S. 645 (645).

stets wachsenden Komplexität und abnehmenden Reaktionszeit unternehmerischer Vorgänge.[555]

a) Unternehmerische Risiken

Nachfolgend soll eine Darstellung und Analyse hinsichtlich der Einordnung von Kriminalitätsrisiken als unternehmerische Risiken in betriebswirtschaftliche Kategorien erfolgen, um anschließend Bewältigungsstrategien von Risiken in Form des wirtschaftlichen Risikomanagements aufzuzeigen.

aa) Kriminalitätsrisiken als unternehmerische Risiken und deren Einordnung in betriebswirtschaftliche Kategorien

Im Rahmen einer rechtswissenschaftlichen und wirtschaftswissenschaftlichen Analyse überrascht es nicht, dass eine einheitliche Risikoklassifizierung und -kategorisierung von unternehmerischen Risiken nicht vorliegt. Zu vielfältig kann die Diskussion um Corporate Governance und Corporate Compliance, um Regeltreue und Haftungsvermeidung geführt werden.[556] Dennoch haben sich in der unternehmerischen Praxis Risikokategorien herausgebildet, die in der kriminalitätsbedingten Compliance-Diskussion von Relevanz sind.[557]

(1) Rechtliche und regulatorische Risiken

Rechtliche und regulatorische Risiken entstehen durch die Änderung rechtlicher Rahmenbedingungen und die damit einhergehenden veränderten Anforderungen an Unternehmen. Diese Risiken wirken sich vor allem als operative und finanzielle Risiken aus.[558]

(2) Operative und finanzielle Risiken

Operative Risiken entstehen durch unzureichend oder mangelhafte interne Unternehmensabläufe, wie etwa innerhalb von Beschaffungs-, Leistungserbringungs-, Informations- und Kommunikationsprozessen. Finanzielle Risiken können in Liquiditäts-, Ausfall-, Währungs-, Kurs-, Zins- oder Kreditrisiken bestehen. Sie weisen eine hohe Marktabhängigkeit auf und entstehen in Folge eines

---

555 Hommelhoff/Mattheus in Dörner/Horváth, Praxis des Risikomanagements, S. 7.

556 So zutreffend Stephan/Seidel in Hauschka, Corporate Compliance-Handbuch, § 27, Rn. 142.

557 Zum Risikobegriff siehe Heldman, Risk Management, S. 1 ff; Keitsch, Risikomanagement, S. 10 ff; Denk/Exner-Merkelt, Corporate Risk Management, S. 13, S. 28 ff; Hirschmann/Romeike, Rechts- und Haftungsrisiken, S. 169; Dörner/Horváth/Kagermann, Praxis des Risikomanagements, S. 225 ff.

558 Siehe dazu Staub, Legal Management, S. 26 ff.

Geschäftsprozesses. Schadensfolgen und die Erreichung strategischer unternehmerischer Ziele spielen bei beiden Risikotypen eine wichtige Rolle.[559]

(3) Personalrisiken

Personalrisiken stellen sich als Risiken dar, die in Folge strafrechtsrelevanten Verhaltens von Unternehmensangehörigen entstehen.[560]

(4) Strategische Risiken

Strategische Risiken lassen sich vor allem als Image- oder Reputationsschäden beschreiben, sowie als durch Vermögens- oder Bilanzdelikte verursachte Schadensrisiken. Sie haben oftmals einen Öffentlichkeitsbezug bzw. stellen sich als Mittelpunkt der öffentlichen Diskussion dar.[561]

bb) Bewältigungsstrategien von Risiken

Die soeben dargestellten Kriminalitätsrisiken treten nicht nur in unterschiedlichen Typisierungen auf, sondern fallen auch in unterschiedliche Unternehmens- und Verantwortungsbereiche. Während rechtliche und regulatorische Risiken, operative und finanzielle Risiken, als auch Personalrisiken in den Verantwortungsbereich eines jeden Mitarbeiters bzw. in dessen Unternehmensablauf und Geschäftsprozess fallen, stellen sich die strategischen Risiken als originärer Verantwortungsbereich der Unternehmensleitung dar.[562] An dieser Stelle zeigt sich somit die Schwierigkeit eines effektiven unternehmerischen Risikomanagements: Eine Risikovermeidung kann nur von den jeweils beteiligten Mitarbeitern betrieben werden. Eine Risikoverminderung kann jedoch von jedem einzelnen Mitarbeiter bis hin zu einzelnen Unternehmensbereichen und dem Unternehmen an sich als Kollektiv betrieben werden.

b) Wirtschaftliche Risiken

aa) Volkswirtschaftliche Betrachtungsweise

Der volkswirtschaftliche Schaden durch Wirtschaftskriminalität in Deutschland betrug im Jahre 2008 nach Schätzungen des Bundeskriminalamts mind. 3,43 Mrd. Euro. Dieser Betrag entspricht nahezu eines Drittels des in der Bundesrepublik erfassten Gesamtschadens durch Kriminalität, obwohl der Anteil der

---

559 Stephan/Seidel in Hauschka, Corporate Compliance-Handbuch, § 27, Rn. 29, 30.
560 Stephan/Seidel in Hauschka, Corporate Compliance-Handbuch, § 27, Rn. 30.
561 Stephan/Seidel in Hauschka, Corporate Compliance-Handbuch, § 27, Rn. 30.
562 Zum Management von Recht als Führungsaufgabe und der Corporate Compliance iRd. Unternehmensführung siehe Jäger/Rödl/Campos Nave, Praxishandbuch Corporate Compliance, S. 28 f, S. 61 f.

Wirtschaftskriminalität daran nur 1,4 % betrug.[563] Jedoch ist auch im Rahmen der volkswirtschaftlichen Betrachtungsweise auf die bereits erörterte Problematik zu den materiellen Schäden und Schadensschätzungen der Wirtschaftskriminalität zu verweisen. Aufgrund der Dunkelziffer-Problematik, der Anonymität zwischen Tätern und Opfern, der Unübersichtlichkeit und Gemengelagen in Unternehmen und der voranschreitenden Technisierung und Internationalisierung der Straftatenbegehung, kann lediglich eine Schätzung hinsichtlich der volkswirtschaftlichen Auswirkungen abgegeben werden. Es handelt sich demnach nur um eine Annäherung an die Kriminalitätswirklichkeit.[564] Der materielle und immaterielle Schaden, die nicht erfasste Dunkelziffer sowie die mitunter beträchtlichen Folgekosten werden überwiegend allein von den Unternehmen und im Hinblick auf ihre indirekten sozialen und wirtschaftlichen Auswirkungen von der Allgemeinheit getragen.[565]

bb) Betriebswirtschaftliche Betrachtungsweise

Jedes Unternehmen verfolgt das betriebswirtschaftliche Ziel, die vorhandenen Kosten zu senken und den Gewinn des Unternehmens zu maximieren.[566] Die Kostensenkung erfolgt in der Regel über betriebsinterne Einsparungen von Finanzmitteln, aber auch durch die Vermeidung von internen Kosten im Hinblick auf etwaige Straf- oder Bußgeldzahlungen als Folge von wirtschaftsdelinquentem Verhalten. Diese Zahlungen haben eine direkte volks- bzw. betriebswirtschaftliche Wirkung, da sie unmittelbar auf der Wirtschaftsstraftat an sich beruhen und deren Folge darstellen. Es sind jedoch auch indirekte wirtschaftliche Wirkungen feststellbar. So sind Wettbewerbsverzerrungen durch illegale Finanzmittel, Sog- und Abschreckungswirkung für Mitbewerber, Imageschäden des Unternehmens oder gar die Gefahr des wirtschaftlichen Zusammenbruchs von Geschäftspartnern aufgrund kriminalitätsbedingter Abhängigkeiten denkbar.[567] Neben den oben dargestellten direkten und indirekten materiellen Schäden sind auch immaterielle Schäden wie etwa der Vertrauens- und Ansehensverlust des Unternehmens zu verzeichnen. Durch Umsatzeinbußen, den Rückgang des Börsenwertes bei börsennotierten Unternehmen und eine veränderte

---

563 Von 84.500 Fällen wurde jedoch nur zu 74.853 Fällen eine Schadenssumme erfasst. Verglichen mit dem Vorjahr (4, 12 Mrd. Euro) entspricht dies einer Abnahme von 16,7 %; siehe BKA, Wirtschaftskriminalität Bundeslagebild 2008, S. 7, 8.

564 Siehe dazu die Erörterung und Darstellung der kriminologischen Problematik in Kapitel 2 II., III. der vorliegenden Untersuchung.

565 Stephan/Seidel in Hauschka, Corporate Compliance-Handbuch, § 27, Rn. 2, 3.

566 Jung, Allgemeine Betriebswirtschaftslehre, S. 35; Ausnahmen bestehen insoweit bei gemeinnützigen Unternehmen, die nicht auf Gewinnerzielung ausgerichtet sind, sondern auf die Erreichung des gemeinnützigen Zwecks.

567 Stephan/Seidel in Hauschka, Corporate Compliance-Handbuch, § 27, Rn. 4.

negative Wahrnehmung des Unternehmens in der Öffentlichkeit können empfindliche Schadenswirkungen eintreten.[568] Auch etwaige Fernwirkungen wie die Untergrabung und Nichtbefolgung von Regeln und Pflichten durch Mitarbeiter, Image-Schäden oder -Verluste des Unternehmens oder eine veränderte Häufigkeit anderer Deliktsarten im Unternehmen können nachhaltige und teilweise sogar existenzvernichtende Folgewirkungen darstellen.[569] Die offiziellen Statistiken zum Phänomen der Wirtschaftskriminalität enthalten aufgrund kriminologischer Besonderheiten wie der Dunkelziffer-Problematik und dem geringen Anzeigeverhalten keine Aussage hinsichtlich der indirekten materiellen und der immateriellen Schäden. Sie beinhalten demzufolge nur einen Ausschnitt des bekannten unternehmensrelevanten Deliktsaufkommens.[570] Des Weiteren ist anzumerken, dass wichtige Strafnormen außerhalb des Kernstrafrechts, wie etwa im Bereich des Anlegerschutzes, des Bankenschutzes, des Insolvenzstrafrechts, der Bilanzdelikte, dem Recht des unlauteren Wettbewerbs, des Steuerstrafrechts, des Rechts zum Schutze des geistigen Eigentums, des Verbraucherschutzes, des Umweltrechts, des Kartell- und Arbeitsstrafrechts sowie des Außenwirtschafts- und Kriegswaffenkontrollstrafrechts nicht in empirischen Untersuchungen erfasst werden.[571]

2. Unternehmerisches Risikomanagement

Ein wesentlicher Aspekt wirtschaftlichen Risikomanagements ist, dass sich das Phänomen Wirtschaftskriminalität sowohl als Standortfaktor als auch als Wettbewerbs- und Kostenfaktor für ein Unternehmen auswirkt. Aufgrund der regionalen, nationalen und internationalen Ausprägung der Wirtschaftskriminalität werden sowohl die Aufgabe als auch die Rahmenbedingungen für kriminalitätsbezogenes Compliance-Management gesetzt. Die Ausprägung von Wirtschaftskriminalität und die damit einhergehenden Schadenswirkungen werden damit

---

568 Von 292.475 befragten mittelständischen Unternehmen im Jahre 2008 betrug die durch interne Personen verursachte Gesamtschadenshöhe nach Umsatz ca. 1,5 Mrd. Euro. Die Gesamtschadenshöhe, die durch externe Personen verursacht wurde, betrug 2,4 Mrd. Euro, vgl. dazu Euler Hermes, Studie zur Wirtschaftskriminalität, S. 14.

569 Neben Rufschäden sind auch fallende Aktienkurse, Ratingnachteile, Blacklisting, Kundenverluste, zivilrechtliche Schadensersatzverfahren und die strafrechtliche Verfolgung von Mitarbeitern und Managern denkbar, siehe dazu Wybitul, Interne Ermittlungen auf Aufforderung von US-Behörden, BB 09, S. 606 (609, 611).

570 Zierke, Präsident des Bundeskriminalamts, Aktuelle Entwicklungen der Wirtschaftskriminalität, Vortrag auf der WirtschaftsWoche Jahrestagung „Auf dem Weg nach Mittel-/Osteuropa – Hindernis Wirtschaftskriminalität", 25./26. September 06, Berlin.

571 Siehe dazu die relevanten Normen bei Stephan/Seidel in Hauschka, Corporate Compliance- Handbuch, § 27, Rn. 16.

zunehmend zum Standortfaktor für Unternehmen.[572] Aber auch die voranschreitende Globalisierung, Technisierung und Internationalisierung der Straftatenbegehung und des Wirtschaftslebens tragen dazu bei, dass der Aufbau und der Umgang mit Organisations- und Haftungsproblemen sich als Wettbewerbs- und Kostenfaktor für Unternehmen auswirken. Dieser spiegelt sich insbesondere in der Reduzierung von Schadensfällen und Schadenshöhe, der Vermeidung von Fern- und Anreizwirkungen, der Verringerung des Schadenspotentials, der Verbesserung und Steigerung des Risikoprofils des Unternehmens als auch in seiner internen und öffentlichen Wahrnehmung wieder.[573]

Die Relevanz und Tragweite des Phänomens Wirtschaftskriminalität geht damit über die registrierten Zahlenwerte hinaus. Aufgrund dieser Kriminalitätswirklichkeit setzt eine effektive Straftaten- und Haftungsvermeidung bei den bekannten und gegebenen Faktoren an: Der Situation im Unternehmen. Nicht die lediglich „schätzbare Kriminalitätswirklichkeit", sondern die „einschätzbare Betriebswirklichkeit" bietet somit einen geeigneten Anknüpfungspunkt für die Eindämmung und Vermeidung von Wirtschaftsdelinquenz: Durch Implementierung einer Corporate Compliance-Organisation.

Die soeben erörterten direkten und indirekten, materiellen und immateriellen Schäden stellen sich nicht nur als Folge- oder Fernwirkung von Wirtschaftskriminalität dar, sondern bieten stets auch einen Anlass und Impuls, wirtschaftsdelinquentes Verhalten betriebsintern zu regulieren bzw. zu vermeiden.

Der systemische Grund für die Wirksamkeit kriminalitätsbezogener Compliance- Maßnahmen bzw. für die Implementierung eines Corporate Compliance-Systems in einem Unternehmen ist, dass die Wirtschaft sowohl der Ausgangspunkt als auch das Ziel von Wirtschaftskriminalität ist. Das Unternehmen ist somit in der Lage, grundlegend regulatorisch tätig zu werden. Sowohl an der Eingangsseite (Prävention) als auch an der Ausgangsseite (Aufdeckung und Aufklärung) von Wirtschaftskriminalität kann das Regulierungspotential gewinnbringend genutzt und umgesetzt werden. Dabei fungiert das unternehmeri-

572 Stephan/Seidel in Hauschka, Corporate Compliance-Handbuch, § 27, Rn. 6, 8.
573 Stephan/Seidel in Hauschka, Corporate Compliance-Handbuch, § 27, Rn. 8.

sche Handeln als Scharnier zwischen operativem und strategischem[574] Management.[575]

C. Sinn und Zweck einer Compliance-Organisation

Nach der zuvor dargelegten und entwickelten Ansicht ist eine Compliance-Organisation rechtlich notwendig und wirtschaftlich erforderlich. Die rechtliche Notwendigkeit ergibt sich aus dem freiheitlich-liberalen Bedürfnis, der Vermeidung bzw. Eindämmung von Wirtschaftskriminalität, eine andere Alternative als Sanktionierung und Problembewältigung mittels strafrechtlicher Fremdsteuerung zu bieten. Die wirtschaftliche Erforderlichkeit liegt in dem Faktum begründet, dass jedes Unternehmen Risiken birgt, die sich wirtschaftlich nachteilig auf das Unternehmen auswirken können und die es im Rahmen einer Risikovermeidung bzw. Risikoverringerung einzudämmen gilt. Im Rahmen der nachfolgenden Überlegungen sollen der Sinn und Zweck einer Compliance-Organisation dargestellt werden.

I. Ziele einer Compliance-Organisation

Aufgrund der vorangehenden Untersuchung lassen sich vier wesentliche Ziele einer Compliance-Organisation benennen.

1. Einhaltung geltenden Rechts und unternehmensdefinierter Vorgaben

Vornehmlichstes Ziel einer Compliance-Organisation ist, dass sich das Unternehmen, seine Organe und Mitarbeiter zu rechtmäßigem Verhalten bekennen und sich dementsprechend verhalten.[576] Dabei geht es sowohl um die Einhaltung geltenden Rechts, vor allem des Strafrechts, als auch um die Einhaltung unternehmensdefinierter Vorgaben, wie etwa Satzungen und Geschäftsordnungen, im

---

574 Das strategische Management beinhaltet die Umschreibung von Unternehmenszielen und der Unternehmenspolitik und legt die Definition, die Organisation und die Rahmenbedingungen des Managements fest, siehe dazu Romeike, Der Prozess des strategischen und operativen Risikomanagements, in Romeike/Finke, Erfolgsfaktor Risikomanagement, S. 149. Das operative Management zielt darauf ab, die auf strategischer Ebene geschaffen Erfolgspotentiale auszunutzen, vgl. Gomez/Zimmermann, Unternehmensorganisation, S. 26.

575 Vgl. Stephan/Seidel in Hauschka, Corporate Compliance-Handbuch, § 27, Rn. 8, der den Schwerpunkt jedoch nicht auf das unternehmerische Handeln an sich setzt (Scharnierfunktion), sondern eher den unternehmerischen Gewinn fokussiert.

576 Schneider, Compliance als Aufgabe der Unternehmensleitung, ZIP 03, S. 645 (648).

Unternehmen definierte Verhaltensanforderungen oder Geheimhaltungsbedürfnisse.[577]

2. Vermeidung von Strafbarkeit und Haftungsansprüchen

Die Vermeidung von Strafbarkeit, Haftungsansprüchen und anderer Rechtsnachteile für das Unternehmen, seiner Mitarbeiter und Organe stellt sich gewissermaßen als Folge der Einhaltung geltenden Rechts und unternehmensdefinierter Vorgaben dar.[578]

3. Sicherung des Vertrauens der Geschäftspartner und anderer Marktteilnehmer

Ein weiteres Ziel ist schließlich die Sicherung des Vertrauens der Geschäftspartner und anderer Marktteilnehmer im Hinblick auf die Integrität, Rechts- und Regelkonformität des Unternehmens.[579]

4. Positiver Marktauftritt

Der positive Marktauftritt des Unternehmens als gutes Investment im Kapitalmarkt und seine positive Wahrnehmung in der Öffentlichkeit als *good corporate citizen* sind die Folge eines pflichtbewussten und redlichen unternehmerischen Handelns.[580]

5. Nachhaltige Gewinnmaximierung als Anreiz zur Straftatenprävention

Die zuvor benannten Ziele stellen sich als Ausprägung einer logisch und betriebswirtschaftlich bedingten unternehmerischen Entscheidung dar, die sich sogleich in einem Schlagwort zusammenfassen lässt: Gewinnmaximierung. Dabei ist jedoch zu berücksichtigen, dass es sich nach richtiger Ansicht nicht um eine schnelle, durch unlautere, unredliche und wirtschaftsdelinquente Verhaltensweisen erworbene Gewinnmaximierung handeln kann. Vielmehr geht es um eine nachhaltige Gewinnmaximierung, die neben betriebswirtschaftlichen Komponenten auch unternehmerische Werte wie etwa Qualität, Transparenz, Loyalität, Vertragstreue und unternehmerische Verantwortung beinhaltet. Während ein positiver Marktauftritt demnach eine gute Publicity beschert, vernichten Mel-

---

577 Hauschka, Corporate Compliance-Handbuch, § 1, Rn. 24.

578 Vgl. Hauschka, Corporate Compliance-Handbuch, § 1, Rn. 24, der zwar das Ziel benennt, jedoch nicht erkennt, dass es sich dabei um eine Folgewirkung rechtskonformen Verhaltens handelt.

579 Schneider, Compliance als Aufgabe der Unternehmensleitung, ZIP 03, S. 645 (648).

580 Vgl. Schneider, Compliance als Aufgabe der Unternehmensleitung, ZIP 03, S. 645 (648), der das Ziel benennt, jedoch verkennt, dass es sich dabei um die Folge des rechtskonformen unternehmerischen Verhaltens handelt.

dungen um wirtschaftsdelinquente Verhaltensweisen Unternehmenswerte in Kürze. Logisch lässt sich daraus schlussfolgern, dass auch Konkurrenzunternehmen nur an einem positiven Auftritt in der Öffentlichkeit interessiert sein können, damit sie sich gegenüber anderen Unternehmen wirtschaftlich am Markt behaupten können. Die logische Verknüpfung zwischen rechtskonformem Verhalten, der Steigerung des Unternehmenswertes und der betriebswirtschaftlichen Gewinnmaximierung kann somit nur zu einem Nachahmungseffekt der anderen Marktteilnehmer zur Sicherung ihrer Konkurrenzfähigkeit führen. Durch den Nachahmungseffekt der Unternehmen nivelliert sich jedoch wieder der potentielle Gewinn der Marktteilnehmer, da nun wieder alle Unternehmen auf einer „Ebene" wirtschaftlich operieren. Dabei ist es nicht von Bedeutung, ob sich das Unternehmen rechtskonform verhält, weil es im Sinne eines „ehrbaren Kaufmannes" handelt oder ob es lediglich durch Marktmechanismen zu rechtstreuem Verhalten angeleitet wird. Ein Compliance-System ist freiwillig und wird aus eigenem Interesse adaptiert.[581] Im Ergebnis ist daher festzuhalten, dass eine nachhaltige, wertegeleitete Gewinnmaximierung somit als gesamtgesellschaftlicher Anreiz zur Straftatenprävention begriffen werden kann.

II. Instrumente einer Compliance-Organisation

Die zuvor benannten Ziele einer Compliance-Organisation gilt es nunmehr, durch wirkungsvolle Instrumente in verschiedenen Anwendungsbereichen eines Unternehmens umzusetzen und zu implementieren. Welcher Aufwand bzw. welche Maßnahmen in einem Unternehmen zur Vermeidung von Compliance-Risiken erforderlich sind, hängt von verschiedenen Faktoren ab. Dazu gehören die der Geschäftstätigkeit des Unternehmens immanenten Gefahren (branchenspezifische Gefahren), die Komplexität und Vielschichtigkeit des betriebsbedingten (bspw. Umweltrisiken) oder situationsbedingten erforderlichen Wissens (Insolvenzsituation), die Größe und Struktur des Unternehmens (zentrale, dezentrale, internationale Struktur), die Qualifikation der Mitarbeiter (In- oder Ausländer), die Entwicklung im Unternehmen und der jeweiligen Branche, bereits vorgekommene Verstöße, verursachte Sach- und Personenschäden und die Gefahr von Rechtsverstößen.[582]

1. Klarstellung, Kommunikation und Information

Die Ausgangslage bildet der unternehmerische Normalfall: kein Vorliegen besonderer Schadensfälle in der Vergangenheit, übersichtliche Strukturierung des Geschäftsbetriebs, hinreichende Qualifizierung und Information der Mitarbeiter

581 So zutreffend Seibert im Vorwort zu Hauschka, Corporate Compliance-Handbuch.
582 Vgl. dazu Hauschka, Corporate Compliance-Handbuch, § 1, Rn. 33.

und keine wirtschaftliche Existenzbedrohung des Unternehmens. In dieser Situation ist es ausreichend, dass im Unternehmen eine klare Positionierung der Unternehmensleitlinien erfolgt, die gegenüber Unternehmensangehörigen kommuniziert wird. Des Weiteren sind Informations- und Schulungsangebote, Maßnahmen der Qualitätssicherung und Stichproben geläufig. Der Unternehmer kann sich grundsätzlich darauf verlassen, dass sich seine Mitarbeiter rechtskonform verhalten.[583]

2. Zuordnung von Verantwortung

Anders zu bewerten sind die Anforderungen in Unternehmen und Geschäftsbereichen, die aufgrund ihrer Größe, der dezentralen Führungs- und Geschäftsorganisation, der Komplexität der Aufgabenstellung und Tätigkeitsbereiche oder einer besonderen Firmensituation eine erhöhte Schadens- und Gefahrenneigung aufweisen, es aber weder einen konkreten Verdacht noch bereits eingetretene Schadensfälle gibt. Hier gilt es zu untersuchen, in welchen Unternehmensbereichen Risiken vorliegen bzw. auftreten können, um sodann sachliche und personelle Ressourcen auf Bereiche besonderer Verantwortung aufzuteilen. In dieser Situation sind Compliance-Programme, definierte Unternehmensleitlinien, intensivierte Berichtssysteme, Risikoerkennungssysteme, verstärktes Controlling und die Zuordnung definierter Verantwortung an besondere Beauftragte unerlässlich.[584]

3. Kontrolle und Disziplinierung

Die risikoreichste unternehmerische Situation ist gekennzeichnet durch Fälle wiederkehrender Problemsituationen mit erhöhtem Gefahrenpotential, konkreten Verdachtsmomenten und bereits eingetretenen Rechtsverstößen oder Schäden im Unternehmen oder bei Dritten. Hier gilt es durch Kontrolle und disziplinierende Maßnahmen die Gefahrensituation einzustellen und die Verwirklichung von Risiken zu vermeiden. In dieser Situation besteht dringender Handlungsbedarf.[585]

4. Interdependenz zwischen unternehmerischem Handeln und Recht

Die Interdependenz zwischen unternehmerischem Handeln und Recht wurde zuvor anhand von drei verschiedenen Unternehmenssituationen im Hinblick auf das Vorliegen von Schadens- und Risikofällen (kein Vorliegen eines Schadensfalles, erhöhte Schadens- und Gefahrenneigung, Vorliegen von Schadensfällen)

583 Hauschka, Corporate Compliance-Handbuch, § 1, Rn. 34, 35.
584 Hauschka, Corporate Compliance-Handbuch, § 1, Rn. 36, 37.
585 Hauschka, Corporate Compliance-Handbuch, § 1, Rn. 38.

aufgezeigt. In einer letzen Überlegung, betreffend die Instrumente einer Compliance- Organisation, soll dargelegt werden, inwieweit die Wechselwirkung zwischen unternehmerischer Tätigkeit und Recht noch auftreten kann. Eine normative Betrachtungsweise bezieht sich auf die Zuordnung einzelner Rechtsgebiete oder Rechtsnormen auf die jeweiligen betrieblichen Funktionen und Aufgaben.[586]

Die funktionale Betrachtungsweise ordnet die einschlägigen Rechtsnormen den einzelnen betrieblichen Funktionsebenen zu und überprüft die Konsequenzen und Rechtsfolgen (Strafbarkeit, Haftung) für die Wahrnehmung der jeweiligen Funktion. Eine situations- oder phasenbezogene Betrachtungsweise definiert die einzelnen betrieblichen Stadien eines Unternehmens, wie Gründungs- und Aufbauphase, Wachstums- und Internationalisierungsphase und passt die unternehmerische und rechtliche Handlungsweise an die jeweilige Unternehmenssituation an.[587]

Anhand des zuvor Dargestellten wird deutlich, dass die Interdependenz zwischen unternehmerischem Handeln und Recht einerseits im Sinne eines „Risikogefälles" vorliegt. Andererseits ergibt sich durch eine unterschiedliche Betrachtungsweise eines Unternehmens, dass es in unterschiedliche normative und wirtschaftliche Rahmenbedingungen implementiert ist und es somit einer differenzierten Wahrnehmung und Ausgestaltung einer Compliance-Organisation bedarf, um Kriminalitätsrisiken effektiv zu erkennen, einzudämmen oder gar zu vermeiden.

III. Zweck einer Compliance-Organisation

Vorstehend wurden die Ziele und Instrumente einer Compliance-Organisation dargestellt und erörtert. In einem letzten Schritt soll nunmehr zusammenfassend präsentiert werden, welchen Hauptwecken ein Compliance-Risikomanagement-System mit dem Fokus auf Wirtschaftskriminalität dient.
Der erste Hauptzweck eines derartigen Compliance-Systems dient der Kostensenkung mittels Effizienzsteigerung und Schadenssenkung.

Zweitens sollen durch Vorbeugung, Steuerung und Vermeidung von Unternehmenskrisen, die durch wirtschaftsdelinquentes Verhalten bedingt sind, Reputationsschäden des Unternehmens oder seiner Mitglieder entgegen gewirkt werden.

Dritte Hauptaufgabe eines Compliance-Systems ist die Risikosteuerung und -überwachung. Dabei ist von Bedeutung, dass strafrechtlich relevantes Verhalten

---

586 Siehe dazu die Übersicht bei Jäger/Rödl/Campos Nave, Praxishandbuch Corporate Compliance, S. 35.

587 Jäger/Rödl/Campos Nave, Praxishandbuch Corporate Compliance, S. 33 ff.

erfasst, identifiziert und bewertet wird, um so taugliche Gegenmaßnahmen einzuleiten. Beachtlich in diesem Zusammenhang ist auch, dass es sich nicht nur um die präventive Steuerung von Strafbarkeit im Sinne einer Früherkennung von Kriminalitätsrisiken handelt, sondern auch repressive[588] Maßnahmen erforderlich sind, um die Schadens- und Haftungsentwicklung zu steuern und einzugrenzen.[589]

D. Corporate Compliance in einzelnen Unternehmens- und Risikobereichen

Nach der durchgeführten Analyse der Corporate Compliance in der allgemeinen Unternehmensorganisation ist ersichtlich, dass Corporate Compliance sowohl ein rechtliches als auch wirtschaftliches Instrument darstellt, um zur Eindämmung und Vermeidung von Wirtschaftsstraftaten in Unternehmen beizutragen und unternehmerische Werte langfristig und nachhaltig zu sichern.

Nachstehend ist zu untersuchen, inwieweit die internen Unternehmensbereiche Einkauf und Vertrieb, Rechnungswesen, Unternehmensführung und Unternehmensfinanzierung eine erhöhte strafrechtliche Anfälligkeit für die Begehung wirtschaftsstrafrechtlicher Delikte aufweisen. Dabei ist die unternehmerische und betriebliche Ausgangslage in ihren Mittelpunkt zu stellen.

I. Unternehmensbereiche

Ein Unternehmen ist in zentrale Funktionseinheiten, die sog. Unternehmensbereiche untergliedert. Dazu zählen Einkauf und Vertrieb, Rechnungswesen, Unternehmensführung und Unternehmensfinanzierung.[590] Aufgrund der unterschiedlichen rechtlichen und wirtschaftlichen Rahmenbedingungen und der verschiedenen Aufgabentypen innerhalb der Unternehmensbereiche sind bestimmte personelle und sachliche Zuständigkeiten, Informations- und Organisationsabläufe unterschiedlich ausgestaltet. Sie eröffnen somit im alltäglichen Rechts- und Wirtschaftsverkehr verschiedene Risikosphären und rechtsgutsgefährdende Bedrohungspotentiale.

---

588 Zur Sanktion durch Arbeitsrecht siehe Giesen, Haftung CO, CCZ 09, S. 102.
589 Hauschka, Corporate Compliance-Handbuch, § 1, Rn. 33 ff.
590 Jäger/Rödl/Campos Nave, Praxishandbuch Corporate Compliance, S. 40, 95; weitere Unternehmensbereiche sind Marketing, Materialwirtschaft, Produktion, Investition und Unternehmensbewertung, Personalmanagement, siehe dazu Thommen/Achleitner, Allgemeine Betriebswirtschaftslehre; diese sind jedoch nicht Gegenstand der vorliegenden Untersuchung.

1. Einkauf und Vertrieb

Einkauf und Vertrieb vereinbaren die Lieferbedingungen und die Preise. Sie bahnen damit die Beschaffungs- und Versorgungsketten zwischen den Unternehmen, den Logistikdienstleitern und den Endverbrauchern an.[591]

Einkauf und Vertrieb sind signifikant gefährdete Unternehmensbereiche im Hinblick auf die Anfälligkeit für Gesetzesverstöße. Wirtschaftskriminelle Handlungen werden zu jeweils 36 % in den beiden genannten „geldnahen" Bereichen begangen.[592] Dies ist mit der Tatsache zu begründen, dass Einkauf und Vertrieb vorwiegend auf dem Kontakt und der geschäftlichen Verhandlung mit (potentiellen) Geschäftspartnern beruhen.[593] Die Verkaufs- und Absatzförderung eines Produktes oder einer Dienstleistung beruht auf einer Vielzahl von verkaufsfördernden Maßnahmen, die ihrerseits ein Einfallstor für Wirtschaftsdelinquenz bieten können.[594] So sind bspw. die Einräumung von Sonderpreisen und Preisnachlässen dazu geeignet, dass (potentielle) Geschäftspartner wirtschaftsdelinquent handeln, um sich persönliche Vorteile aus dem Geschäft, wie etwa eine Bonuszahlung, zu sichern. Dies eröffnet Raum für Korruptionsdelikte wie § 299 StGB als Ausgestaltung der Bestechlichkeit und Bestechung im geschäftlichen Verkehr und stellt einen von außen gerichteten Angriff gegen lautere Verhaltensweisen eines Unternehmens dar.[595] Ebenso kommt Unterschlagung gem. § 246 StGB als Beispiel eines von innen gegen das Unternehmen gerichteten Angriffs in Betracht.[596] Neben dieser strafrechtlichen Komponente ist auch an kartellrechtliche Verstöße zu denken.[597] Dabei geht es vornehmlich um Absprachen (Preis-, Quoten- und Gebietsabsprachen, Markt- und Kundenauf-

591 Gudehus, Logistik, S. 553.

592 Befragt wurden 1020 deutsche Unternehmen mit Standorten in mittel- und osteuropäischen Ländern, vgl. dazu Rödl-Studie Wirtschaftskriminalität, S. 26.

593 Reichelsdorfer in Jäger/Rödl/Campos Nave, Praxishandbuch Corporate Compliance, S. 95.

594 Maßnahmen der Verkaufsförderung sind bspw. verbraucherorientierte Maßnahmen (zielen auf den Letztverwender), außerdienstorientierte Maßnahmen (richten sich auf die Motivation des eigenen Personals) und händlerorientierte Maßnahmen (richten sich an den Handel), vgl. dazu Thommen/Achleitner, Allgemeine Betriebswirtschaftslehre, S. 284, 285.

595 Herb in Hauschka, Handbuch Corporate Compliance, § 19, Rn. 29; Wessels/Hillenkamp, Strafrecht BT 2, Rn. 701; Tiedemann, Wirtschafsstrafrecht BT, Rn. 196.

596 Reichelsdorfer in Jäger/Rödl/Campos Nave, Praxishandbuch Corporate Compliance, S. 95, dazu weiterführend Greeve in Hauschka, Handbuch Corporate Compliance, § 25.

597 Dreher in Krieger/Uwe H. Schneider, Handbuch Managerhaftung, § 29.

teilungen, Submissionsabsprachen) von Unternehmen gleicher[598] oder unterschiedlicher Handels- und Produktionsstufen untereinander.[599] Durch wirtschaftsdelinquente Verhaltensweisen werden marktbeherrschende oder marktmächtige Stellungen ausgenutzt, oder es liegen Kooperationen von Wettbewerbern vor, die damit eine Situation schaffen, die nicht mehr mit dem Schutzgut eines freien und fairen Wettbewerbs einhergehen.[600] Diesbezüglich wird im Hinblick auf den Vertrieb von Waren und Dienstleistungen noch auf unlautere Werbe- und Vertriebsmaßnahmen hingewiesen.[601]

2. Rechnungswesen

Das betriebliche Rechnungswesen dient der mengen- und wertmäßigen Erfassung, Verarbeitung, Abbildung und Überwachung sämtlicher Zustände und Vorgänge (Geld- und Leistungsströme), die im Zusammenhang mit dem betrieblichen Leistungsprozess auftreten.[602] Das Vorhandensein von Geld und Leistungsströmen als Vermögenswerte bietet damit den Anknüpfungspunkt für die Begehung wirtschaftsstrafrechtlicher Delikte. 32 % der Wirtschaftsdelikte werden im Rechnungswesen begangen.[603] Typische Prozesse im Rechnungswesen bilden dabei die Debitoren- und Kreditorenbuchhaltung,[604] die Anlagenbuchhaltung, die Lohn- und Gehaltsbuchhaltung und die Erstellung des Jahresabschlusses.[605] Die Funktion des Rechnungswesens ist durch zahlreiche gesetz-

---

598 In diesem Falle liegt eine horizontale Wettbewerbsvereinbarung oder -beschränkung vor, z.B. zwischen Herstellern untereinander, zwischen Großhändlern oder Einzelhändlern untereinander. Bei den vorgenannten Beispielen handelt es sich um sog. Hardcore-Kartelle, siehe Bechtold in Bechtold/Otting/Bosch, GWB, § 1, Rn. 41 ff, 50; ders. vor § 81, Rn. 4.

599 Hier handelt es sich um vertikale Wettbewerbshandlungen oder -beschränkungen, bspw. zwischen Hersteller und Großhändler; Großhändler und Einzelhändler; Hersteller und Einzelhändler, siehe Bechtold in Bechtold/Otting/Bosch, GWB, § 1, Rn. 52.

600 Reichelsdorfer in Jäger/Rödl/Campos Nave, Praxishandbuch Corporate Compliance, S. 97; zum strafrechtlichen Schutz des Wettbewerbs siehe Achenbach, Strafrechtlicher Schutz des Wettbewerbs.

601 Es existieren diesbezüglich zahlreiche rechtliche Vorgaben und Grenzen. Die wichtigsten ergeben sich dabei aus dem Unlauterkeitsrecht (v.a. UWG), dem Urheberrecht sowie einer Vielzahl spezifischer werberechtlicher Bestimmungen bis hin zum Presse-, Fernseh- und Rundfunkrecht, siehe dazu Egerer in Jäger/Rödl/Campos Nave, S. 147; Lothert in Hauschka, Handbuch Corporate Compliance, § 18, Rn. 14 ff.

602 Thommen/Achleitner, Allgemeine Betriebswirtschaftslehre, S. 427.

603 Befragt wurden 1020 deutsche Unternehmen mit Standorten in mittel- und osteuropäischen Ländern, vgl. dazu Rödl-Studie Wirtschaftskriminalität, S. 26.

604 Darunter ist die buchhalterische Erfassung von Geschäften mit Debitoren (Kunden) und Kreditoren (Lieferanten) zu verstehen, siehe Oldenburg/ Abendroth/ Rauschenbach/ Kaufmann, Aufbau Finanzbuchhaltung, S. 26.

605 Siehe dazu Eisele, Technik des betrieblichen Rechnungswesens, S. 506.

liche Vorschriften normiert[606] und dient primär der Rechenschaftslegung, indem sie u.a. Gesellschafter, Gläubiger, Finanzbehörden und z.T. die Öffentlichkeit (potentielle Geschäftspartner, Wirtschaftspresse) über die Vermögens-, Finanz- und Ertragslage des Unternehmens informiert.[607] Gläubiger, potentielle Geschäftspartner und Gesellschafter machen u.a. von der Rechnungslegung abhängig, ob bzw. wie sie in ein Unternehmen investieren oder ihm finanzielle Mittel zur Verfügung stellen. Das unternehmerische Risiko einer erhöhten Anfälligkeit des Rechnungswesens für strafrechtlichen Missbrauch liegt darin, dass Einschätzungen und Erwägungen des Buchhalters bzw. des Abschlusserstellers maßgeblich Einfluss auf Ansatz und Bewertung von Aktiva und Passiva des Unternehmens nehmen können[608]. Die Motivation des Täters besteht somit vorrangig darin, dem Unternehmen einen wirtschaftlichen Vorteil zu verschaffen bzw. auszuweisen. Mittelbar könnte er eine eigene Bereicherung anstreben, wobei entsprechende Möglichkeiten, wie etwa eine hinreichende Information und Einflussnahme, gegeben sein müssen. Dementsprechend wird das delinquente Vorgehen überwiegend von Mitarbeitern höherer Hierarchieebenen zumindest initiiert. Die häufigsten Wirtschaftsdelikte stellen indes klassische Vermögensschädigungen wie etwa Betrug, Untreue und Unterschlagung dar, obgleich auch Kartellrechtsverstöße begangen werden.[609]

3. Unternehmensfinanzierung

Unter Unternehmensfinanzierung ist die Versorgung des gesamten Unternehmens mit finanziellen Mitteln zur Aufrechterhaltung des betrieblichen Umsatzprozesses zu verstehen. Dieser Unternehmensbereich[610] ist ein besonders sensibler Bereich, was daran liegt, dass liquide aber auch schnell liquidierbare Vermö-

---

606 Zum Beispiel durch die steuerrechtliche Buchführungspflicht nach §§ 140, 141 AO und der handelsrechtlichen Buchführungspflicht nach § 283 HGB, vgl. Wischmann, Basiswissen Rechnungswesen, S. 14, 16.

607 Wöhe, Allgemeine Betriebswirtschaftslehre, S. 963; Ebke in Krieger/Uwe H. Schneider, Handbuch Managerhaftung, S. 360.

608 Vgl. Leupold in Jäger/Rödl/Campos Nave, Praxishandbuch Corporate Compliance, S. 157, 158, 159.

609 Siehe dazu KPMG (Hrsg.), Anti Fraud Management, S. 10.

610 Die Unternehmensfinanzierung gliedert sich in verschiedene Teilbereiche auf, wobei eine Systematisierung grundsätzlich nach der Herkunft der Finanzmittel (Innen- oder Außenfinanzierung) erfolgt, vgl. dazu Stadler (Hrsg.), Venture Capital und Private Equity, S. 128. Eine weitere Unterscheidung wird nach der Rechtsstellung der Kapitalgeber gegenüber dem finanzierten Unternehmen in Eigen- und Fremdfinanzierung vorgenommen, siehe dazu Rudolph, Unternehmensfinanzierung und Kapitalmarkt, S. 5.

genswerte bewegt werden und Transaktionen mit wesentlichen Be- und Entlastungen für das Unternehmen verbunden sind.[611]

Um die Problembereiche in der Unternehmensfinanzierung zu untersuchen, ist es erforderlich, die unternehmerische Ausgangssituation der am Finanzierungsprozess Beteiligten zu beleuchten. Ausgegangen wird dabei vom sog. Prinzipal- Agenten-Ansatz (Theorie)[612]. Dieser Ansatz betrachtet die wechselseitigen Beziehungen zwischen den an einer Entscheidung beteiligten Wirtschaftssubjekten und deren unterschiedlichen Informationsverteilung und Interessenlagen.[613] Dabei hat der Agent (Auftragnehmer) bestimmte Handlungen auszuführen, für die er eine Vergütung erhält. Der Prinzipal (Auftraggeber) erhält das durch die Handlungen des Agenten entstehende Ergebnis. Dieses Verhältnis ist durch ein Informationsgefälle geprägt, indem der Agent in der Regel über einen höheren Informationsstand als der Prinzipal verfügt. Es besteht eine Informationsasymmetrie zu Gunsten des Agenten; zugleich zeichnet sich dieser durch eine erhöhte Risikobereitschaft aus.[614]

In der Unternehmensfinanzierung treten insbesondere folgende Konstellationen zwischen Agenten und Prinzipalen auf: Zwischen Schuldnern und Gläubigern; zwischen Managern (Vermögensverwaltern) und Eigentümern; bei Kapitalgesellschaften zwischen Alt- und Neuaktionären und zwischen Unternehmen und ihren Konkurrenten am Markt. Die oftmals gegenläufige Motivation der am Wirtschaftsverkehr beteiligten Parteien, ihr eigener Nutzen und die Absicht einer Gewinnmaximierung stellen somit das Einfallstor für die Inkaufnahme einer wirtschaftlichen Schädigung des vertraglichen Gegenübers dar.[615] Aufgrund von Finanzierungsverträgen, Kreditvergaben und des Geld- und Kapitalflusses ist vornehmlich an Korruptionsdelikte wie etwa Bestechlichkeit und Bestechung nach § 299 StGB und wettbewerbsbeschränkende Absprachen nach § 298 StGB zu denken. Aber auch gegen Bargeld abgewickelte oder abzuwickelnde Trans-

---

611 Zschokelt in Jäger/Rödl/Campos Nave, Praxishandbuch Corporate Compliance, S. 270.

612 Dabei handelt es sich um eine Finanzierungstheorie, dazu weiterführend Stadler, Neue Unternehmensfinanzierung, S. 163; Kräkel/Sliwka in Jost (Hrsg.), Die Prinzipal-Agenten-Theorie, S. 331 ff; Kräkel in Schreyögg/v. Werder (Hrsg.), Handwörterbuch Unternehmensführung und Organisation, Sp. 1174 ff.

613 Stadler (Hrsg.), Neue Unternehmensfinanzierung, S. 163.

614 Thommen/Achleitner, Allgemeine Betriebswirtschaftslehre, S. 885, 886.

615 Zur Qualitätsunsicherheit und Verhaltensunsicherheit bei Finanzierungsverträgen als Beispiele des Risikogeschäfts und der vorvertraglichen (Hidden Characteristics/Hidden Information) und nachvertraglichen (Moral Hazard) asymmetrischen Informationsverteilung siehe Zschockelt in Jäger/Rödl/Campos Nave, Praxishandbuch Corporate Compliance, S. 292-294.

aktionen und besonders hohe Provisionen sind geeignet, ein Einfallstor für Geldwäsche nach § 261 StGB zu bieten.[616]

4. Unternehmensführung

Die Unternehmensführung oder das Management umschreibt die Gestaltungs- und Steuerungsfunktion des unternehmerischen Umsatzprozesses, damit dieser koordiniert und zielgerichtet ablaufen kann.[617] Bereits die Definition lässt erahnen, dass es sich in diesem Unternehmensbereich vornehmlich um die rechtliche Verantwortung von Mitgliedern der Unternehmensleitung handelt. Um die Problembereiche im Rahmen der Unternehmensführung zu untersuchen, ist es zunächst erforderlich, die gesetzliche Ausgangslage und daraus erwachsende allgemeine Grundsätze im Hinblick auf die Unternehmensleitung in den Mittelpunkt zu stellen.

a) Gesetzliche Ausgangslage und allgemeine Grundsätze

Nach der gesetzgeberischen Intention ist der Vorstand einer Aktiengesellschaft bzw. der GmbH-Geschäftsführer[618] für alle Angelegenheiten der Gesellschaft, insbesondere für die Erledigung sämtlicher Geschäfte zuständig, die der Betrieb des Unternehmens der Gesellschaft mit sich bringt (Grundsatz der Allzuständigkeit).[619] Bestehen der Vorstand bzw. die Geschäftsführung aus mehreren Personen, sind sie als gemeinschaftliches Kollegium zuständig. Ihre Pflichten als Organwalter bestehen nebeneinander und sind parallel zu erfüllen (Grundsatz der Gesamtzuständigkeit).[620] Für die Erfüllung der Pflichten sind sie gemeinschaftlich verantwortlich und haften der Gesellschaft solidarisch als Gesamt-

---

616 Geldwäsche bezeichnet dabei den Vorgang der Eins chleusung illegal erworbener Mittel aus organisierter Kriminalität in den legalen Finanz- und Wirtschaftskreislauf, vgl. BT Drucks. 12/989, S. 26; dazu Umnuß (Hrsg.), Corporate Compliance Checklisten, S. 71; Zschockelt in Jäger/Rödl/Campos Nave, Praxishandbuch Corporate Compliance, S. 295-297; in diesem Zusammenhang ist auch auf GwG (Geldwäschegesetz und Gesetz über das Aufspüren von Gewinnen aus schweren Straftaten v. 13.08.08, BGBl. I S. 1690) hinzuweisen, wonach den am Wirtschaftsverkehr Beteiligten Pflichten wie Identifizierungs-, Dokumentations-, Anzeigepflichten sowie die Verpflichtung präventive Sicherungsmaßnahmen zu treffen, auferlegt werden.

617 Die Begriffe Management und Führung werden grundsätzlich synonym verwendet. Oftmals werden unter dem Management sämtliche Führungsaufgaben verstanden, während mit Führung nur die Mitarbeiterführung gemeint ist, vgl. dazu Thommen/Achleitner, Allgemeine Betriebswirtschaftslehre, S. 937.

618 Grenzen bzw. spezielle Anforderungen ergeben sich für die GmbH dabei aus §§ 46, 49 Abs. 2 GmbHG, welche den Aufgabenkreis der Gesellschafter und die Einberufung der Gesellschafterversammlung betreffen.

619 Siehe dazu BGHZ 133, 370 (376); BGH in NJW 01, S. 969 (970).

620 Dazu Hefermehl/Spindler in MüKo-AktG, § 77, Rn. 4; Hüffer, AktG, § 77, Rn. 1 ff.

schuldner (Grundsatz der Gesamtverantwortung).[621] Jedes Organmitglied hat somit dafür zu sorgen und der Gesellschaft dafür einzustehen, dass diese alle normativen Verhaltenserwartungen erfüllt werden (organschaftliche Legalitätspflicht).[622]

b) Haftungsrisiken für Organmitglieder

Die Ausweitung der Haftungsrisiken und der damit einhergehenden Haftungsproblematik für Organmitglieder lässt sich anhand der Schadensvolumina für D & O-Versicherungen[623] empirisch nachweisen. Im Zeitraum von 2000 bis 2005 stiegen diese von 20 Mio. EUR auf 2 Mrd. EUR an.[624] Das Gesetz zur Kontrolle und Transparenz im Unternehmensbereich (KonTraG)[625] enthält mit dem in § 91 Abs. 2 AktG geregelten Risikomanagement-System eine haftungsrelevante Komponente, die zu einer generellen Erhöhung der Haftungsrisiken beigetragen hat.[626] Die Anforderungen des § 91 Abs. 2 AktG stehen in unmittelbarem Zusammenhang mit zwei zentralen Pflichtenkreisen, die die Leitungsorgane einer Gesellschaft zu beachten haben. Zum Einen die Pflicht zur Unternehmensleitung und Unternehmensorganisation; zum Anderen die Treuepflicht[627] dem eigenen Unternehmen gegenüber.[628] Diese beiden normativen Anforderungen und ihre

---

621 Siehe dazu Fleischer, Grundsatz der Gesamtverantwortung, NZG 03, S. 449 (449).

622 Die Gesellschaft kann geschädigten Dritten nach § 831 Abs. 1 S. 1 BGB und §§ 823 ff, 31 BGB ersatzpflichtig werden. Vorstandsmitglieder und Geschäftsführer haften im Innenverhältnis der Gesellschaft nach § 93 Abs. 2 S. 1 AktG bzw. § 43 Abs. 2 GmbHG; Abeltshauser, Leitungshaftung, S. 205 ff; zur Zulässigkeit und Unzulässigkeit der Delegation von Organpflichten siehe Schmidt-Husson in Hauschka, Corporate Compliance-Handbuch, § 7, Rn. 4 ff.

623 Der Begriff stammt aus dem US-amerikanischen Sprachgebrauch und steht für Directors‘ and Officers‘ (Liability Insurance). Die korrekte deutsche Bezeichnung lautet „Vermögensschaden-Haftpflichtversicherung für Organmitglieder juristischer Personen", siehe dazu Wollny, Die directors‘ and officers‘ liability insurance; Krieger/Uwe. H. Schneider, Handbuch Managerhaftung, § 16, Rn. 2.

624 Schillinger, D & O-Versicherung und Managerhaftung, VersR 05, S. 1484 (1489).

625 Gesetz v. 27.04.1998, BGB. 1998 I, 786.

626 Schillinger, D & O-Versicherung und Managerhaftung, VersR 05, S. 1484 (1485).

627 Die Geschäftsleitung hat dabei die Sorgfalt eines ordentlichen Geschäftsmannes an den Tag zu legen, vgl. §§ 93 Abs. 1 S. 1 AktG, 43 Abs. 1 GmbHG.

628 Dies gilt nach § 91 Abs. 2 AktG nicht nur für die Aktiengesellschaft. Der Gesetzgeber hat ausdrücklich festgehalten, dass die Regelung des § 91 Abs. 2 AktG Ausstrahlungswirkung auch auf den Pflichtenkreis der Geschäftsführer anderer Gesellschaften, und hier insbesondere der GmbH, hat, obgleich in das GmbHG keine entsprechende Regelung aufgenommen worden ist, vgl. dazu BMJ, Gesetz zur Kontrolle und Transparenz im Unternehmensbereich, Stand 27.04.98, Begründung zu § 91 AktG; RegBegr. BT-Drucks. 13/9712 S. 15, reSp.; siehe auch Meßmer/Saliger, Änderung AktG, VersR 99, S. 539 (541).

oftmals unzureichende Wahrnehmung bzw. Umsetzung im Unternehmen, dienen als Einfallstor strafrechtlicher Verantwortung von Mitgliedern der Unternehmensleitung.

c) Strafrechtliche Verantwortung von Mitgliedern der Unternehmensleitung

Es liegen zahlreiche höchstrichterliche und obergerichtliche Urteile vor, die sich mit der strafrechtlichen Verantwortung von Mitgliedern der Unternehmensleitung befassen.[629] Dabei beschäftigen sich die Urteile nicht nur mit Personenkreisen der ersten Führungsebene eines Unternehmens, wie etwa dem Vorstand einer Aktiengesellschaft oder der Geschäftsführung einer GmbH. Vielmehr bezieht sich die strafrechtliche Verantwortung auch auf die zweite oder dritte Führungsebene eines Unternehmens, namentlich auf Abteilungsleiter oder sonstige leitende Angestellte.[630] Aus den vorgenannten Urteilen und Entscheidungen lassen sich Rechtsprechungs-Grundsätze im Hinblick auf die strafrechtliche Verantwortung von Führungsmitgliedern eines Unternehmens ableiten und dadurch eröffnete Risikobereiche aufzeigen.

aa) Kausalität und Zurechnung

Die Behandlung von Kausalität und Zurechnung im Wirtschaftsstrafrecht ist vor allem durch die Rechtsprechung zu den Anforderungen an den Nachweis einer schädigenden Wirkungsweise von Produkten geprägt. Im *Contergan*-Beschluss konnte ein empirisch-gesicherter Nachweis hinsichtlich der körperlich schädigenden Wirkungsweise (Nervenschädigungen) eines Medikaments (Thalidomid) nicht geführt werden.[631] Auch im *Lederspray*-Urteil [632] konnte ein konkreter Wirkungszusammenhang zwischen der Verwendung von Ledersprays und eingetretenen Gesundheitsschäden (Lungenschäden) nicht aufgezeigt werden.[633] Dennoch gingen die erkennenden Gerichte vom Bestehen eines Kausalzusammenhangs zwischen Medikamenteneinnahme und körperlichen Schäden und der Verwendung von Ledersprays und Gesundheitsschäden aus. Der Kausalzusam-

---

629 So z.B. die Contergan-Entscheidung, JZ 71, S. 507 ff.; Pyrolyseöl-Urteil, NJW 91, S. 1621 ff.; Holzschutzmittel-Urteil, NJW 95, S. 2930; Weinverschnitt-Urteil, NJW 95, S. 2933; Lederspray-Entscheidung, NJW 90, S. 2560; Sozialversicherungs-Urteil, NJW 97, S. 130 und NJW 00, S. 2993; Faktischer Geschäftsführer-Urteil, NJW 97, S. 1936.

630 Romeike, Rechtliche Grundlagen des Risikomanagements, S. 105.

631 Siehe dazu LG Aachen in JZ 71, S. 507.

632 BGHSt 37, 106 ff.

633 BGHSt 37, S. 106 (112).

menhang ist zu bejahen, weil andere in Betracht kommende Schadensursachen ausgeschlossen werden konnten.[634]

Die Ausweitung des Kausalitätsbegriffes im Rahmen der strafrechtlichen Produkthaftung führt zu einer Ausdehnung der strafrechtlichen Verantwortung von Individualpersonen im Unternehmen.[635] Diese Einzelverantwortung eines Mitarbeiters innerhalb eines Gesamtunternehmens ist jedoch schwerlich zu überprüfen bzw. nachzuweisen. Die Rechtsprechung knüpft daher an das Merkmal des arbeitsteiligen Verhaltens bzw. der arbeitsteiligen Verantwortung an. Dabei geht es um die Verbindungen und Wechselbeziehungen zwischen den strafrechtlich relevanten Pflichtverletzungen der einzelnen Mitarbeiter im Rahmen des betrieblichen Gesamtgeschehens und der verschiedenen Hierarchieebenen.[636] Zurechnung zur Täterschaft erfordert somit nicht die eigenhändige Verwirklichung eines Straftatbestandes.[637] Vielmehr genügt auch eine mittelbare Beziehung zum konkreten betrieblichen Geschehen, das den Schaden verursacht, wenn sich z. B. das Verhalten eines Geschäftsleitungsmitglieds als Verletzung einer Sorgfaltspflicht darstellt.[638] Demnach ist bei innerbetrieblichen Vorgängen für jeden einzelnen Mitarbeiter zu ermitteln, welches konkrete Verhalten zurechenbar eine bestimmte strafrechtlich relevante Folge ausgelöst hat. Es wird folglich geprüft, ob unabhängig von verschiedenen Hierarchieebenen dem einzelnen Mitarbeiter auf Grund des gerade ihm im Rahmen des Gesamtunternehmens obliegenden Pflichtenkreises eine strafrechtliche Verantwortung trifft.[639] Im Prinzip bleibt eine Aufteilung der Geschäftsbereiche unter mehreren Geschäftsführern ohne Einfluss auf die Verantwortung jedes Einzelnen für die Geschäftsführung insgesamt.[640]

---

634 LG Aachen in JZ 71, S. 507; BGHSt 37, S. 106 (112). Im Holzschutzmittel-Verfahren stellte der BGH schließlich fest, dass ein Ausschluss anderer Ursachen „auch dadurch erfolgen [kann], dass nach einer Gesamtbewertung der naturwissenschaftlichen Erkenntnisse und anderer Indiztatsachen die – zumindest-Mitverursachung [...] zweifelsfrei festgestellt wird", vgl. dazu BGHSt 41, S. 206 (216).

635 Dannecker in Wabnitz/Janovsky, Handbuch Wirtschaftsstrafrecht, Kapitel 1, Rn. 28; kritische Darstellungen dazu bei Kuhlen, Produkthaftung, in 50 Jahre Bundesgerichtshof, Band IV, 2000, S. 647 (650).

636 Siehe dazu LG Aachen in JZ 71, S. 507.

637 BGH in NJW 95, S. 2933 (2934), sog. Weinverschnitt-Urteil, wo weinrechtswidrige Mischungen, sog. „Weinverschnitte", trotz Kenntnis der Leitungsebene von deren Mangelhaftigkeit in den Warenverkehr vertrieben wurden.

638 Vgl. BGH Urt. v. 06.07.90-2 StR 549/89, Rn. 48.

639 BGH in NJW 95, S. 2933 (2934), sog. Weinverschnitt-Urteil, wo weinrechtswidrige Mischungen, sog. „Weinverschnitte", trotz Kenntnis der Leitungsebene von deren Mangelhaftigkeit in den Warenverkehr vertrieben wurden.

640 BGH Urt. v. 06.07.90-2 StR 549/89, Rn. 48.

Der Grundsatz der Generalverantwortung und der Allzuständigkeit der Geschäftsleitung greift jedoch ein, wenn „aus besonderem Anlass das Unternehmen als Ganzes betroffen ist", und äußert sich bspw. in Gremienentscheidungen, weil dann die Geschäftsführung insgesamt zum Handeln berufen ist.[641] Bei Gremienentscheidungen, die sowohl bei vertikaler als auch bei horizontaler Organisation[642] auftreten können, hat die Teilnahme an Abstimmungen weitreichende strafrechtliche Konsequenzen für die Teilnehmenden. Ein Beschluss, der mit der Stimme einer Person zustande kommt, bewirkt dass das in Rede stehende Delikt zumindest mitverursacht wird. Diese Ausweitung der mittäterschaftlichen Zurechnung gilt selbst dann, wenn die Stimme für eine Mehrheit nicht erforderlich gewesen ist oder das Verlangen, eine andere Entscheidung zu treffen, am Widerstand der Anderen gescheitert wäre.[643] Ein gemeinsamer Tatentschluss ist für die Rechtsprechung nicht erforderlich, soweit die Beteiligten ein und demselben Unternehmen angehören.[644]

Die Besonderheiten des Falles lagen in zwei Umständen: Zum Einen in der langandauernden Unsicherheit über die Gesundheitsschädlichkeit des fraglichen Produkts (des Ledersprays). Zum Anderen, dass der Vorwurf der Körperverletzung gegenüber Personen erhoben wurde, die auf vollkommen unterschiedlichen Hierarchieebenen für die Unternehmensgruppe tätig waren.[645]

Interessant in diesem Zusammenhang in Bezug auf die strafrechtliche Verantwortung der Unternehmensleitung ist ein Vergleich mit dem Zivilrecht: Während sich zivilrechtliche Ansprüche der Verbraucher gegen das Unternehmen als Vermögensträger richten, ist die strafrechtliche Verantwortung aufgrund des im deutschen Strafrecht geltenden Schuldprinzips nahezu ohne Belang. Lediglich § 30 OWiG normiert eine Verbandsgeldbuße. Das Unternehmen an sich kann demnach nicht bestraft werden.[646] Zivil- und gesellschaftsrechtliche Grundsätze wurden jedoch den in Rede stehenden Entscheidungen zu Grunde gelegt, wodurch eine Individualisierung der unternehmensbezogenen Pflichten stattgefun-

---

641 BGHSt 37, S. 106 (124).

642 Bei vertikaler Organisation handelt es sich um Abstimmungen bzw. Entscheidungen zwischen zwei Geschäfts-oder Organisationsebenen; bei horizontalen Beschlüssen vollzieht sich das Geschehen innerhalb einer Geschäfts- oder Organisationsebene.

643 BGH Urt. v. 06.07.90-2 StR 549/89, Rn. 59, 62, 67; siehe dazu auch Tiedemann, Einführung Wirtschaftsstrafrecht, Rn. 176 ff; Eidam, Straftäter Unternehmen, S. 11 ff; Knauer, Kollegialentscheidung, S. 81 ff; Rotsch, wistra 99, S. 321 (324); Dreher, Kausalität und Unterlassen, JuS 04, S. 17 (17).

644 BGH Urt. v. 06.07.90-2 StR 549/89, Rn. 48, 63.

645 BGHSt 37, 106 (108 ff.); vgl. dazu Schürmann, Aufsichtspflichtverletzungen, S. 186.

646 Cramer/Heine in Schönke/Schröder, vor §§ 25 ff, Rn. 119, 120.

den und damit zu einer Verantwortungsvervielfachung geführt hat. Diese stellt einen erhöhten Risikobereich strafrechtlicher Verantwortung und Haftung dar.

bb) Täterschaft und Teilnahme – Systemtäterschaft

Die Beteiligung Mehrerer an einem deliktischen Geschehen erfolgt nach allgemeinen dogmatischen Grundsätzen zur Abgrenzung von Täterschaft und Teilnahme.[647] Eine Besonderheit bildet dabei die Anerkennung der Organisationsherrschaft.[648] Entscheidend in Fällen dieser Art ist, dass die als Hintermänner fungierenden Befehlsgeber bzw. Anweisungsgeber das Gesamtgeschehen kraft ihrer Organisationsherrschaft bedingungslos in die von ihnen gewünschte und erstrebte Richtung lenken können. Man spricht insoweit vom „Täter hinter dem Täter".[649]

Die modernen Organisationsformen in Unternehmen und die Umgestaltung der Unternehmensstruktur durch Dezentralisierung haben vor allem zu einem Wandel der Tätereigenschaft geführt. Dabei ist eine Entwicklung vom klassischen Individualtäter zum sog. Systemtäter zu verzeichnen, der Täter in einer geschlossenen Organisation ist.[650] Leitbild des klassischen Strafrechts ist ein Täter, der sich für ein strafbares Verhalten entscheidet und der die dafür erforderliche tatbestandliche Handlung, sei es durch aktives Tun oder durch Unterlassen, ausführt. Die umfassende Kenntnis der Sachlage und die darauf gründende Entscheidung für ein verbotenes Handeln liegen in der Hand ein und derselben Person, die aus diesem Grunde Täter ist.[651] Je weiter die Kluft zwischen den Personen, denen ein bestimmtes Schadensereignis zuzurechnen ist, und den unmittelbar den Taterfolg herbeiführenden Personen ist, umso störender und hemmender

647 Dannecker in Wabnitz/Janovsky, Handbuch Wirtschaftsstrafrecht, Kapitel 1, Rn. 31. Zur mittäterschaftlichen Zurechnung siehe die Ausführungen im vorstehenden Textabschnitt.

648 Umgesetzt in BGHSt 43, 231.

649 Wessels/Beulke, Strafrecht AT, Rn. 541; zur Problematik, ob die Figur des Täters hinter dem Täter auch auf unternehmerische Organisationsstrukturen Anwendung finden kann siehe BGHSt 40, S. 218 (236); BGH wistra 98, S. 148; Lackner/Kühl, § 25, Rn. 2; einschränkend Rotsch, wistra 99, S. 321 (325) und 368 (372); zum Problem der Zurechnung in einer Unternehmensorganisation siehe Heine, Die strafrechtliche Verantwortung von Unternehmen, S. 31 ff; zur strafrechtlichen Verantwortlichkeit innerhalb eines Unternehmens siehe Ransiek, Unternehmensstrafrecht, S. 8 ff.

650 Dazu Schünemann, Deutsche Wiedervereinigung, Band III, S. 129 (131ff); Heine, Beweislastumkehr, JZ 1995, S. 651 (655); Rogall, Festschrift 50 Jahre Bundesgerichtshof, Band IV, S. 383; Schünemann, Festschrift 50 Jahre BGH, Band IV, S. 621 (627); Scheuerle, Wesen, AcP 163 (1963), S. 429 (470).

651 Hilgers, Verantwortlichkeit von Führungskräften, S. 2, weiterführend zur Analyse der Motivstrukturen bei Tätern siehe PWC (Hrsg.), Wirtschaftskriminalität, Analyse Motivstrukturen, S. 25 ff.

machen sich betriebliche Arbeitsteilung, Dezentralisierung und Delegation von Verantwortung bei der Zurechnung von Schadensfolgen bemerkbar. Je stärker betriebliche Dezentralisierung und funktionelle Differenzierung das tatsächliche Handlungspotential von Leitungspersonen durch strategische Maßnahmen auf die Beeinflussung von Subsystemen reduzieren, umso eher stoßen die hergebrachten Zurechnungskategorien an die Grenzen der dogmatischen Kapazität.[652] Das Kernstrafrecht beruht auf einem isoliert handelnden Einzeltäter. In modernen Wirtschaftsunternehmen lassen sich Handlungen jedoch vielfach nicht mehr isolieren.[653] Das Bild des Verbrechens als Entgleisung eines Individuums wurde durch das Wirtschaftsstrafrecht im Wege der Schaffung neuer Tatbestände auf die Wirtschaftskriminalität einfach transformiert.[654] Bei einem Handeln in Systemen und Organisationen stellt sich die Rechtslage jedoch anders dar, als die §§ 25 ff. StGB dogmatisch vorgeben. Den Einzeltäter als Zentralgestalt einer für ihn vorhersehbaren Rechtsgutsverletzung gibt es nicht mehr. Der Systemtäter entspringt einer unternehmerischen Gemengelage, wo Beihilfe, Anstiftung und Mittäterschaft sowie die Diffusion von Elementen eines gemeinsamen Tatplans bzw. einer gemeinsamen Straftatverwirklichung vorliegen.[655]

cc) Unterlassen

Von besonderer Bedeutung im Hinblick auf dogmatische Grundsätze im Wirtschaftsstrafrecht ist die Existenz und Reichweite einer strafrechtlichen „Geschäftsherrenhaftung", der Garantenpflicht[656] des Betriebsinhabers oder Betriebsleiters zur Verhinderung von Straftaten seiner Angestellten und Arbeiter.[657] Während eine Garantenpflicht hinsichtlich der Überwachung von Betriebsgefahren sachlicher Art bejaht wird, bleibt die dogmatische Einordnung der strafrechtlichen Produkthaftung beim Rückruf gesundheitsschädlicher Produkte un-

---

652 Heine, Die strafrechtliche Verantwortlichkeit von Unternehmen, S. 146; siehe dazu auch Ransiek, Unternehmensstrafrecht, S. 4 ff., 41 ff.; Alwart, Strafrechtliche Haftung des Unternehmens, ZStW 105 (1993), S. 752 (760, 772); Rotsch, Individuelle Haftung in Großunternehmen, S. 215, tritt hingegen für einen Rückzug des Strafrechts ein.

653 Eindringlich für den Bereich des Umweltstrafrechts Schall, Deutsche Wiedervereinigung, Band III, S. 99 (102 ff).

654 Schünemann, Madrid-Symposium, S. 265 (267).

655 Heine in Einflüsse deutschen Strafrechts auf Polen und Japan, S. 101 (102 ff).

656 Organe juristischer Personen des Privatrechts besitzen ebenfalls eine Garantenstellung gegenüber der Gesellschaft. Durch Übernahme der Organstellung hat das jeweilige Organ den Schutz der Rechtsgüter der juristischen Person übernommen, vgl. dazu Rudolphi in Systematischer Kommentar, § 13, Rn. 54.

657 Lackhoff/Schulz, Unternehmen als Gefahrenquelle, CCZ 10, S. 81 (83).

klar.[658] Die Rechtsprechung nimmt in diesen Fällen eine Garantenstellung aus Ingerenz an. Der Betriebsinhaber wird auch dann zum Rückruf der Produkte verpflichtet, wenn er die Produkte nicht rechtswidrig in den Verkehr gebracht hat. Als objektiv pflichtwidriges gefahrbegründendes Vorverhalten genüge die rechtliche Missbilligung des Gefährdungserfolges.[659] Dabei ist hervorzuheben, dass behördliche Unbedenklichkeits- oder Zulassungsentscheidungen die strafrechtliche Verantwortung nicht ausschließen können.[660] Die Aufgabe, in wirksamer Weise dafür zu sorgen, dass gesundheitsgefährdende Erzeugnisse keine Schäden anrichten, obliegt, unabhängig davon, was die zuständigen Behörden für geboten erachten, den Herstellungs- und Produktverantwortlichen.[661]

Weitere Bedeutung erlangen die Unterlassungsdelikte in besonderem Maße bei der strafrechtlichen Produkthaftung im Zusammenhang mit Gremienentscheidungen. Die Zustimmung zu einem Gremienbeschluss wirft vorwiegend die Kausalitätsfrage auf.[662] Bei der Überstimmung eines Gremienmitglieds bei der Beschlussfassung handelt es sich jedoch vornehmlich um die Frage einer Garantenstellung bzw. der Begrenzung einer etwaigen Garantenpflicht.[663]

Verfassungsrechtliche Probleme im Hinblick auf die Garantenpflicht des Betriebsinhabers oder -leiters zur Verhinderung fremder Straftaten resultieren aus der verfassungsrechtlich kodifizierten Personenautonomie aus Art. 1 GG und dem Allgemeinen Persönlichkeitsrecht aus Art. 2 Abs. 1 GG i.V.m. Art. 1 GG. Diese verfassungsrechtlichen Bedenken lassen sich nur dann ausräumen bzw. stehen einer strafrechtlichen Verantwortlichkeit des Geschäftsinhabers nur dann nicht entgegen, wenn ein Autoritäts- oder Weisungsverhältnis zum Arbeitnehmer begründet wurde und besteht.[664]

---

658 Die Diskussion beruht dabei im Wesentlichen auf der Einordnung, ob es sich beim Inverkehrbringen um einen Fall der Ingerenz oder um eine Folge der Verkehrssicherungspflicht bei Eröffnung einer Gefahrenquelle handelt; zum Streitstand siehe Berndt, CO, StV 09, S. 689 (690); Rönnau/Schneider, CO, ZIP 10, S .53 (54).

659 BGH Urt. v. 06.07.90 – 2 StR 549/89 (Lederspray-Entscheidung), Rn. 32-34; nach anderer Auffassung wird die Garantenstellung aus einer modifizierten Verkehrspflichtenlehre hergeleitet, indem die Produktion und das Inverkehrbringen von Gütern als riskante Tätigkeit bewertet wird, vgl. dazu Kuhlen, Produkthaftung, in 50 Jahre Bundesgerichtshof, Band IV, S. 657, 677 ff; siehe auch Schünemann, Unternehmenskriminalität und Strafrecht, S. 99 ff, der eine strafrechtlich erhebliche Rückrufpflicht in derartigen Fällen generell ablehnt.

660 Dannecker in Wabnitz/Janovsky, Handbuch Wirtschaftsstrafrecht, Kapitel 1, Rn. 32.

661 BGH Urt. v. 06.07.90 – 2 StR 549/89 (Lederspray), Rn. 44.

662 Siehe dazu bereits den Abschnitt über Kausalität und Zurechnung im 3. Kapitel, 2. Teil, D. I. 4. c. aa.

663 Siehe dazu Tiedemann, Einführung Wirtschaftsstrafrecht, Rn. 186.

664 Vertiefend Tiedemann, Einführung Wirtschaftsstrafrecht, Rn. 183; Stree in Schönke/Schröder, § 13, Rn. 52.

dd) Organ- und Vertreterhaftung

Juristischen Personen mangelt es an Handlungsfähigkeit im natürlichen Sinne, sodass sie als „Verbände“ auch nicht strafrechtlich pönalisiert werden können.[665] Der Anknüpfungspunkt für eine strafrechtliche Verantwortung bildet somit stets nur das Verhalten einzelner Personen oder Organe. Regelungen der Organ- und Vertreterhaftung finden sich dabei in §§ 14 StGB, 9, 29, 30 OWiG.[666] § 14 StGB stellt sich dabei als wichtige Norm des Wirtschaftsstrafrechts dar. Sie regelt die Organ- und Vertreterhaftung bei Delikten, welche ein besonderes Tätermerkmal voraussetzen. § 14 Abs. 1 StGB beinhaltet die Zurechnung des Handelns von Organen und Vertretern, während § 14 Abs. 2 StGB das Handeln von Beauftragten erfasst.[667] § 14 Abs. 3 StGB erfasst das Handeln eines faktischen Geschäftsführers. Geschäftsführer ist demnach auch, wer, ohne förmlich dazu bestellt oder im Handelsregister eingetragen zu sein, im Einverständnis der Gesellschafter die Stellung eines Geschäftsführers tatsächlich einnimmt.[668]

ee) Regelungen des Besonderen Teils des StGB

Der Besondere Teil des StGB betreffend Wirtschaftsstraftaten enthält Regelungen, die im Hinblick auf dogmatische Grundsätze des Allgemeinen Teils bzw. der allgemeinen Verbrechenslehre Abweichungen bzw. Besonderheiten darstellen. So werden bspw. beim Subventionsbetrug nach § 264 StGB und beim Kreditbetrug gem. § 265 b StGB die Leichtfertigkeit[669] unter Strafe gestellt. Des Weiteren wird strafbares Verhalten so weit in den Gefährdungsbereich ausgedehnt, dass der Vollendungszeitpunkt sehr weit nach vorne verlagert wird und Versuchshandlungen als Vollendungstat zu bestrafen sind. Da somit die Rücktrittsregelung des § 24 StGB nicht mehr zur Anwendung gelangt, werden Rück-

---

665 Ausländische Rechtsordnungen und neuere Strömungen auf EG-Ebene befürworten die Einführung der Möglichkeit einer Bestrafung des Unternehmens selbst (Verbandsstrafe). Dazu wird angeführt, dass ein reines Individualstrafrecht Schwierigkeiten mit sich bringt, wenn die verantwortlichen Individuen innerhalb des arbeitsteilig tätigen Kollektivs identifiziert werden sollen, vgl. dazu Achenbach, Unternehmensdelinquenz, wistra 02, S. 441 ff.; Heine, Die strafrechtliche Verantwortung von Unternehmen; Ransiek, Unternehmensstrafrecht.

666 Wessels/Beulke, Strafrecht AT, Rn. 94.

667 Dannecker in Wabnitz/Janovsky, Handbuch Wirtschaftsstrafrecht, Kapitel 1, Rn. 42.

668 BGHSt 3, S. 33 (38); 6, S. 314 (315); 21, S. 101 (103); 33, S. 21 (24). Kritisch zur Figur des faktischen Geschäftsführers Schünemann, Unternehmenskriminalität, in: 50 Jahre Bundesgerichtshof, S. 645 f; Dannecker in Michalski, Kommentar zum GmbHG, § 82, Rn. 40, 41, 43; Lindemann, Faktischer Geschäftsführer, Jura 05, S. 305 ff.

669 Der Begriff bezeichnet einen einen erhöhten Grad von Fahrlässigkeit, der etwa der groben Fahrlässigkeit des bürgerlichen Rechts entspricht, vgl. Fischer, StGB, § 15, Rn. 20.

trittsmöglichkeiten in Form der tätigen Reue nach § 264 Abs. 5 StGB und § 265 b Abs. 2 StGB geschaffen und die Erlangung von Straffreiheit ermöglicht.[670]

Auch die RSpr. wendet die Straftatbestände des Besonderen Teils des Wirtschaftsstrafrechts extensiv an.[671] Zu nennen sind z.B. die Entscheidungen des Bundesgerichtshofs zur Bewertung von Submissionsabsprachen als Betrug,[672] zur Strafbarkeit des Geschäftsführers wegen Untreue zu Lasten der GmbH im Falle des Einverständnisses aller Gesellschafter,[673] die Anerkennung faktischer Treueverhältnisse – z.B. im Falle einer Geschäftsverbindung – bei der Untreue[674] oder die Auferlegung strafbewehrter Pflichten für ein faktisches Organ.[675] Schließlich ist die *„Mannesmann"*-Entscheidung zu nennen, in der das Urteil des LG Düsseldorf aufgehoben und die Strafbarkeit wegen Untreue bejaht wurde.[676]

d) Verschärfung der strafrechtlichen Haftung

Wie bereits dargestellt und erläutert, finden sich sowohl im Allgemeinen als auch im Besonderen Teil des StGB Normen und Rechtsanwendungsgrundsätze, die durch deren Handhabung durch die Rechtsprechung zu einer erheblichen Ausweitung und damit auch Verschärfung des allgemeinen Verbrechensaufbaus und der strafrechtlichen Würdigung von Verhaltensweisen der Unternehmensleitung führen.

Die Verschärfung der strafrechtlichen Haftung im Wirtschafsstrafrecht beruht jedoch nicht nur auf dem Verhalten der Judikative. Auch der Bundesgesetzgeber hat durch die Einführung eines sog. Risikomanagementsystems in Form des § 91 Abs. 2 AktG in der Fassung des KonTraG[677] zur Verschärfung der

---

670 Dannecker in Wabnitz/Janovsky, Handbuch Wirtschaftsstrafrecht, Kapitel 1, Rn. 44.

671 Achenbach, Wirtschaftsstrafrecht, in 50 Jahre Bundesgerichtshof, Band IV, S. 593 ff; Siehe dazu auch die Nachweise bei Dannecker in Wabnitz/Janovsky, Handbuch Wirtschaftsstrafrecht, Kapitel 1, Rn. 45.

672 BGHSt 38, S. 186 ff.; BGH NJW 95, S. 737 ff.; vgl. dazu Dannecker, in: Nomos-Kommentar, 2. Aufl. 2005, § 298 Rn. 4.

673 BGHSt 34, S. 379; vgl. aber auch BGH wistra 89, S. 23; BGH wistra 89, S. 267.

674 BGHSt 12, S. 208.

675 BGHSt 21, S. 101 (103); 31, S. 118; BGH StV 84, S. 461.

676 BGH NJW 06, S. 522 ff. mit Anm. J. Bauer/Arnold, Mannesmann, DB 06, S. 546 ff.; Fleischer, Mannesmann-Urteil, DB 06, S. 542 ff.; Krause, Prämienzahlungen, StV 06, S. 307 ff.; Ransiek, Anerkennungsprämien, NJW 06, S. 814 ff.; Rönnau, Mannesmann, NStZ 06, S. 218 ff.

677 § 91 Abs. 2 AktG: Der Vorstand hat geeignete Maßnahmen zu treffen, insbesondere ein Überwachungssystem einzurichten, damit den Fortbestand der Gesellschaft gefährdende Entwicklungen früh erkannt werden; eingeführt durch das Gesetz zur Kontrolle und Transparenz im Unternehmensbereich (KonTraG) v. 27.04.1998 (BGBl. I S. 786).

strafrechtlichen Haftung beigetragen.[678] Hintergrund für dieses gesetzgeberische Tätigwerden waren spektakuläre Unternehmenszusammenbrüche wie BALSAM[679] und SCHNEIDER.[680] Die Verpflichtung der ersten Hierarchieebene eines Unternehmens, für ein angemessenes Risikomanagement zu sorgen bzw. eine interne Revision zu betreiben, sollte ausdrücklich normativ konkretisiert werden.[681] Aufgrund der jedoch regelmäßig anzutreffenden arbeitsteiligen Aufgabenbewältigung in Unternehmen, wird gewöhnlich nicht davon ausgegangen werden können, dass das leitende Unternehmensorgan ohne Zuhilfenahme von Mitarbeitern die Einführung eines Überwachungssystems zum Risikomanagement und die Installation von Frühwarnsystemen realisieren kann. Dementsprechend sind auch unterhalb der Führungsebene eines Unternehmens weitere Mitarbeiter in die durch § 91 Abs. 2 AktG erfolgte Handlungsanweisung des Gesetzgebers eingebunden. Strafrechtlich können Verstöße bzw. Nicht- oder Zuwiderhandlungen der Mitarbeiter über die Institute der Beihilfe nach § 27 StGB bzw. der Anstiftung i.S.d. § 26 StGB erfasst werden.[682]

Das AktG selbst normiert dabei keine strafrechtlichen Folgen. Die Verknüpfung bzw. das Bindeglied zwischen Verstößen gegen die gesetzgeberische Anweisung ein Risikomanagementsystem zu installieren und den strafrechtlichen Folgen, stellt der Straftatbestand der Untreue nach § 266 StGB dar.[683] Dies beruht auf der Tatsache, dass aufgrund der tatbestandlichen Anforderungen des § 266 StGB dieser sehr leicht durch Geschäftsleitungsmitglieder eines Unternehmens verwirklicht werden kann. Im objektiven Tatbestand stellt das Treueverhältnis das Einfallstor für wirtschaftsdelinquentes Verhalten dar. Das Treueverhältnis kann nicht nur durch eine rechtsgeschäftliche oder gesetzliche Pflicht zur Wahrnehmung fremder Vermögensinteressen begründet werden, sondern auch

---

678 Münzenberg in Romeike, Rechtliche Grundlagen des Risikomanagements, S. 111.

679 Der Sportbodenhersteller BALSAM ließ sich Auslandsprojekte vorfinanzieren, die erfunden waren. Die Kredite wurden in Devisengeschäfte gesteckt. Die Unternehmensführung fälschte systematisch Jahresabschlüsse und verursachte eine der größten Insolvenzen der Bundesrepublik; siehe dazu http://www.stern.de/wirtschaft/unternehmen /meldungen/vor-zehn-jahren-balsam-milliardenpleite-erschuettert-die-finanzwelt-524979.html; zuletzt abgerufen am 02.10.2010.

680 Jürgen Schneider steht hinter einem der größten Immobilienskandale der Republik. Banken gewährten ihm Kredite, als er schon lange insolvent war; siehe dazu http:// www.manager-magazin.de/unternehmen/karriere/0,2828,491491,00.html; zuletzt abgerufen am 02.10.2010.

681 BMJ, Entwurf eines Gesetzes zur Kontrolle und Transparenz im Unternehmensbereich, Stand 06.11.1997, allgemeine Begründung; siehe dazu Lück, Elemente eines Risikomanagementsystems, DB 98, S. 8 (8).

682 Münzenberg in Romeike, Rechtliche Grundlagen des Risikomanagements, S. 112, 113.

683 Münzenberg in Romeike, Rechtliche Grundlagen des Risikomanagements, S. 113, wo sich auch weitere Erläuterungen zur Untreue nach § 266 StGB wiederfinden.

rein faktisch durch eine tatsächliche Pflicht zur Vermögensbetreuung entstehen.[684] Zwar bewirkt nicht schon jede Pflicht rechtsgeschäftlicher oder gesetzlicher Art ein Treueverhältnis. Ein solches Treuverhältnis liegt aber bereits dann vor, wenn der Mitarbeiter des Unternehmens im Rahmen der ihm vertraglich übertragenen Pflichten eine gewisse Selbstständigkeit besitzt, die Raum für eigenverantwortliche Entscheidungen belässt.[685] Dieses Kriterium ist sehr schnell erfüllt bzw. anzunehmen, sodass personale bzw. arbeitsrechtliche Gegebenheiten bereits Risiken der Tatbestandsverwirklichung bergen.[686]

Daran anknüpfend beinhaltet auch das zweite Tatbestandsmerkmal, die Vermögensbetreuungspflicht gegenüber dem Unternehmen, die Gefahr des Regelverstoßes. Dabei ist zu beachten, dass die Vermögensbetreuungspflicht in der Alternative des Missbrauchstatbestandes gem. § 266 Abs. 1, S. 1, 1. Alt. StGB die Geschäftsbesorgung für einen anderen in einer nicht ganz unbedeutenden Angelegenheit mit einem Aufgabenkreis von einigem Gewicht und einem gewissen Grad von Verantwortlichkeit ist.[687] Die Tatbestandsalternative des Treubruchtatbestandes nach § 266 Abs. 1, S. 1, 2. Alt StGB unterscheidet sich durch die Möglichkeit eines tatsächlichen bzw. faktischen Treueverhältnis vom Missbrauchstatbestand und ist somit tatbestandlich weiter bzw. allgemeiner gefasst. Einer tatbestandlichen „Uferlosigkeit“[688] und der damit einhergehenden Pönalisierung jeder Vertragsverletzung, wird durch relativ strenge Anforderungen an die Vermögensbetreuungspflicht begegnet. Vorausgesetzt wird, dass die Pflicht zur Wahrnehmung fremder Vermögensinteressen den typischen und wesentlichen Inhalt des rechtlich begründeten oder faktisch bestehenden Treueverhältnisses bildet, also dessen Hauptgegenstand und nicht eine bloße Nebenpflicht ist.[689] Nach den gesamten Umständen des Einzelfalles muss es sich dementsprechend um eine nicht ganz unbedeutende Angelegenheit mit einem Aufgabenkreis von einigem Gewicht und einem gewissen Grad von Verantwortlichkeit handeln. Indizien dafür sind Art, Umfang und Dauer der jeweiligen Tätigkeit, ein etwaiger Entscheidungsspielraum des Verpflichteten und das Maß

---

684 Wessels/Hillenkamp, Strafrecht BT 2, Rn. 769; zu den tatbestandlichen Alternativen des Missbrauchs- und Treubruchtatbestandes und dem Verhältnis des Missbrauchs- und Treubruchtatbestandes zueinander, siehe Wessels/Hillenkamp, aal, Rn. 749.

685 BGH in NJW 91, S. 2574.

686 Zu den arbeitsrechtlichen Voraussetzungen siehe Kania in Küttner, Personalbuch 2006, S. 1676 ff.

687 Vgl. BGHSt 13, S. 315 (317); 24, S. 386 (387); 33, S. 244 (250).

688 Daher die Verfassungswidrigkeit bejahend, Kargl, Missbrauchskonzeption, ZStW 113 (2001), S. 565 (589).

689 BGHSt 1, S. 186 (189); 22, S. 190 (191).

seiner Selbstständigkeit.[690] An dieser Stelle wird deutlich, dass insbesondere die höheren Hierarchieebenen eines Unternehmens, die mit der Unternehmensführung betraut und nach § 91 Abs. 2 AktG zur Einführung eines Risikomanagementsystems verpflichtet sind, den tatbestandlichen Anforderungen entsprechen. Die Unternehmensführung hat gegenüber dem Unternehmen eine Vermögensfürsorgepflicht. Des Weiteren haben auch Mitarbeiter einer unterhalb der Führungsebene angesiedelten Hierarchieebene Vermögensbetreuungspflichten, indem sie bspw. in der Revisions- und Controlling-Abteilung die Durchführung des Risikomanagements gewährleisten.[691]

Die Tathandlung liegt beim Missbrauchstatbestand des § 266 Abs. 1, S. 1, 1. Alt. StGB in einem Missbrauch, der dem Täter obliegenden rechtsgeschäftlichen oder hoheitlichen Verpflichtungs- oder Verfügungsbefugnis.[692] Ein Missbrauch liegt dementsprechend vor, wenn der Täter im Rahmen seines rechtlichen Könnens die Grenzen des im Innenverhältnis einzuhaltenden rechtlichen Dürfens bewusst überschreitet.[693] Die Treubruchhandlung des § 266 Abs. 1, S. 1, 2. Alt. StGB besteht in der Verletzung der Pflicht, fremde Vermögensinteressen wahrzunehmen. Hierzu ist nicht aktives Tun erforderlich; vielmehr reicht auch ein Unterlassen, wenn eine gesetzliche oder rechtsgeschäftlich begründete Handlungspflicht verletzt wird. Die Pflichtwidrigkeit kann sich dabei entweder aus einem Verstoß gegen eine rechtsgeschäftliche Handlungsanweisung oder aus einer Zuwiderhandlung gegen eine gesetzliche Anordnung ergeben. Ein Verstoß gegen § 91 Abs. 2 AktG, d.h. die unzureichende Einführung und Durchführung eines Risikomanagementsystems, stellt eine pflichtwidrige Treubruchhandlung und damit eine strafrechtlich relevante Verhaltensweise der Führungsebene eines Unternehmens dar. Als Täter kommen dementsprechend zunächst die Mitglieder der Führungsebene in Betracht. Jedoch darf nicht außer Betracht gelassen werden, dass auch Mitarbeiter anderer Unternehmensbereiche und Hierarchieebenen aufgrund arbeitsvertraglicher und anderer rechtsgeschäftlicher Pflichten taugliche Täter des § 266 StGB darstellen. So können sie bei Verletzung von Revisions- und Controllingpflichten ebenfalls über das Institut der Beihilfe nach § 27 StGB strafbar sein.[694]

690 Wessels/Hillenkamp, Strafrecht BT 2, Rn. 771.

691 Münzenberg in Romeike, Rechtliche Grundlagen des Risikomanagements, S. 114.

692 Wessels/Hillenkamp, Strafrecht BT 2, Rn. 753.

693 Vgl. dazu BGH in JR 85, S. 28; gesetzliche Regelungen, die die Rechte und Pflichten im Innen- und Außenverhältnis zum Gegenstand haben, finden sich bspw. in den §§ 49, 50 HGB für den Prokuristen; für die Gesellschafter einer OHG in § 126 HGB; für die GmbH-Geschäftsführer in § 37 GmbHG; für Vorstandsmitglieder einer AG in § 82 AktG.

694 Münzenberg in Romeike, Rechtliche Grundlagen des Risikomanagements, S. 114, 115.

Schließlich muss durch die Untreuehandlung ein Vermögensnachteil[695] für das zu betreuende Unternehmensvermögen bewirkt worden sein. Der Vermögensnachteil muss auf die Pflichtwidrigkeit rückführbar sein.[696] Von besonderer Bedeutung an dieser Stelle ist, dass schon die Vermögensgefährdung[697] des Unternehmens ein Nachteil i.S.d. § 266 StGB darstellen kann. Dies entspricht der gesetzgeberischen Intention zum KonTraG. Schließlich kann die Verletzung der Pflicht, ein Risikomanagementsystem einzurichten und diesbezüglich Revision und Controlling zu betreiben, zu einer Gefährdung des Vermögens des Unternehmens beitragen und sich somit als Einfallstor für Untreuehandlungen darstellen.[698]

II. Risikobereiche und Bereiche erhöhter strafrechtlicher Anfälligkeit

Bei näherer Untersuchung der Unternehmensbereiche Einkauf und Vertrieb, Rechnungswesen, Unternehmensfinanzierung und Unternehmensführung lässt sich feststellen, dass die genannten Bereiche nicht nur Organisations- und Funktionseinheiten des jeweiligen Unternehmens darstellen, sondern zugleich haftungsrechtlich relevante Risikobereiche sind. Erklären lässt sich dies mit den in den Unternehmensbereichen angesiedelten Aufgaben. So beruht die Aufgabenwahrnehmung aller vorgenannten Unternehmenseinheiten auf dem Leitmotiv eines jeden unternehmerischen und betriebswirtschaftlichen Handelns: der Umsatzsteigerung und der Gewinnmaximierung. Hier liegt die Schnittstelle zwi-

---

695 Der Vermögensnachteil folgt den Grundsätzen des Vermögensschadens beim Betrug gem. § 263 StGB. Die Ermittlung erfolgt anhand eines objektiv individualisierenden Beurteilungsmaßstabs nach dem Prinzip der Gesamtsaldierung: Verglichen wird der Vermögensstand vor und nach der tatbestandsmäßigen Handlung; im Anschluss ist zu ermitteln, ob eine nachteilige Vermögensdifferenz eingetreten ist, ohne dass diese Einbuße durch ein unmittelbar aus dem Vermögen fließendes Äquivalent wirtschaftlich voll ausgeglichen wird, siehe dazu BGHSt 16, S. 220 (221); 321 (325); 22, S. 88 (89); 23, S. 300 (302); 34, S. 199 (203); BGH wistra 99, S. 263(265).

696 BGHSt 46, S. 30 (34).

697 Zum Fall VW siehe Albrecht, Rundfunk Berlin-Brandenburg, Kontraste, Beitrag vom 25.01.2007: „Wenn man es zynisch nimmt und das ist die Realität, dann hat VW nur einen Vorteil, denn die Betriebsräte sind geschmiert worden, damit VW besser läuft auf aller Welt. Er muss konkurrenzfähig sein in einer globalisierten Welt. Und VW wollte, dass man konkurrenzfähig bleibt. Wo soll der Schaden liegen? Nur weil Betriebsräte das ewige Spiel des Vergnügens mitmachen, liegt für VW darin eher ein Vorteil. Also der Schaden ist im Grunde nicht gegeben''.

698 Siehe Erläuterungen zum KonTraG; Münzenberg in Romeike, Rechtliche Grundlagen des Risikomanagements, S. 115, 116.

schen dem Risikobereich eines Unternehmens und dessen erhöhter strafrechtlicher Anfälligkeit.

Bereits im Einkauf und Vertrieb wird deutlich, dass Umsatz und Gewinn volatil sind und stark von äußeren Umständen wie etwa Vertragspartnern und der Markt- und Kapitallage abhängen. Günstige Vertragsverhandlungen, Aussichten auf Bonus- und Prämienzahlungen machen den Einkauf und Vertrieb stark abhängig von persönlichen Motiven der in diesem Unternehmensbereich tätigen Mitarbeiter. So ist es nicht verwunderlich, dass dieser Unternehmensbereich eine erhöhte strafrechtliche Anfälligkeit für Korruptionsdelikte, aber auch Kartellabsprachen aufweist.

Das Rechnungswesen bietet den Hort des finanziellen Geld- und Vermögensflusses, sodass in dieser Unternehmenseinheit eine erhöhte strafrechtliche Anfälligkeit für die klassischen Vermögensdelikte wie Betrug, Untreue und Unterschlagung besteht. Dies ist mit der Tatsache zu begründen, dass die Beurteilung eines Buchhalters bzw. Abschlusserstellers maßgeblichen Einfluss auf die Beurteilung der Aktiva und Passiva eines Unternehmens hat. Auch hier bilden persönliche Motive der Mitarbeiter das Einfallstor für wirtschaftsdelinquentes Verhalten.

Die Unternehmensfinanzierung stellt aufgrund ihrer betrieblichen und unternehmerischen Konzeption eine Sondersituation im Unternehmen dar. Diese Unternehmenseinheit ist vor allem durch das Informationsgefälle zwischen Prinzipal und Agent geprägt, durch das Vorhandensein von liquiden und schnell liquidierbaren Vermögenswerten, sowie Transaktionen und den damit einhergehenden Risiko- und Verhandlungsstrategien. Die mit den Transaktionen und Investitionen verbundenen finanziellen Be- und Entlastungen für das Unternehmen bedingen aufgrund des Schutzes vor Konkurrenz eine nach außen oft nicht transparente Handlungs- und Arbeitsweise. Diese zeugt ihrerseits wiederum von einer unternehmerisch motivierten Risikobereitschaft. Das wirtschaftliche Übervorteilen von Konkurrenten, zum Beispiel bei der Kreditvergabe und der Inkaufnahme ihrer wirtschaftlichen Schädigung, manifestieren sich vor allem in Korruptionsdelikten, wettbewerbswidrigen Absprachen und Geldwäsche.

Die Unternehmensführung stellt nach richtiger Auffassung wohl den relevantesten unternehmerischen Risikobereich dar. Die gesetzliche Ausgangslage eröffnet mit ihren gesellschaftsrechtlichen Pflichten und Grundsätzen der Allzuständigkeit der Führungsorgane, der Gesamtzuständigkeit der am Unternehmen Beteiligten als Organwalter, der Gesamtverantwortung der Beteiligten und der organschaftlichen Legalitätspflicht der einzelnen Organmitglieder eine erhöhte Risikosphäre inmitten der soeben genannten gesetzlichen, aber auch rechtsgeschäftlichen Pflichten. Ein erhöhtes Haftungsrisiko stellt vor allem die Implementierung eines effektiven Risikomanagementsystems als auch einer angemessenen internen Revision und Controllings nach § 91 Abs. 2 AktG dar. Wie bereits erörtert, stellt diese aktienrechtliche Verpflichtung das Einfallstor für strafrechtlich relevantes Verhalten i.S.v. § 266 StGB von Mitgliedern der Führungsebene, aber auch anderer Hierarchieebenen dar. Eine weitere Besonderheit im Rahmen einer strafrechtlichen Risikobewertung der Unternehmensleitung stellen die Grundsätze der höchstrichterlichen Rechtsprechung im Hinblick auf dogmatische Grundsätze des Allgemeinen Teils des StGB dar. Die Modifizierung, Ausweitung und Anpassung von Kausalität und Zurechnung, Täterschaft und Teilnahme und Unterlassung tragen den Besonderheiten der in Unternehmen oftmals anzutreffenden arbeitsteiligen Handlungs- und Organisationsweise Rechnung, führen jedoch auch zu einem fast unübersichtlichen Risikopotential. Dies wird auch im Hinblick auf den Besonderen Teil des StGB deutlich, wo verstärkt leichtfertiges Verhalten und Gefährdungssituationen pönalisiert werden. Schließlich ist eine Straftatenprävention auf Führungsebene eines Unternehmens kaum möglich, zumal auch der Gesetzgeber die in § 91 Abs. 2 AktG geregelte Überwachungspflicht der Gesamtverantwortung des gesellschaftsrechtlichen Führungsorgans unterstellt.[699] Im Ergebnis lässt sich daher feststellen, dass die Unternehmensführung aufgrund modifizierter Rechtsprechungs-Grundätze, veränderten normativen und dogmatischen Voraussetzungen und gesetzgeberischen Intentionen eine erhöhte strafrechtliche Anfälligkeit im Hinblick auf Wirtschaftsstraftaten aufweist.

III. Zwischenergebnis

In diesem Themenabschnitt wurden die Unternehmensbereiche Einkauf und Vertrieb, Rechnungswesen, Unternehmensfinanzierung und Unternehmensführung im Hinblick auf ihre Eigenschaft als unternehmerische Risikobereiche untersucht. Dabei wurden die Unternehmenseinheiten in ihrem gesetzlichen Kontext dargestellt. Ein weiterer Teil der Untersuchung beruhte auf einer genauen Beleuchtung und Beschreibung der betriebswirtschaftlichen Situation bzw. unternehmerischen Motivation innerhalb der einzelnen Funktionseinheiten. Dabei wurde festgestellt, dass sowohl aufgrund der Anwesenheit bestimmter äußerer Faktoren wie etwa des Vermögens- und Kapitalflusses und der üblichen Konkurrenz zwischen den Teilnehmern am Wirtschafts- und Kapitalmarkt, auch innere Faktoren wie etwa das Vorliegen oder Nichtvorliegen marktrelevanter Informationen bei den Unternehmern als auch das Streben nach Bonus- und Prämienzahlungen von Mitarbeitern ein erhöhtes Risiko zur Begehung von Wirt-

---

699 Münzenberg in Romeike, Rechtliche Grundlagen des Risikomanagements, S. 117; siehe auch Lingemann/Wasmann, Kontrolle und Transparenz im Aktienrecht, BB 98, S. 853 (859).

schaftsstraftaten innehaben. Sowohl von legislativer als auch exekutiver Seite werden Anforderungen an die Unternehmen gestellt, die diese in ihrer Gesamtheit wohl kaum zu überblicken vermögen und deren Gefährdungspotential sie nicht einzuschätzen im Stande sind. Die Untersuchung zeigt im Ergebnis auf, dass die vorgenannten Unternehmensbereiche Risikobereiche darstellen und eine erhöhte strafrechtliche Anfälligkeit im Hinblick auf klassische Vermögens- und Korruptionsdelikte, aber auch hinsichtlich Kartell- und Wettbewerbsabsprachen besitzen.

E. Vorteile der unternehmerischen Selbstverpflichtung

Vorstehend wurde anhand der Änderungen des materiellen Wirtschaftsstrafrechts und der Grundsätze bei Ausgestaltung von Straftatbeständen des Wirtschafsstrafrechts untersucht, inwieweit der Gesetzgeber versucht, durch Normgebung die Eindämmung bzw. Vermeidung von Wirtschaftskriminalität umzusetzen. In diesem Zusammenhang wurde im Hinblick auf diesen gesetzgeberischen Aktionismus untersucht, inwieweit dieser einen Eingriff in die Berufsfreiheit eines Unternehmens nach Art. 12 Abs. 1 GG, die Eigentumsgarantie des Art. 14 Abs. 1 GG und die unternehmerische Handlungsfreiheit nach Art. 2 Abs. 1 GG darstellen könnte. Die Eingriffe wurden mangels Eingriffsqualität der gesetzgeberischen Maßnahmen verneint. Jedoch ist zu bedenken, dass selbst mangels Grundrechtseingriff die gesetzgeberischen Maßnahmen und Intentionen im Hinblick auf die ständige und zunehmende Ausweitung von Straftatbeständen besorgniserregend sind. Es wurde untersucht, ob eine Corporate Compliance-Organisation zur Eindämmung bzw. Vermeidung von Wirtschaftskriminalität beitragen könnte und ob durch die Implementierung eines Compliance-Systems dem innerstaatlichen strafrechtlichen Regelungsbedürfnis begegnet werden könnte. Nunmehr soll betrachtet werden, inwieweit Corporate Compliance dem gesetzgeberischen Vorgehen als eine Alternative zu staatlicher Sanktionierung entgegen gehalten werden könnte. Dabei ist zunächst zu betrachten, wie bzw. inwieweit Straftaten unter einer Corporate Compliance-Struktur zu würdigen sind. Daran anschließend soll untersucht werden, inwieweit Corporate Compliance als Gesellschafts- und Führungsaufgabe fungieren könnte. Nachdem das legislative und exekutive Vorgehen bei Wirtschaftskriminalität als rechtsstaatlich bedenklich eingestuft werde, soll betrachtet werden, inwieweit die Judikative effektiv zur Eindämmung von Wirtschaftsdelinquenz beitragen könnte.

I. Würdigung von Straftaten unter einer Corporate Compliance-Struktur

Wie bereits dargestellt,[700] handelt es sich bei Corporate Compliance um die Organisation von Legalität im Unternehmen.[701] Ziel ist es, auf die Einhaltung gesetzlicher Normen und unternehmensdefinierter Vorgaben hinzuwirken, um Haftungsansprüchen oder anderen Rechtsnachteilen für das Unternehmen zu begegnen. Das unternehmerische Bestreben ist dabei auf die Beachtung und Befolgung des allgemein geltenden Rechts, vor allem des Strafrechts, gerichtet.[702]

Es stellt sich jedoch die Frage, welche unternehmerischen Leitmotive ein Unternehmen dazu bewegen könnten, diesem Ziel zu entsprechen.

1. Altruistische Motive

Es wäre leichtgläubig, davon auszugehen, dass Unternehmen die Einhaltung geltenden Rechts lediglich aus altruistischen Motiven, wie etwa Rücksichtnahme auf Konkurrenten, Nachhaltigkeit und gesellschaftlicher Verantwortung betreiben würden. Zwar wäre reines „Gutmenschentum“ mit Sicherheit ein begrüßenswerter Faktor, um Wettbewerb sozialverträglich und vor allem gesetzeskonform zu betreiben. Jedoch zeigen nicht nur die Kriminalstatistiken, sondern auch die tägliche Presseberichterstattung, dass nach wie vor Straftaten begangen werden und Haftungsfälle auftreten.

2. Unternehmerisch geleitete Motive

Im Hinblick auf das oben Dargestellte, ist somit in Abkehr von rein altruistischen Motiven, der Fokus auf unternehmerisch geleitete Motive zu lenken, die zur Haftungs- und Straftatenprävention in Unternehmen beitragen könnten.[703] An den unternehmerisch geleiteten Motiven wird deutlich, dass durch die Wirtschaft Anreize geschaffen werden, die zu einer Haftungs- und Straftatenvermeidung in Unternehmen führen könnten. Immer mehr Unternehmen sehen Compliance nicht mehr nur als reine interne Selbstverpflichtung, sondern als eigenständigen unternehmerischen Wert. Demzufolge wird nicht nur das eigene Geschäftsgebaren an Compliance-Richtlinien ausgelegt, sondern von Zulieferern und Geschäftspartnern Gleiches erwartet.[704] Compliance ist daher nicht nur unter der Prämisse „Einhaltung von Normen“ oder „Haftungsvermeidung“ zu

700 Siehe dazu Kapitel 3, 2. Teil, A.

701 Campos Nave/Bonenberger, Korruptionsaffären, Corporate Compliance und Sofortmaßnahmen für den Krisenfall, BB 08, S. 734 (734).

702 Hauschka, Corporate Compliance-Handbuch, § 1, Rn. 24.

703 Siehe dazu Kapitel 3, 2. Teil, B. II.

704 Gilch, Compliance-Klauseln, CCZ 08, S. 131 (131).

verstehen, sondern vielmehr unter dem Gesichtspunkt der Verbesserung des eigenen Ratings sowie der Steigerung der eigenen Wettbewerbsfähigkeit zu betrachten.[705] Corporate Compliance kann durch die Steigerung der eigenen Wettbewerbskraft und die Festigung der unternehmerischen Präsenz am Markt dazu beitragen, dass die Einhaltung von Normen und die Haftungsvermeidung in den unternehmerischen Alltag implementiert werden. Der Grund liegt in einer simplen Überlegung: Während Compliance- Maßnahmen zur Wertsteigerung eines Unternehmens und zur Haftungs- und Straftatenvermeidung beitragen, können Haftungsfälle dazu führen, dass neben juristischen Folgen das Vertrauen des Marktes dem Unternehmen entzogen wird, Blacklisting und Kundenverluste folgen und somit Unternehmenswerte in Kürze vernichtet werden.[706] Das Streben nach langfristiger Gewinnmaximierung gebietet dem Unternehmer somit die Stakeholder[707] pfleglich zu behandeln. Die Stakeholder, namentlich Arbeitnehmer, Lieferanten, Kunden und die kritische Öffentlichkeit (potentielle Kunden), könnten sonst von ihrem Recht auf Vertragsfreiheit nach Art. 2 Abs. 1 GG Gebrauch machen und von etwaigen Vertragsbeziehungen Abstand nehmen, sodass dem Unternehmen damit ein wertvoller Kreditgeber, ein fähiger Mitarbeiter, ein zuverlässiger Lieferant oder ein potentieller Kunde verloren gehen könnte.[708] Ein Beispiel dafür bietet der südafrikanische Black Economic Empowerment (BEE) Act, wonach bis zum Jahr 2014 führende Wirtschaftsposten mehrheitlich mit der schwarzen Bevölkerungsgruppe besetzt werden sollen. Diese Verwaltungsrichtlinie enthält Elemente der Umsetzung und Kontrolle. Der Erfolg der Umsetzung wird durch den BEE-Status gemessen. Ein Status von weniger als 40 % hat zur Folge, dass das Unternehmen von der öffentlichen Auftragsvergabe ausgeschlossen wird.[709]

---

705 Campos Nave/Tauber, Haftungsvermeidung durch Corporate Compliance, NWB 05, S. 2645 ff.

706 Campos Nave/Bonenberger, Korruptionsaffären, Corporate Compliance und Sofortmaßnahmen für den Krisenfall, BB 08, S. 734 (736); Wybitul, Interne Ermittlungen auf Aufforderung von US-Behörden, BB 09, S. 606 (609); zu den weitreichenden Eingriffsbefugnissen von Kartellbehörden bei unangekündigten Dursuchungen in Unternehmen siehe Crozals/Jürgens, Dawn Raids durch die Kartellbehörden, CCZ 09, S. 92 (92); zur Verankerung der Internal Investigations im Recht der AG siehe Wagner, Internal Investigations, CCZ 09, S. 8.ff.

707 Unter Stakeholder versteht man die verschiedenen Anspruchsgruppen eines Unternehmens. Dazu gehören alle internen und externen Personengruppen, die vom Unternehmenshandeln direkt oder indirekt betroffen sein können. Nach dem Stakeholder-Ansatz leisten die Anspruchsgruppen einen Beitrag zum Unternehmen und stellen im Gegenzug Ansprüche an das Unternehmen, siehe Wöhe, Allgemeine Betriebswirtschaftslehre, S. 55.

708 Wöhe, Allgemeine Betriebswirtschaftslehre, S. 59.

709 Wooley, Black Economic Empowerment, S. 12, S. 22.

Unter dieser Prämisse, ständig in dem Bewusstsein, dass unternehmerische Werte oftmals über lange Zeiträume hinweg definiert und aufgebaut werden und sich gegenüber der Konkurrenz ständig bewähren müssen, kann es nur im Sinne des Unternehmens liegen, Straftatenprävention und Straftatenaufdeckung zu betreiben, um Unternehmenswerte langfristig zu sichern. Ein effektives Corporate Compliance-System verlangt damit gerade die strafrechtliche Würdigung von Verhaltensweisen und stellt demzufolge keinen Deckmantel für Wirtschaftsstraftäter dar.[710] Unternehmerisches Gewinnstreben auf der einen Seite und marktwirtschaftlicher Wettbewerb auf der anderen Seite tragen somit zur Haftungs- und Straftatenvermeidung bei. Die unsichtbare Hand des Wettbewerbs bringt dementsprechend Nützliches hervor.[711]

3. Compliance als Maßnahme zur Wert(e)steigerung eines Unternehmens

Vorangehend wurden im Rahmen einer volks- und betriebswirtschaftlichen Betrachtungsweise betriebsinterne Kriminalitätsrisiken aufgezeigt und erste Bewältigungsstrategien bzw. -ansätze zu deren Eindämmung dargestellt. Im hiesigen Abschnitt soll nunmehr untersucht werden, inwieweit Corporate Compliance eine Maßnahme zur Wert(e)steigerung eines Unternehmens darstellen kann.

a) Wertemanagement

Die öffentliche Meinung nimmt Wirtschaftsskandale zunehmend ernst. Motor der wachsenden Sensibilisierung für Wirtschaftskriminalität waren unzweifelhaft die bereits beschriebenen Firmenskandale von WORLDCOM, ENRON und ARTHUR ANDERSON.[712] Die Firmenskandale zeigen, dass illegales und unmoralisches Verhalten Wertvernichter sind.[713] Die Reputation eines Unternehmens über Jahrzehnte mühevoll aufgebaut, kann innerhalb kürzester Zeit zerstört werden. Der Investor Warren Buffet bemerkte dazu einmal, dass es zehn Jahre dauert, einem Unternehmen ein positives Image zu verleihen, aber nur Sekunden, um dieses zu verlieren.[714]

Die Institute der Risikovermeidung und der Risikoverminderung liegen primär im Verantwortungsbereich eines jeden Unternehmensangehörigen und stel-

---

710 Hauschka/Greeve, Compliance in der Korruptionsprävention, BB 07, S. 165 (165, 171).

711 Vgl. Wöhe, Allgemeine Betriebswirtschaftslehre, S. 59.

712 Übersicht dazu bei Friedrichs, D. O. Trusted Criminals-White Collar Crime in Contemporary Society, S. 218 ff.

713 So zutreffend Wieland, Unternehmensethik und Compliance-Management, CCZ 08, S. 15 (15).

714 Vgl. Rosbach, Ethik in Wirtschaftsunternehmen, CCZ 08, S. 101 (101).

len sich somit als eine Ausprägung der arbeitsvertraglichen Legalitätspflicht dar. Hieran lässt sich erkennen, dass primär jeder Mitarbeiter für sich die Entscheidung von wirtschaftsdelinquentem oder regelkonformem Verhalten trifft. An dieser Stelle wird deutlich, dass nicht allein durch Direktion und Kontrolle, durch Anreiz und Sanktionen, sondern grundlegend auch durch Werte[715] – Einstellungen, Haltungen, Überzeugungen – Kriminalitätsrisiken vermieden bzw. eingedämmt werden können.[716] Investoren setzen ihre Prioritäten heute anders als noch vor einigen Jahren. Das Hauptaugenmerk liegt nicht mehr nur auf dem künftigen finanziellen Wachstum und Gewinn, sondern auch auf Integrität, Ethik und Kompetenz in der Wirtschaftsführung.[717]

Im Hinblick auf die Implementierung eines Compliance-Systems gilt es zu erkennen, dass eine Compliance-Organisation nicht lediglich die Verwaltung rechtmäßigen oder regelkonformen Verhaltens darstellt, sondern dass sie dauerhaft die Vermeidung von rechtlichen Risiken von Führungsorganen und Mitarbeitern eines Unternehmens intendiert. Compliance bildet jedoch nur den „Rahmen" für eine Kriminalitätsvermeidung und -eindämmung. Regelkonformes Verhalten ist notwendig, aber nicht ausreichend. Durch strenge Strafandrohungen allein kann nur wenig bewirkt werden, denn die Fragmentierung der Normgeltung ist typisch geworden. Das heißt, dass je nach Situation und Kontext Normen unterschiedlich angewendet und akzeptiert werden.[718] Vielmehr muss der „rechtliche Rahmen" mit Werten gefüllt werden, um die Effektivität der Kriminalitätsverhütung zu gewährleisten. Echte und wirkungsvolle Prävention ist nur möglich, wenn ein eindeutiger Wille der Unternehmensführung und seiner Mitarbeiter vorliegt, Regeln einzuhalten.[719] Die Implementierung von Compliance und Wirtschaftsethik stellt somit eine der wichtigsten Maßnahmen dafür dar. Zum Einen als vertrauensbildende und in jeder Hinsicht wertschöpfende Maßnahme im Verhältnis zu Kunden und der Öffentlichkeit im Außen-

---

715 Die wichtigsten Werte eines Unternehmens sind Leistungs-, Kommunikations-, Kooperations- und moralische Werte, siehe dazu Wieland, Wozu Wertemanagement? in ders. Handbuch Wertemanagement, S. 13 (23).

716 Vgl. Bonenberger in Jäger/Rödl/Campos Nave, Praxishandbuch Corporate Compliance, S. 424.

717 Ernst & Young, The Drivers of Financial Reputation, Studienumfrage 2007, S. 3; abrufbar unter http://www.ey.com/Publication/vwLUAssets/TheDriversofFinancial Reputation/$FILE/TheDriversofFinancialReputation.pdf; zuletzt abgerufen am 02.10.2010.

718 Vgl. Bussmann/Salvenmoser, Wert von Compliance und Unternehmenskultur, CCZ 08, S. 192 (194).

719 Zur Mitarbeiterkriminalität siehe die Studien von PWC (Hrsg.), WiKri 2009 und KPMG (Hrsg.), WiKri 2010; zur subjektiven Fehleinschätzung von Unternehmen siehe PWC (Hrsg.), Analyse Motivstrukturen; siehe auch Kremer, Die Mitarbeiterkriminalität ist nicht zu unterschätzen, VW 04, S. 1838 ff.

verhältnis. Zum Anderen zur erforderlichen Ergänzung der Kontroll- und Sicherheitsarchitektur eines Unternehmens im Innenverhältnis.[720] Dabei darf jedoch nicht übersehen werden, dass ethische Richtlinien ihre kriminalpräventive Wirkung nicht per se entfalten. Ethische Richtlinien sind oftmals nicht konkret formuliert, werden zu wenig kommuniziert und gelebt.[721] Compliance ist somit ein integrativer Bestandteil eines Wertemanagements, worunter firmenspezifische Instrumente zu verstehen sind, welche die moralische Verfassung eines Unternehmens darstellen, seine Leitwerte definieren und in der alltäglichen Praxis umgesetzt werden.[722]

Die Abhängigkeit zwischen Werten und der Begehung von Wirtschaftsdelikten zeigt sich insbesondere im sog. *Fraud-Trinangle* (Betrugsdreieick).[723] Demnach tritt Wirtschaftskriminalität insbesondere dann auf, wenn der Täter erstens eine Gelegenheit zur Tat hat. Zweitens einen Druck oder Anreiz für die Tat empfindet und drittens die Tat vor sich selbst rechtfertigen kann. An dieser Stelle wird deutlich, dass es zu einer Vermeidung bzw. Eindämmung von Wirtschaftskriminalität zweier Komponenten bedarf: Zum Einen muss die Verhinderung von Tatgelegenheiten erfolgen, welches durch Organisationsstrukturen und unternehmensinterne Überwachungs- und Kontrollsysteme geschieht. Zum Anderen muss beim Anreiz und der Rechtfertigung der Tat auf einer subjektiven Ebene angesetzt werden, die durch klare Unternehmensleitlinien und eines Wertemanagements die Nachhaltigkeit einer jeden persönlichen und unternehmerischen Entscheidung fördert und fordert.[724] Die Wirkung von Compliance-Programmen hängt jedoch von weiteren Faktoren ab. Gravierende Veränderungen in Unternehmen können das Auftreten unternehmensschädigender Verhaltensweisen wahrscheinlicher machen. Die Schädigung des Unternehmens kann

---

720 Bussmann/Salvenmoser, Wert von Compliance und Unternehmenskultur, CCZ 08, S. 192 (194).

721 Vgl. PWC (Hrsg.), Compliance und Unternehmenskultur, S. 18.

722 Wieland, Unternehmensethik und Compliance-Management, CCZ 08, S. 15 (15); eine gute Übersicht zur Beurteilung solcher ethischen Leitlinien findet sich bei Kaptein/Schwartz, The Effectiveness of Business Codes, Journal of Busniess Ethics (2008), S. 111 (114).

723 Das von Donald R. Cressey in den 40 er Jahren des letzten Jahrhunderts entwickelte Modell verdeutlicht die drei wesentlichen Entstehungsgründe von Wirtschaftskriminalität, siehe Bonenberger in Jäger/Rödl/Campos Nave, Praxishandbuch Corporate Compliance, S. 420.

724 Vgl. Hofmann, Anti-Fraud-Management, S. 207, der erkennt, dass die fraudulente Motivation von der finanziellen Stabilität des Unternehmens insgesamt bzw. der persönlichen finanziellen Situation des jeweiligen Unternehmensangehörigen bedroht ist bzw. abhängt, oder wenn der Druck, die Erwartungen Dritter zu erfüllen besonders stark ausgeprägt ist.

daher auch eine Reaktion auf Situationen sein, die auf Ärger oder Frustration beruht.[725] Es vermag nicht zu überraschen, dass es auch auf Kontinuität im Unternehmen ankommt. Insbesondere werden größere Unternehmen mit einer besonders hohen Personalfluktuation eher Opfer von Wirtschaftskriminalität. Weltweit berichteten 59 % der Großunternehmen mit über 1000 Mitarbeitern mit hoher Personalfluktuation über Schädigungen, verglichen mit 51 % mit geringem Personalwechsel. Letzteren gelingt es besser, der Anonymität entgegenzuwirken und ein gutes Unternehmensklima aufzubauen.[726] Neben dem dynamischen Faktor der Mitarbeiterfluktuation spielt auch die Unternehmenskultur eine herausragende Rolle. Distanz und Anonymität im Unternehmen erhöhen die Wahrscheinlichkeit von wirtschaftsdelinquentem Verhalten.[727] Eine Unternehmenspraxis, die auf Entscheidungstransparenz und Fairness aufbaut, fördert eine große Zustimmung der Mitarbeiter zur Unternehmenspolitik und die klare Ablehnung unternehmensschädigender Verhaltensweisen. Ein so entwickeltes gemeinschaftliches Wertesystem unterstützt die Sozialkontrolle im Unternehmen. 66 % der befragten Unternehmen achten dabei darauf, dass das Management die Mitarbeiter in Entscheidungen einbezieht, die sie betreffen. Unternehmen mit positiver Grundtendenz haben bei gleich hohem Kontrollniveau eine um sieben Prozent geringere Kriminalitätsbelastung (48 %). Unternehmen mit positiver Grundtendenz sind zudem weitaus weniger korruptionsgefährdet. Ihre Korruptionsquote beträgt lediglich 5 %. [728]

Hier wird deutlich, dass sowohl die Verhinderungen von Tatgelegenheiten als auch der Anreiz und die Rechtfertigung der Tat nicht auf einer normativen Ebene mittels strengerer oder erweiterten staatlichen Regulierung und Pönalisierung gelöst werden können. Vielmehr muss die subjektive Einstellung der potentiellen Täter geändert werden, welches nur mittels eines Wertemanagements erfolgsversprechend erscheint. Es wird nicht auf eine „Fremdsteuerung" durch Strafrecht gesetzt, sondern auf die Implementierung einer nachhaltigen Unternehmenskultur. Ziel eines Wertemanagements ist die nachhaltige Sicherung des

725 Einen Überblick bietet Marcus, Kontraproduktives Verhalten im Betrieb, S. 111 ff.

726 Bussmann/Salvenmoser, Wert von Compliance und Unternehmenskultur, CCZ 08, S. 192 (195).

727 Eigenstetter/Dobiasch/Trimprop, Ethical Climate in Organizations, Monatszeitschrift für Kriminologie und Strafrechtsreform 07, S. 224 ff.

728 Bussmann/Salvenmoser, Wert von Compliance und Unternehmenskultur, CCZ 08, S. 192 (195, 196).

Unternehmens auf rechtliche, ökonomische, ökologische und gesellschaftliche Weise.[729]

b) Wertmanagement

Ohne eine an Werten orientierte und vom Unternehmen gewollte und gelebte moralische Unternehmenskultur sind die Eindämmung und Vermeidung von wirtschaftsdelinquentem Verhalten nicht möglich.[730] Die Beachtung dynamischer Risikofaktoren gehört ebenso dazu wie die Unternehmenskultur.[731]

In Frage steht nunmehr, ob Compliance auch eine Maßnahme zur Wertsteigerung im wirtschaftlichen Sinne darstellt und damit Teil eines Wertmanagements ist. Ausgangspunkt der Überlegung ist, dass sich ein Unternehmen an der Maximierung seines Gewinns orientiert bzw. das Unternehmen selbst zu einem nachhaltigen und konkurrenzfähigen Wettbewerbsfaktor aufbaut.[732] Dabei ist jedoch zu berücksichtigen, dass die Gewinnmaximierung nicht kurzfristig im Rahmen von wirtschaftsdelinquentem Verhalten, zum Beispiel mittels Betrug, Untreue, Kartellabsprachen und Korruption, erreicht werden soll. Es sind nicht nur die finanziellen Kosten und potentiellen rechtlichen Konsequenzen der Delikte für die Unternehmen zu bedenken, sondern vor allem der Verlust der Innovations- und Wettbewerbsfähigkeit.[733] Demzufolge ist eine nachhaltige und dauerhafte Steigerung des Unternehmenswertes erforderlich. Die Wechselwirkung zwischen ethischem Wertemanagement und wirtschaftlichem Wertmanagement zeigt sich wie folgt: Eine klar definierte Unternehmenskultur und -politik und die Identifizierung eines jeden Mitarbeiters mit den Unternehmensleitlinien führen zu mehr Eigenverantwortung und damit auch zu einer höheren persönlichen Motivation für die unternehmerische Leistung und den Gewinn. Eigenverantwortliche und damit flexiblere und effizientere Prozesse wirken sich nicht nur auf die Mitarbeiter-, sondern auch auf die Kundenzufriedenheit aus. Eine erhöhte geschäftliche und gesellschaftliche Akzeptanz eröffnen Geschäfts- und Wachstumspotenzial.[734] Wertemanagement ist damit der Ausgangspunkt einer gewinnbringenden Investition in die Zukunft des Unternehmenswertes. Das gesellschaftliche Ansehen eines Unternehmens, das sich durch Handlungen

---

729 ZfW Zentrum für Wirtschaftsethik Deutschland, Wertemanagement-Broschüre, S. 4; abrufbar unter http://www.zfw-compliance-monitor.com/uploads/media/WerteManagementSystem_ZfW.pdf; zuletzt abgerufen am 02.10.2010.

730 So zutreffend Wieland, Unternehmensethik und Compliance-Management, CCZ 08, S. 15 (17).

731 Bussmann/Salvenmoser, Wert von Compliance und Unternehmenskultur, CCZ 08, S. 192 (197).

732 Vgl. Wiese, Mikroökonomik, S. 229.

733 Wieland, Unternehmensethik und Compliance-Management, CCZ 08, S. 15 (17).

734 Vgl. Dörmann in Wieland, Handbuch Wertemanagement, S. 10.

und Arbeitsweise der Mitarbeiter nachhaltig äußert, wird zum Börsenfaktor.[735] Die Konsequenz eines unlauteren bzw. deliktischen Verhaltens kann in einer Entziehung der *licence to operate and grow* münden, sei es durch Behörden wie der Staatsanwaltschaft, durch den Kapitalmarkt oder durch die Konsumenten bzw. Kunden und Geschäftspartner des Unternehmens.[736] Das von der öffentlichen Meinung als anstands- und instinktlos verstandene Vorgehen von Führungskräften kann zudem auch dazu führen, dass der Ruf nach dem Gesetzgeber immer lauter wird und ein normatives Vorgehen durch die Politik zu befürchten ist.[737] Compliance-Management ist somit kein Gutmenschentum, sondern eine Investition in die Reputation eines Unternehmens und damit in den Erfolg seines wirtschaftlichen Handelns.[738] Compliance hat also nichts mit Altruismus zu tun, sondern bringt dem Unternehmen Geld. Der gute Ruf eines Unternehmens ist genau wie die Marke ein bedeutender Vermögenswert. Am Ende eines Tages zählen nur nachhaltige Geschäfte, und nur saubere Geschäfte sind nachhaltige Geschäfte.[739]

II. Compliance als Führungs- und Gesellschaftsaufgabe

Corporate Compliance kann jedoch nicht ausschließlich als Mechanismus zur Haftungsvermeidung oder Straftatenprävention angesehen werden.[740] Der Fokus sollte auf eine integritätsförderliche Unternehmenskultur gerichtet werden.[741] Im Zentrum muss daher das Unternehmen in seiner Gesamtheit stehen.[742] Compliance ist viel mehr als Regel- und Gesetzestreue; es beinhaltet auch eine an Werten orientierte Geschäftsmoral. Dabei ist Compliance kein Gutmenschentum, sondern wie erörtert, eine Investition in die öffentliche Wahrnehmung des

---

735 Wieland, Wert und Werte-Ethik als Managementaufgabe, Personalwirtschaft Heft 7, 2001, S. 16 ff.

736 Vgl. Wieland, Unternehmensethik und Compliance-Management, CCZ 08, S. 15 (17).

737 Theusinger/Liese behandelten das Thema im Wirtschaftsrecht hinsichtlich Nebenleistungen an Aufsichtsratsmitglieder, siehe dieselb., Unnötiger Ruf nach dem Gesetzgeber, CCZ 08, S. 190 (190); siehe ferner Rademaker/Dunkel/Heissler/Grass, Aufsichtsratsprivilegien unter Beschuss, Financial Times Deutschland v. 05.08.2008, S. 1; ebenso Dunkel, Zypries verschont Aufsichtsräte, Financial Times Deutschland v. 08.08.2008, S. 10.

738 So richtigerweise Wieland, Unternehmensethik und Compliance-Management, CCZ 08, S. 15 (17).

739 Löscher in FAZ v. 20.03.2008, abrufbar unter http://www.faz.net/s/Rub D16E1F55D21144C4AE3F9DDF52B6E1D9/Doc~EB9F9B0362A4E4BAD8DB1889B D600FE00~ATpl~Ecommon~Scontent.html; zuletzt abgerufen am 02.10.2010.

740 Dies beklagt auch Wieland, Unternehmensethik und Compliance-Management, CCZ 08, S. 15 (17).

741 Bussmann/Matschke, Zukunft unternehmerischer Haftung, CCZ 09, S. 132 (137).

742 van Vormizeele, Compliance-Programme, CCZ 09, S. 41 (42).

Unternehmens und damit auch eine Anlage in seine wirtschaftliche Präsenz am Markt. An dieser Stelle wird die Wechselbeziehung und die Abhängigkeit zwischen Wert- und Wertemanagement deutlich.[743] Die Einhaltung von Sozialstandards und Ethikrichtlinien rückt immer stärker in den Mittelpunkt von Verbrauchern, Investoren und der Medienöffentlichkeit. Schwere Verfehlungen, fehlende Schutzbestimmungen und lückenhafte Kontrollsysteme im Bereich der unternehmerischen Nachhaltigkeit stellen ein erhöhtes Risiko für Unternehmen dar.[744] Gerade Wirtschaftsskandale der Vergangenheit haben gezeigt, dass Unternehmen nicht wegen Fehlens von *Codes of Ethics* oder *Codes of Conduct*[745] als Form klarer Handlungsanweisungen gescheitert waren. Vielmehr geht es um die Frage, wie Unternehmen systematisch und nachhaltig die Motivation von Führung und Mitarbeitern zu rechtlich und moralisch integrem Verhalten anhalten können.[746] Kriminologisch betrachtet wird vor allem der Sozialisation der Täter eine wesentliche Bedeutung für die Entstehung von Kriminalität zugeschrieben. Sozialisation findet gerade auch im Unternehmen statt, zumal viele Straftäter regelmäßig schon seit vielen Jahren dem Unternehmen angehören.[747] Durchschnittlich befanden sich die Delinquenten zum Zeitpunkt der Tat bereits acht Jahre auf ihrer Position. Wirtschaftsstraftäter sind demnach gerade keine Berufsanfänger, vielmehr sind sie sogar im eigenen Unternehmen „groß geworden".[748]

1. Wirtschaft braucht Verantwortung

Die Unternehmensführung beinhaltet dabei drei Hauptfunktionen: Gestalten, Lenken und Entwickeln.[749] Spektakuläre wirtschaftskriminelle Fälle und Firmengeschichten sind Impulsgeber für ein Überdenken des Zusammenhangs zwi-

---

743 Siehe Themenabschnitt.

744 Rau, Social Compliance, CCZ 08, S. 224 (224).

745 Dazu weitergehend Hopson/Graham Koehler, Compliance-Programme im Sinne der United States Federal Sentencing Guidelines, CCZ 08, S. 208 ff.

746 Siehe dazu Wieland, Wertemanagement und Corporate Governance, Working Paper Nr.3/2002, S. 4.

747 Bussmann/Werle, Crime in Companies, British Journal of Criminology 2006, S. 1128 f.

748 Es zeigt sich, dass der größte Anteil der Wirtschaftsstraftäter zum Topmanagement (29 %) und mittleren Management (38 %) gehörten. Das Ergab eine Studie, im Auftrag von PricewaterhouseCoopers und der Martin-Luther-Universität Halle-Wittenberg von TNS Emnid, bei der von April bis Mai 2009 in Deutschland Personen in 500 Unternehmen telefonisch interviewt wurden, die nach eigener Aussage für Kriminalprävention und –aufklärung verantwortlich waren, siehe PWC (Hrsg.), Compliance und Unternehmenskultur, S. 37.

749 Ulrich/Probst, Anleitung zum ganzheitlichen Denken und Handeln, S. 261. Zu den Begriffen der Unternehmensgestaltung, -lenkung und -entwicklung siehe Jung, Allgemeine Betriebswirtschaftslehre, S. 165.

schen Wert- und Wertequalität eines Unternehmens. So vermuten doch viele ganz allgemein eine grundsätzliche Erosion der Wertgrundlagen in der Gesellschaft und damit auch in der Wirtschaft und ihren Organisationen.[750]

Fraglich ist dabei, ob Corporate Compliance, Corporate Governance und eine integre Unternehmensführung[751] lediglich die Indoktrination von ehrbaren wirtschaftlichen Verhaltensweisen darstellen und eine wirtschaftliche Idealfigur in der Gestalt eines „ehrbaren Kaufmannes" halluzinieren. Zudem ist zu fragen, ob eine effektive, kollektive Lösung dadurch geschaffen werden kann, indem Individuen, inmitten eines Meinungs- und Wertepluralismus, auf gemeinsame Werte eingeschworen werden.[752]

Die Antwort ist scheinbar simpel: Die Implementierung eines Compliance-Systems spiegelt nicht vor, dass Wirtschaftsdelikte und Haftungsfälle nicht mehr begangen werden bzw. nicht mehr vorliegen. Jedoch bietet Compliance einerseits die realistische Möglichkeit, durch präventive Maßnahmen, wie etwa einem unternehmerischen Wertemanagement und marktwirtschaftlicher Verantwortung, Straftaten zu vermeiden. Anderseits kann Compliance durch Führung, Organisation, Transparenz und Kontrolle repressiv zur Straftatenaufdeckung und somit zur Erhaltung von unternehmerischen Reputationswerten beitragen. Daran ändert auch die Werte- und Gemengelage eines Unternehmens nichts. Gewisse Pflicht- und Akzeptanzwerte innerhalb eines Unternehmens, wie bspw. die Befolgung arbeitsvertraglicher Pflichten und unternehmerischer Leitlinien als auch die Gesetzes- und Regeltreue sind zwingend erforderlich und von jedem Unternehmensmitglied zu beachten. Werte der Selbstentfaltung eines jeden Unternehmensangehörigen sollten als Teil der Werte-Kultur erhalten bleiben.[753]

Wie bereits erörtert, dient die Befolgung von Rechts- und Regelsätzen dem unternehmerischen Gewinnstreben und dem marktwirtschaftlichen Wettbewerb. Indem kriminelles Handeln in seiner Folge nicht nur zu einem Wert-, sondern auch zu einem Wertevernichter wird, erwächst Corporate Compliance durch die Wahrnehmung einer unternehmerischen Geschäftsmoral zur gesellschaftlichen Verantwortung und ist damit auch unternehmerische Gesellschaftsaufgabe. Der „ehrbare Kaufmann"[754] ist dabei Sinnbild für Compliance-Anforderungen[755]

---

750 Weiß/Koch/Osterloh in Jäger/Rödl/Campos Nave, Praxishandbuch Corporate Compliance, S. 54.

751 Siehe hierzu Maak/Ulrich, Integre Unternehmensführung.

752 Siehe dazu Bacher, Korruptionsprävention durch Selbststeuerung, S. 29.

753 Jung, Allgemeine Betriebswirtschaftslehre, S. 167.

754 Der Begriff des Ehrbaren Kaufmanns ist in § 1 Abs. 1 IHKG angelegt, wonach es eine Kammeraufgabe ist, für Wahrung von Anstand und Sitte des ehrbaren Kaufmanns zu wirken.

und verdeutlicht einen zentralen, aber dogmatisch nur unter dem Aspekt von Treue und Glauben festgesetzten Rechtsgrundsatz: „Es gibt Dinge, die sind zwar nicht durch Regelwerke festgelegt, aber man tut sie einfach nicht. (...) Das Gefühl dafür ist zu vielen verloren gegangen''.[756]

Dieses Leitbild ist Ausdruck gesellschaftlicher Verantwortung von Unternehmen und eine Selbstverständlichkeit nachhaltigen Unternehmertums.[757] Das Credo einer ganzen Manager- und Mediengeneration, dass es „die einzige Verantwortung eines Wirtschaftsunternehmens sei, Gewinne zu schreiben", [758] wird abgelöst. Es vollzieht sich eine Änderung der Erwartungen vom Shareholder- zum Stakeholder-Interesse.[759] „Die Ära des Shareholder-Value neigt sich ihrem Ende zu und es gilt das Primat des Shareholder-Value als Haupttriebfeder zu überdenken."[760] Die Veränderung der Unternehmensbeziehungen zu den zentralen Anspruchsgruppen Mitarbeiter, Lieferanten, Kunden und Staat stehen heute als Prämisse im Mittelpunkt der Erfolgsmaximierung. Ökonomische, ökologische und soziale Verantwortlichkeit bilden eine Einheit und stellen eine Messgröße für die Bewertung eines Unternehmens dar.[761] Konsumenten und Investoren werden kritischer, und 86 % befragter Konsumenten neigen dazu, Produkte eines Unternehmens zu kaufen, welches seine gesellschaftliche Verantwortung übernimmt bzw. wahrnimmt. *Corporate Citizenship* bezeichnet demnach das Selbstverständnis eines Unternehmens als verantwortungsvoller Bürger der Gesellschaft, dem daraus erwachsenden Rechten und Pflichten nachzukommen.[762] Der Markt fordert in immer mehr Segmenten gesellschaftliche Verantwortung der Unternehmen. Der wachsende Wettbewerb, auch um Verantwortung, bietet

---

755 Ähnlich die Untersuchung von Stober, Ehrbarer Kaufmann als Schlüssel für Compliance-Anforderungen, NJW 10, 1573 (1573).

756 So der amtierende Präsident der DIHK Driftmann in FAZ v. 30.03.2009, abrufbar unter http://www.faz.net/s/Rub0E9EEF84AC1E4A389A8DC6C23161FE44/Doc~E0C611A8194CA4FD2BF2FB9A1472FE1F4~ATpl~Ecommon~Scontent.html; zuletzt abgerufen am 02.10.2010.

757 Leitl, Gesellschaftliche Verantwortung von Unternehmen in Köppl/Neureiter (Hrsg.), CSR, S. 105 (105).

758 So Milton Friedmann: „The one and only social responsibility of business (is) to increase profits so long as it stays within the rules of the game, which is to say, engages in open and free competition without deception or fraud'' in „Policy spotlight''; Sondernummer Corporate Social Responsibility Nr. 7, August /September 1997.

759 Köppl/Neureiter, Gesellschaftliche Verantwortung als Business-Motor in dieselb. (Hrsg.); CSR, S. 13 (14).

760 Vgl. dazu Kennedy, Ende des Shareholder-Value.

761 Köppl/Neureiter, Gesellschaftliche Verantwortung als Business-Motor in dieselb. (Hrsg.); CSR, S. 13 (14, 15).

762 Siehe die Nachweise bei Köppl/Neureiter, Gesellschaftliche Verantwortung als Business Motor in dieselb. (Hrsg.); CSR, S. 13 (18).

für Unternehmen somit ein neues Handlungsfeld, sich vom Mitbewerber positiv zu unterscheiden.[763] Es bleibt jedoch für die Unternehmen eine schwierige Entscheidung, solange Konkurrenten weniger ethisch handeln.[764] „Strategische Nächstenliebe", gekleidet im „eisernen Mantel der Verantwortung", erweist sich jedoch letzten Endes als Wirtschaftsfaktor.[765] *Corporate Social Responsability* ist das aus diesem Grundverständnis abgeleitete Managementprinzip der aktiven Übernahme der Verantwortung des Unternehmens für die Gesellschaft – zum Vorteil von Unternehmen und Gesellschaft.[766]

2. Verantwortung braucht Wirtschaft

Zwischen 1972 und 2000 durchgeführte empirische Studien belegen, dass zwischen „social performance" und „financial performance" eine positive Beziehung besteht.[767] Die Rolle des Kapitalmarktes in Bezug auf Corporate Social Responsability ist freilich simpel: Der Markt sorgt für die notwendige Beurteilung im Positiven wie im Negativen. Das Muster ist schier einfach: Der Erfolgreiche (oder Gute) wird belohnt, der Erfolglose (oder Böse) wird bestraft.[768] Die Auseinandersetzung mit dem Thema der Nachhaltigkeit und sozialer Verantwortung ist dabei weit mehr als eine Strategie für Unternehmen, die wieder mit einer blütenweißen Weste glänzen wollen. Es ist eine unternehmerische Strategie, durch Werte mehr Wert zu schöpfen.[769]

Die Wechselwirkung zwischen Werten und Wert, zwischen Verantwortung und Wirtschaft, eröffnet zwei Perspektiven: Aus der Mikro-Perspektive der Unternehmen ist die Auseinandersetzung mit ihrer sozialen Verantwortung ein Wachstumsthema und eine konkrete Herausforderung an das Management. Von der Makro-Perspektive der Wirtschafts- und Gesellschaftspolitik her betrachtet, bietet die Diskussion um eine wirtschaftliche Verantwortung und eine verantwortungsvolle Wirtschaft die Chance, Wirtschaft in der Gesellschaft zu veror-

---

763 Mitterbauer, Mit Verantwortung wachsen in Köppl/Neureiter (Hrsg.), CSR, S. 97 (101).

764 Lévy, Stakeholder-Ansprüche, in Köppl/Neureiter (Hrsg.), CSR, S. 281 (288).

765 Vgl. dazu Fischermann, Strategische Nächstenliebe – Die Ethikbranche wächst, Die Zeit 23/2001; abrufbar unter http://www.zeit.de/2001/23/200123_ethik.neu_neu.xml; zuletzt abgerufen am 02.10.2010.

766 Köppl/Neureiter, Gesellschaftliche Verantwortung als Business Motor in dieselb. (Hrsg.); CSR, S. 13 (18).

767 Margolis/Walsh, People and Profits?; nicht mehr verfügbar; vgl. http://www.csreurope.org.

768 Mostböck, Corporate Social Responsability aus Sicht des Kapitalmarktes, in Köppl/Neureiter (Hrsg.), CSR, S. 111 (111).

769 Bartenstein, Verantwortung braucht Wirtschaft, in Köppl/Neureiter (Hrsg.), CSR, S. 75 (77).

ten.[770] Auf den Bereich der Wirtschaftskriminalität übertragen, bedeutet nachhaltiges Management durch gesetzeskonformes Handeln, Risiken zu reduzieren.[771] Ein Wertemanagement ergänzt bereits existierende, in der Regel expost wirkende Steuerungs- und Kontrollinstrumente zu einem umfassenden, nachhaltig wirkenden und werteorientierten Risikomanagementsystem.[772]

III. Aufgabe der Rechtsprechung

Im nachfolgenden Themenabschnitt soll die Aufgabe der Rechtsprechung im Hinblick auf die Effektivität bei der Ahndung von Wirtschaftskriminalität im Rahmen eine Corporate Compliance-Organisation beleuchtet werden.

1. Corporate Compliance als allgemeiner Rechtsgedanke

Die Einhaltung und Beachtung geltenden Rechts ist seit jeher ein Erfordernis gesellschaftlichen Zusammenlebens und dementsprechend auch wirtschaftlicher und unternehmerischer Tätigkeit.[773] Indem die Implementierung einer Compliance-Struktur originäre Aufgabe der Unternehmensleitung ist,[774] beinhaltet der spezifische Compliance-Gedanke das Prinzip der organisatorischen Verantwortung, welches im Strafrecht schon früh als allgemeines Rechtsprinzip erkannt wurde.[775]

Neben „Lederspray" und „Mauerschützen" ist das jüngst ergangene Urteil des BGH zur Strafbarkeit von Compliance-Verantwortlichen[776] die dritte zentrale strafrechtliche Entscheidung, die das Compliance-Feld strukturiert. Während es bei den ersten beiden Entscheidungen jedoch um die (kollektive) Verantwortung der Vorstände, Geschäftsführer und Mitglieder des Nationalen Verteidigungsrates der DDR kraft ihrer organisatorischen Tatherrschaft ging, ist bei

770 Bartenstein, Verantwortung braucht Wirtschaft, in Köppl/Neureiter (Hrsg.), CSR, S. 75 (78).

771 Becker, Unternehmensführung heißt Verantwortung tragen, in Köppl/Neureiter (Hrsg.), CSR, S. 265 (277).

772 Vgl. Wieland/Fürst, WerteManagement- Der Faktor Moral im Risikomanagement, KIeM Working- Paper Series 01/2002, Konstanz, S. 5; abrufbar unter http://www.htwg-konstanz.de/fileadmin/pub/ou_kiem/Working_Papers/WP_01_2002_JW_Fuerst_WM_Faktor_Moral_im_Riskomgmt__Eval._EMB_.pdf; zuletzt abgerufen am 02.10.2010.

773 Vgl. Schneider, Compliance als Aufgabe der Unternehmensleitung, ZIP 03, S. 645 (646).

774 Siehe dazu die Ausführungen und Untersuchung unter 3. Kapitel, 2. Teil., B. I. 1a).

775 Rieble, Anmerkungen zu LG Braunschweig, Urt. v. 25.01.07 – 6 KLs 48/06, CCZ 08, S. 32 (35).

776 BGH, Urt. v. 17.07.2009 – 5 StR 394/08.

der kürzlich ergangenen Entscheidung erstmals über die institutionelle Garantenpflicht befunden worden.[777]

a) Lederspray-Entscheidung

Wie bereits erörtert, ging es in der Lederspray-Entscheidung neben Kausalitätsfragen im Hinblick auf die schädigende Wirkungsweise von Lederspray und damit in Zusammenhang stehenden Gesundheitsschäden, auch um die Frage der strafrechtlichen Verantwortung von Individualpersonen im Unternehmen. Der gesellschaftsrechtliche Grundsatz der Generalverantwortung und der Allzuständigkeit der Geschäftsleitung mündet strafrechtlich gesehen in die kollektive Verantwortung der Geschäftsführer kraft ihrer organisatorischen Tatherrschaft.[778]

b) Mauerschützen-Fall

Im Mittelpunkt der Entscheidung des BGH zur strafrechtlichen Haftung von Mitgliedern des Nationalen Verteidigungsrates der DDR für vorsätzliche Tötungen von Flüchtlingen durch Grenzsoldaten der DDR, dem sog. *Mauerschützen-Fall,*[779] steht die auf Beschlüssen des Verteidigungsrates beruhende Befehlslage an der Grenze der DDR zur Bundesrepublik Deutschland, wonach „Grenzdurchbrüche" durch Flüchtlinge aus der DDR in jedem Falle und unter Einsatz jeden Mittels zu unterbinden waren. Dabei wurde der Tod des Flüchtlings hingenommen, wenn anders ein Grenzdurchbruch nicht zu verhindern war.[780]

Dogmatisch handelt es sich dabei um die grundsätzliche Frage nach der strafrechtlichen Verantwortlichkeit des Hintermannes, der im Rahmen eines organisierten Machtapparates an untergeordnete, aber selbst als Täter voll verantwortliche Personen die Weisung zur Begehung einer Straftat erteilt.[781] Die rechtspolitische Relevanz dieser Täterschaftsform liegt in der als dominierend empfundenen Stellung der sog. „Schreibtisch-Täter".[782] Der Gedanke die Rechtsfigur des „Täters hinter dem Täter" auf wirtschaftliche Organisationsstrukturen zu übertragen, liegt daher nahe. Gerade bei wirtschaftsdelinquentem Verhalten in Unternehmen wird die Anweisung zur Begehung von Straftaten von einer höheren an eine unterstellte Hierarchieebene erteilt. Dabei wird jedoch

---

777 Rieble, Zivilrechtliche Haftung der Compliance-Agenten, CCZ 10, S. 1 (1).

778 Diese Ausführungen stellen nur einen Rückblick dar; insofern wird auf das 3. Kapitel, 2. Teil, D. I. 4. verwiesen.

779 BGH in NJW 00, S. 443.

780 BGHSt 40, S. 218 (222).

781 Rotsch, Die Rechtsfigur des Täters hinter dem Täter im Rahmen organisatorischer Machtapparate, NStZ 98, S. 491 (491).

782 Vgl. Roxin, Mittelbare Täterschaft, JZ 95, S. 49 ff; Gropp, Mittelbare Mit- Täter, JuS 96, S. 4 ff.

übersehen, dass es sich bei strafrechtlich relevanten Geschehnissen in Großunternehmen gerade nicht um räumlich und zeitlich begrenzte Handlungssituationen handelt. Die Situation in Großunternehmen stellt sich vielmehr anders dar. Oftmals geht es um systemische Prozesse, innerhalb derer sich häufig unbekannte Großrisiken erst nach jahrelanger Entwicklung in einem strafrechtlichen Erfolg bislang unbekannten Schadensausmaßes realisieren.[783]

Die Übertragbarkeit der Rechtsfigur des Täters hinter dem Täter auf wirtschaftliche Organisationsstrukturen scheitert dabei zunächst am ersten Übertragungshindernis: dem Kollektiv. Konstitutives Merkmal kollektiver Gewalt besteht darin, dass individuelles Handeln nicht als isolierte Tat und punktuelles Ereignis denkbar ist, sondern nur als Teil eines kollektiven Arbeitszusammenhangs, der eine nicht wegzudenkende Rahmenbedingung der individuellen Handlung darstellt.[784] Charakteristisch für solche Kollektivtaten ist die durch Gruppendynamik bedingte Konformität und eine durch Neutralisationsmechanismen[785] ausgelöste Paralysierung oder Suspendierung sonst wirksamer Normenvorstellungen, Kulturverbote, Hemmungen und Gewissensreaktionen.[786] Die Behauptung bzw. die Forderung, dass in zutreffender Weise nicht dem Einzelnen, sondern dem Gesamtsystem Gesellschaft bzw. der Unternehmensorganisation an sich der Vorwurf strafrechtlicher Verantwortlichkeit für die Begehung von Kollektivtaten zu machen ist, lässt sich nicht von der Hand weisen.[787] Im deutschen Strafrecht scheitert diese Überlegung jedoch zumindest am Schuldprinzip.[788]

Die formale Organisation Großunternehmen führt im Ergebnis dazu, dass es einen von den obersten Leitungsorganen instrumentalisierbaren und beherrschbaren Automatismus nicht gibt. Die Ausnutzung eines solchen betrieblichen Ablaufs setzt Voraussehbarkeit von Handlungsfolgen und Steuerbarkeit von Verhalten voraus. Dies sind jedoch Merkmale, an denen es in wirtschaftlichen Organisationsstrukturen vielfach mangelt.[789] Moderne Risiken und deren Auswir-

---

783 Rotsch, Individuelle Haftung in Großunternehmen, S. 23 ff.

784 Jäger, Makrokriminalität, Studien zur Kriminologie kollektiver Gewalt, S. 12.

785 Darunter wird formuliert, dass Personen, die kriminelle Handlungen ausführen, ihr Verhalten oft durch eine Reihe von typischen Rationalisierungen oder Argumenten rechtfertigen, vgl. Sykes/Matza, Techniques of Neutralization, Sociology 3305.

786 So Jäger, Makrokriminalität, Studien zur Kriminologie kollektiver Gewalt, S. 12.

787 Prittwitz, Strafrecht und Risiko, S. 197.

788 Strafe setzt demnach Schuld voraus und Grundlage dafür ist die Fähigkeit des Menschen, sich frei und richtig zwischen Recht und Unrecht zu entscheiden, vgl. dazu BVerfGE 95, S. 96 (131).

789 Rotsch, Die Rechtsfigur des Täters hinter dem Täter im Rahmen organisatorischer Machtapparate, NStZ 98, S. 491 (494).

kungen, die soziologisch mit „Risikogesellschaft“[790] und juristisch mit „Risikostrafrecht“[791] beschrieben worden sind, verdeutlichen nur zu gut, dass durch großunternehmerische Tätigkeit hervorgerufene Schäden für Individual- und Kollektivrechtsgüter oftmals nicht mehr beeinflussbar sind. Die Besonderheit des Unternehmensstrafrechtes[792] bzw. der formalen Organisation Großunternehmen liegt darin, dass Risikoverursachung und Risikobetroffenheit[793] aufgrund kollektiver Effekte von Individualhandlungen auseinanderfallen. Die subtile Wahrnehmung und die damit schwierige Bekämpfung dieser unbekannten Großrisiken führen dazu, dass umgekehrt eine Organisation, in der sich jene verwirklichen, nicht zur Erfolgsverwirklichung instrumentalisiert werden kann.[794]

Das dritte Übertragungshindernis liegt in der formalen Organisation von Großunternehmen. Die Organisationsstruktur ist gekennzeichnet durch die der Vielfalt der betrieblichen Aktivitäten entsprechenden zahllosen betrieblichen Subsystemen und Hierarchieebenen. Gerade die vertikal ausgestalteten Koordinations- und Delegationssysteme[795] zwischen Unternehmensleitung und Abteilungsleitern und ihren Mitarbeitern führen oftmals zu Informations- und Wissensverlust im strafrechtlichen Sinne.[796] *Willfull blindness* ist das Stichwort, das dieses Phänomen zutreffend beschreibt.[797] Komplexe Interaktion hindert individuelle Steuerung.[798] Dies kann in einem rechtsstaatlich-liberalen Strafrechtsverständnis, das objektive Herrschaftsmacht und nicht bloß mittelbare Vermittlungsmacht zur Begründung täterschaftlicher Haftung verlangt, nur dazu führen, dass die Rechtsfigur des Täters hinter dem Täter in wirtschaftlichen Großunternehmen ihre kriminalpolitische Rechtfertigung verloren hat.[799]

---

790 Siehe dazu Beck, Risikogesellschaft.

791 Der Begriff wurde von Wolter in Objektive und personale Zurechnung von Verhalten geprägt. Aus der umfangreichen strafrechtlichen Literatur siehe Albrecht, Strafrecht als Interventionsstaat, KritV 88, S. 182 ff; Hassemer, Prävention im Strafrecht, JuS 87, S. 257 ff; Prittwitz, Funktionalisierung des Strafrechts, StV 91, S. 435 ff.

792 Siehe dazu Trüg, Unternehmensstrafrecht, wistra 10, S. 241.

793 Lau, Risikodiskurse, Soziale Welt 89, S. 418 (423).

794 So zutreffend Rotsch, Die Rechtsfigur des Täters hinter dem Täter im Rahmen organisatorischer Machtapparate, NStZ 98, S. 491 (494).

795 Heine, Die strafrechtliche Verantwortlichkeit von Unternehmen, S. 35 ff.

796 Vgl. dazu Perrow, Normale Katastrophen, S. 107 ff.

797 Schemmel/Kirch- Heim, Willfull Blindness, CCZ 08, S.96 (96); siehe auch die synonym verwendeten Begriffe „conscious avoidance“ und „deliberate ignorance“, vgl. dazu Robbins, Deliberate Ignorance, 81 Journal of Criminal Law and Criminology (1990), S. 191.

798 Vgl. dazu Perrow, Normale Katastrophen, S. 107 ff.

799 So zutreffend Rotsch, Die Rechtsfigur des Täters hinter dem Täter im Rahmen organisatorischer Machtapparate, NStZ 98, S. 491 (495).

c) *BSR-Entscheidung*

aa) Sachverhalt

Über die strafrechtliche Verantwortlichkeit und Verpflichtung von Compliance-Beauftragten befand jüngst der BGH in einer Grundsatzentscheidung.[800] Der Angeklagte war seit 1989 als Volljurist bei den Berliner Stadtreinigungsbetrieben beschäftigt und zudem Leiter des Stabsbereich Gremienbetreuung sowie Leiter der Rechtsabteilung. Zwischen 2000 und Ende 2002 war ihm des Weiteren auch die Innenrevision unterstellt. Infolge eines Versehens wurden bei der Berechnung der Tarifperiode 1999/2000 auch die Kosten für die Straßen zu 75 % einbezogen, für die es keine Anlieger gab. Diese Kosten hätte das Land Berlin vollständig tragen müssen. Der Berechnungsfehler wurde in der Folgezeit bemerkt, aber nicht korrigiert. Der Angeklagte unterließ es, den Vorstand der BSR auf den Fehler bei der Berechnung eines öffentlichen Tarifs für die Straßenreinigung hinzuweisen.[801]

bb) Entscheidung des Gerichts

Die BSR-Entscheidung greift in strafrechtlichem Gewand die durch die Baustoff-Entscheidung[802] des VI. Zivilsenates des BGH verstärkte Debatte über die Voraussetzungen einer Eigenhaftung von Geschäftsführern und Vorständen wegen Verletzung einer Garantenpflicht auf.[803] In der BSR-Entscheidung sah der BGH das Verhalten des ehemaligen Leiters der Innenrevision als strafbare Beihilfe zum Betrug an.[804] Der BGH stufte den Compliance-Officer für den Regelfall als Garanten i.S.v. § 13 Abs. 1 StGB ein. Als Leiter der Innenrevision und als Bediensteter einer Anstalt des öffentlichen Rechts, sei der Angeklagte nämlich verpflichtet gewesen, die Einhaltung der gesetzlichen Regeln auch zum Schutze der Entgeltschuldner sicherzustellen.[805] Die Entstehung der Garantenpflicht folgt aus der Überlegung, dass demjenigen, dem Obhutspflichten für eine bestimmte Gefahrenquelle übertragen sind,[806] dann auch eine „Sonder-

---

800 BGH, Urt. v. 17.07.2009- 5 StR 394/08.

801 BGH, Urt. v. 17.07.2009- 5 StR 394/08, Rn. 5.

802 BGH, Urt. v. 05.12.1989- VI ZR 335/88, wo es um die persönliche Haftung des Geschäftsführers einer später in die Insolvenz gefallenen GmbH (Bauunternehmen) ging. Die GmbH baute unter Eigentumsvorbehalt gelieferte Baustoffe ein, wodurch der Lieferant sein Eigentum verlor. Auf dessen Klage hielt der BGH den Geschäftsführer der GmbH persönlich gem. § 823 Abs.1 BGB zum Schadensersatz verpflichtet, da er seine Pflicht zur Vermeidung einer Kollision zwischen Eigentumsvorbehalt des Lieferanten mit dem Abtretungsverbot des Auftraggebers verletzt habe.

803 Lackhoff/Schulz, Unternehmen als Gefahrenquelle, CCZ 10, S. 81 (81).

804 BGH, Urt. v. 17.07.2009- 5 StR 394/08, Rn. 1- 6.

805 BGH, Urt. v. 17.07.2009- 5 StR 394/08, Rn. 6.

806 Siehe dazu Roxin, Strafrecht AT 2, S. 712 ff.

verantwortlichkeit" für die Integrität des von ihm übernommenen Verantwortungsbereichs trifft.[807] Maßgeblich ist dabei, die Bestimmung des Verantwortungsbereichs, den der Verpflichtete übernommen hat. Dabei kommt es jedoch nicht auf die Rechtsform der Übertragung an, sondern darauf, was unter Berücksichtigung des normativen Hintergrundes Inhalt der Pflichtenbindung ist.[808] Begründend ist demzufolge die tatsächliche Übernahme des Pflichtenkreises, wobei nicht jede Übertragung von Pflichten auch eine Garantenstellung im strafrechtlichen Sinne begründet. Hinzutreten muss regelmäßig ein besonderes Vertrauensverhältnis, das den Übertragenden gerade dazu veranlasst, dem Verpflichteten besondere Schutzpflichten zu überantworten.[809] Die Zielrichtung der Beauftragung ist dabei entscheidend. Es kommt darauf an, ob sich die Pflichtenstellung des Beauftragten allein darin erschöpft, die unternehmensinternen Prozesse zu optimieren und gegen das Unternehmen gerichtete Pflichtverstöße aufzudecken und künftig zu verhindern. Denkbar wäre jedoch auch, dass der Beauftragte weitergehende Pflichten dergestalt hat, dass er auch vom Unternehmen ausgehende Rechtsverstöße zu beanstanden und gleichsam zu unterbinden hat.

Der BGH erkennt selbst, dass es solche Posten im Wirtschaftsleben bereits unter der Funktion des Compliance Officers gibt. Derartige Beauftragte werde regelmäßig eine strafrechtliche Garantenpflicht i. S. d. § 13 Abs. 1 StGB treffen, solche im Zusammenhang mit der Tätigkeit des Unternehmens stehende Straftaten von Unternehmensangehörigen zu verhindern.[810] Dies sei die notwendige Kehrseite ihrer gegenüber der Unternehmensleitung übernommenen Pflicht, Rechtsverstöße zu unterbinden.[811]

cc) Praxisfolgen

Der BGH sagt klar,[812] dass diese Garantenverantwortung nur jene Compliance Officer treffen kann und soll, deren zentrale Aufgabe es ist, Rechtsverstöße und insbesondere Straftaten zu vermeiden. Die Garantenstellung sei die notwendige Kehrseite, der gegenüber dem Unternehmen übernommenen Verantwortung.[813]

---

807 Freund in MüKo StGB, § 13, Rn. 161.

808 Vgl. BGHSt 43, S. 82; Fischer, StGB, § 13, Rn. 17.

809 BGH, Urt. v. 17.07.2009- 5 StR 394/08, Rn. 25; siehe dazu auch BGHSt 46, 196 (202); 39, 392 (399).

810 BGH, Urt. v. 17.07.2009- 5 StR 394/08, Rn. 26, 27.

811 Kraft/Winkler, Garantenstellung des Compliance-Officers, CCZ 09, S. 29 (32).

812 Zu beachten ist in diesem Zusammenhang, dass die diesbezüglichen Ausführungen in einem obiter dictum ergangen sind. Obiter dicta haben bekanntlich die Schwäche, zur konkreten Rechtsfindung des Einzelfalles nichts beizutragen, die Leser regelmäßig zu verwirren und häufig späteren Erkenntnissen im Wege zu stehen; vgl. dazu Dörner, Neues aus dem Befristungsrecht, NZA, S. 57 (58)

813 BGH, Urt. v. 17.07.2009 - 5 StR 394/08, Rn. 27.

Dieser Schluss ist jedoch keinesfalls zwingend. So werden Einzelheiten der vom Compliance-Officer übernommenen Aufgaben in aller Regel arbeitsvertraglich bestimmt.[814] Über eine entsprechende Garantenstellung ist damit noch nichts gesagt.[815] Strafrecht ist subsidiärer Rechtsgüterschutz und nicht jeder Verstoß gegen eine arbeitsvertragliche Pflicht stellt zugleich eine Straftat dar.[816] Strafrechtliche Sanktionen sind unter der Auffassung eines freiheitlich-liberalen Strafrechts nur dann gerechtfertigt, wenn das Zivilrecht allein einen wirksamen Rechtsgüterschutz nicht ausreichend gewährleisten kann. Dies ist jedoch zu bezweifeln, da arbeitsrechtliche Konsequenzen, wie etwa die mangelnde Möglichkeit einer Haftungsfreistellung nach den Grundsätzen des innerbetrieblichen Schadensausgleiches bei vorsätzlichem Verhalten ausgeschlossen sein dürften.[817] Eine mögliche Strafbarkeit aufgrund einer Garantenstellung des Compliance-Officers stellt demzufolge keine notwendige Kehrseite der von ihm arbeitsvertraglich übernommenen Aufgaben und Befugnisse dar.[818]

Zu beachten ist, dass einem „einfachen" Leiter der Rechtsabteilung und/oder Leiter der Innenrevision[819] eine solche Abwendungspflicht laut BGH allenfalls ausnahmsweise treffen kann. Ihm ist keine Verhinderungsverantwortung übertragen. Dass er rechtswidriges Verhalten anderer Unternehmensangehöriger beanstanden kann, reicht nicht aus. Die Strafbarkeit, die der BGH in dem in Rede stehenden Urteil feststellt, ist allein den Sonderheiten des Einzelfalls geschuldet.[820] Der BGH rekurriert zur Begründung der Garantenstellung auf einen Vergleich mit der rechtlichen Stellung gesetzlich vorgeschriebener Betriebsbeauftragter, insbesondere mit der Position von Gewässerschutz- (§ 21 a WHG), Immissionsschutz- (§§ 53 ff. BImSchG) und Strahlenschutzbeauftragten (§§ 31 ff. StrahlenschutzVO).[821] Die Rechtsprechung hat zumindest beim Gewässerschutzbeauftragten aufgrund seiner gesetzlichen Kontroll-, Informations-

---

814 Kraft/Winkler, Garantenstellung des Compliance-Officers, CCZ 09, S. 29 (32).

815 Otto, Haftung in Unternehmen, Jura 98, S. 409 (413).

816 Joecks in MüKo StGB, Einleitung Rn. 29.

817 Preis in ErfK, § 619 a BGB Rn. 14, 26.

818 So zutreffend Campos Nave/Vogel, Die erforderliche Veränderung von Corporate Compliance-Organisationen, BB 09, S. 2546 (2548).

819 Die Tätigkeit vom Compliance und Innenrevision überschneiden sich insoweit, als beide auch die Einhaltung von Normen überwachen. Sie unterscheiden sich darin, dass die Kontrollaktivitäten des Compliance-Officers in die Unternehmensprozesse integriert sind, während die Prüfungshandlungen des Revisionsleiters prozessunabhängig sind und primär rückblickend erfolgen; vgl. dazu Küting/Busch, Überwachungsbegriffe, DB 09, S. 1361 (1366); Amling/Bantleon, Interne Revision, DStR 08, S. 1300 (1301).

820 Rieble, Zivilrechtliche Haftung der Compliance-Agenten, CCZ 10, S. 1 (1).

821 BGH, Urt. v. 17.07.2009- 5 StR 394/08, Rn. 24.

und Initiativpflichten eine Garantenstellung angenommen.[822] Jedoch bestehen zwischen den gesetzlich Beauftragten und dem Compliance-Officer gewichtige Unterschiede. Der Betriebsbeauftragte überwacht als „verlängerter Arm" der Behörden spezifische betriebliche Gefahrenquellen, von denen nach Auffassung des Gesetzgebers erhöhte Risiken für Rechtsgüter der Allgemeinheit oder Dritter ausgehen. Außerhalb des § 33 Abs. 1 WpHG ist die Funktion des Compliance-Officers nicht gesetzlich vorgeschrieben,[823] und steht im Ermessen der Unternehmensleitung.[824] Eine strafrechtliche Garantenstellung kann daher weder an bestimmten gesetzlichen Bestimmungen festgemacht noch mit einer behördenähnlichen Überwachungsfunktion des Compliance-Officers begründet werden.[825]

Des Weiteren stehen auch der Sinn und Zweck der Funktion eines Compliance-Officers der Annahme einer strafrechtlichen Garantenstellung entgegen. Dies erkennt auch der BGH, indem er die Annahme einer strafrechtlichen Verantwortung über zivilrechtliche Pflichten hinaus auf vertraglicher Grundlage sieht.[826] Jedoch übersieht das erkennende Gericht, dass die Bestimmung dieses Zwecks anders als im Fall gesetzlich vorgeschriebener Betriebsbeauftragter in erster Linie den Vertragsparteien obliegt.[827] Zu den wichtigsten Nutzungsaspekten und damit zum vornehmlichsten Zweck eines Compliance-Officers zählen die Schadensprävention und die Reputationssicherung.[828] Die nachhaltige und rechtmäßige Wertschöpfung liegen im Interesse der Unternehmenseigner; aus Sicht der Unternehmensleitung spielt die Reduzierung der eigenen haftungsrechtlichen Risiken eine große Rolle.[829] Öffentlichkeit und Vertragspartner des Unternehmens profitieren von einem Compliance-System, wobei es sich dabei jedoch um eine unbeabsichtigte Nebenfolge, im Gegensatz zum gesetzlichen Betriebsbeauftragten, handeln dürfte.[830]

Die Anknüpfung des BGH an das individuelle Aufgabengebiet und das konkrete Verhalten des Compliance Officers sowie eine auf den Einzelfall bezogene

---

822 So OLG Frankfurt am Main in NJW 87, S. 2753 (2757).

823 Spindler in MüKo zum AktG, § 91, Rn. 36.

824 Bürkle, Compliance als Pflicht oder Kür, BB 05, S. 565 (568).

825 Campos Nave/Vogel, Die erforderliche Veränderung von Corporate Compliance-Organisationen, BB 09, S. 2546 (2548).

826 BGH, Urt. v. 17.07.2009 – 5 StR 394/08, Rn. 26; zur Möglichkeit der Übernahme einer Garantenstellung auf vertraglicher Grundlage siehe Fischer, StGB, § 13, Rn. 20.

827 Vgl. Kraft, Die Garantenpflicht, wistra 10, S. 81 (85).

828 Vgl. Wybitul, Strafrechtliche Verpflichtung von Compliance-Beauftragten, BB 09, S. 2263 (2264).

829 Vgl. § 91 Abs. 2 AktG.

830 Campos Nave/Vogel, Die erforderliche Veränderung von Corporate Compliance-Organisationen, BB 09, S. 2546 (2548).

Pflichtendelegation und -übernahme belegt zweierlei: Zum Einen, dass es den Compliance Officer als solchen mit einheitlichem Verantwortungsbereich nicht gibt.[831] Zum Anderen wird deutlich, dass ein Unternehmensinhaber nur jene Garantenverantwortung delegieren kann, die er selbst hat. Damit verstärkt die Entscheidung das Nachdenken über die Schutzgarantenstellung der Unternehmensspitze.[832] Wer aus der Entscheidung jedoch den Schluss zieht, dass durch einfache „dogmatische" Handgriffe eine Strafbarkeit per se vermieden werden kann, begibt sich auf „haftungsrechtliches" Eis. Die Enthaftung des Compliance Officers durch die Vermeidung von Universalzuständigkeiten und die Feststellung einer fehlenden Weisungsbefugnis und Anordnungskompetenz[833] sind ein riskanter Trugschluss. Wenn die Unternehmensspitze beim Compliance Officer als Delegationsempfänger (Delegatar) keine eigene, rechtlich ausreichende Verantwortung begründet, ist schon dies ein Organisationsfehler und damit ein Compliance-Verstoß. Der Delegierende (Delegant) muss zumindest über § 130 OWiG und mit zivilrechtlicher Haftung einstehen.

Ein systematisches Argument spricht jedoch gegen die Garantenstellung des Compliance-Officers. Im deutschen Strafrecht gilt der Grundsatz, dass keine Pflicht zur Verhütung von Straftaten anderer besteht.[834] Ob über § 130 OWiG hinaus im Bereich der Privatwirtschaft eine strafrechtliche Geschäftsherrenhaftung besteht, ist umstritten.[835] Dabei ist vornehmlich zu beachten, dass eine vom Gesetzgeber nicht vorgesehene strafrechtliche Geschäftsherrenhaftung aus systematischen Gründen nicht über den Umweg des unechten Unterlassungsdelikts eingeführt werden darf.[836] Compliance ist Führungsaufgabe und gehört zur Leitung der Gesellschaft.[837] Die Letztverantwortung für das rechtmäßige Handeln von Unternehmen und deren Angehörigen bleibt somit bei der Geschäftslei-

831 Bürkle, Grenzen der strafrechtlichen Garantenstellung, CCZ 10, S. 4 (5).

832 Siehe dazu Reichert/Ott, Non Compliance in der AG, ZIP 09, S. 2173 (2174), die die Compliance-Pflichten des Vorstands behandeln, nicht aber die viel weitergehende Garantenpflicht zur Verhinderung bestimmter Straftaten.

833 So etwa bei Kraft/Winkler, Garantenstellung des Compliance-Officers, CCZ 09, 29 (33).

834 Roxin, Strafrecht AT 2, § 32 V, Rn. 125; Ausnahmen von diesem Grundsatz, die die Nichtverhinderung von Straftaten durch Vorgesetzte unter Strafe stellen sind bspw. § 357 Abs.1 StGB, § 108 Abs. 1 S. 1 SeemG, § 41 WStG.

835 Zum Meinungsstand siehe Roxin, Strafrecht AT 2, § 32, V, Rn.134; Otto, Haftung in Unternehmen, Jura 98, S. 409 (413); Berndt, CO, StV 09, S. 689 (690); Rönnau/Schneider, CO, ZIP 10, S. 53 (54).

836 Jeschek in LK, § 13, Rn. 45.

837 Schneider/Schneider, Konzern-Compliance, ZIP 07, S. 2061 (2062).

tung.[838] Wer die Verantwortung nicht wirksam delegiert, behält sie, haftet und macht sich im schlimmsten Falle strafbar. Während der Compliance Officer nur für sein konkretes Abwendungsunterlassen verantwortlich ist,[839] muss die Unternehmensleitung auch für den Organisationsmangel einstehen. Eine haftungsbefreiende umfassende Delegation an den Compliance Officer ist ohnehin nicht möglich.[840] Es bleibt aufgrund gesetzlicher Anforderungen an die Unternehmensspitze gem. § 43 GmbHG und § 111 AktG bei der gesellschaftsrechtlichen Letztverantwortung der Geschäftsleiter für das rechtskonforme Unternehmensverhalten.[841] Die faktisch „akzessorische" Compliance-Verantwortung und die daraus resultierende Garantenpflicht des Compliance Officers kann daher jedenfalls nicht über die Verantwortlichkeit der Geschäftsleiter hinausgehen, da der Compliance-Officer andernfalls anstelle der Geschäftsleitung gem. § 14 Abs. 2 StGB strafrechtlich zur Verantwortung gezogen würde.[842]

Zweifelhaft und unbefriedigend bleibt indes die unklare Pflichtenlage, weil offen ist, ob das erkennende Gericht mit seiner Formulierung „zu beanstanden und zu unterbinden"[843] so verstanden werden will, dass der Compliance Officer selbstständig Abhilfemaßnahmen anordnen muss oder ob „zu unterbinden" nur im Sinne zumutbarer interner Beanstandungen gemeint war.[844] Obgleich diese Erkenntnislage dogmatisch unsauber und unbefriedigend ist, so lässt sich daraus jedoch ableiten, dass der BGH von einer Unterscheidung von Interventionsfällen („zu unterbinden") und Präventionsfällen („zu verhindern") auszugehen scheint.[845] Ungeachtet dessen, kann der erkennende Senat angesichts der Konturenlosigkeit der verwendeten Begriffe dem strafrechtlichen Bestimmtheitsgebot aus Art. 103 Abs. 2 GG i. V. m. § 1 StGB nicht genügen.[846]

---

838 So etwa bei Kraft/Winkler, Garantenstellung des Compliance Officers, CCZ 09, 29 (31).

839 Zur Rechtsstellung des Compliancebeauftragten siehe Casper, Compliancebeauftragter, in FS Schmidt, S. 199 ff.

840 Anders jedoch Fecker/Kinzl, Arbeitsrechtliche Stellung des Compliance-Officers, CCZ 10, S. 13 (20), die eine Korrespondenz zwischen der Haftung des Compliance-Officers und der Enthaftung des Vorstands sehen.

841 Siehe Bürkle, Grenzen der strafrechtlichen Garantenstellung, CCZ 10, S. 4 (5).

842 Campos Nave/Vogel, Die erforderliche Veränderung von Corporate Compliance-Organisationen, BB 09, S. 2546 (2549).

843 BGH, Urt. v. 17.07.2009- 5 StR 394/08, Rn. 27.

844 Fecker/Kinzl, Arbeitsrechtliche Stellung des Compliance-Officers, CCZ 10, S. 13 (15).

845 Der Senat verwendet in den Entscheidungsgründen die Verben „verhindern" und „unterbinden" synonym; vgl. Thomas, Rechtsprechungsanmerkung zu BGH, Urt. v. 17.07.2009 - 5 StR 394/08 in CCZ 09, S. 240.

846 So richtigerweise Campos Nave/Vogel, Die erforderliche Veränderung von Corporate Compliance-Organisationen, BB 09, S. 2546 (2549).

Ungeklärt lässt der BGH mit seiner Entscheidung auch die dogmatische Frage nach der Kausalität: Wer durch eigenes Tun andere an ihrer rechtswidrigen Tat hindern soll, dem kann das Unterlassen nur vorgeworfen werden, wenn der Abwendungserfolg konkret hätte bewirkt werden können. Dazu muss festgestellt werden, dass diese Handlung auch zum Verhandlungserfolg geführt hätte. Mitunter bleibt offen, wie das Verhältnis zwischen der schutzgutsbezogenen Garantenpflicht i. S. d. § 13 StGB (deren vorsätzliche Verletzung zur Strafbarkeit führt) gegenüber der rechtstreuebezogenen Aufsichtspflicht des § 130 OWiG zu werten ist (deren auch nur fahrlässige Verletzung das Bußgeld auslöst). Daran krankt die höchstrichterliche Entscheidung.[847]

2. Effektivität der Rechtsprechung

Mit der Qualifizierung des Compliance-Officers für den Regelfall als strafrechtlichen Garanten erfolgt eine weitere Verlagerung der Kriminalprävention in die Unternehmen durch die Rechtsprechung. Es ließe sich daher die Auffassung vertreten, dass eine Kriminalisierung der am Wirtschaftsleben beteiligten Unternehmen und ihrer Organe nicht ausreichend ist, um tatsächlich die Unternehmen und deren Lenkungs- sowie Aufsichtsorgane zu einem pflichtgerechten Verhalten zu veranlassen.[848]

Bei näherer Betrachtung erweist sich diese Ansicht jedoch als verfehlt: Obwohl die jüngst ergangene Entscheidung in dogmatischer und unternehmenspolitischer Hinsicht Lücken aufweist, so muss sie doch kriminalpolitisch als gelungen betrachtet werden. Durch die mit der Entscheidung geäußerte Rechtsansicht des BGH sind die Unternehmen nunmehr aufgerufen, selbst haftungs- und strafbarkeitsvermeidende Instrumente zu entwickeln und zu implementieren. Des Weiteren hat der BGH mit seiner Judikatur im Rahmen der organisatorischen Verantwortung belegt und erwiesen, dass auch gesellschafts- und konzernrechtlich verstrickte Unternehmen mittels einfacher strafrechtlicher Instrumentarien wie der Kausalität und Täterschaft und Teilnahme zur Rechenschaft gezogen werden können. Demzufolge kann daher die These aufgestellt werden, dass es im Rahmen des Wirtschaftsstrafrechts keines regulatorischen Eingreifens durch den Gesetzgeber bedarf. Darauf wird später noch vertieft einzugehen sein.

An dieser Stelle darf jedoch nicht außer Betracht gelassen werden, dass es eines Zusammenspiels zwischen Prävention und Repression bedarf: Zum Einen

---

847 So zutreffend Rieble, Zivilrechtliche Haftung der Compliance-Agenten, CCZ 10, S. 1 (2, 4). Anders Rönnau/Schneider, ZIP 10, S. 53 (61), die dem BGH weitestgehend vollumfänglich zustimmen.

848 Campos Nave/Vogel, Die erforderliche Veränderung von Corporate Compliance-Organisationen, BB 09, S. 2546 (2550); Hegnon, Aufsicht als Leitungspflicht, CCZ 09, S. 57 (57).

angeleitete Prävention im Lichte der Gesetzgebung. Zum Anderen Repression und Sanktion durch Anwendung der Gesetze durch die Judikative und durch den Markt. Beispielsweise kann dies durch den Ausschluss des betreffenden Unternehmens von der öffentlichen Auftragsvergabe erfolgen.[849] Zudem kann das Unternehmen verpflichtet sein, auf eine Abweichung der Unternehmensführung von „üblichen Standards" hinzuweisen. Dies erfolgt bei kapitalmarktorientierten Unternehmen durch den Corporate Governance Kodex und der Entsprechenserklärung gem. § 161 AktG sowie § 289 a HGB.[850]

3. Zwischenergebnis

Insgesamt zeigt sich, dass aus den verschiedensten Gründen, die der Wirtschaftskriminalität immanent sind, Haftungs-, Straftaten-und Risikovermeidung unmittelbar im Unternehmen und aus diesem heraus anzusetzen ist. Aufgrund der Zurechnungsprobleme, die durch moderne Formen der Unternehmensführung wie Dezentralisierung hervorgerufen werden, muss der Wirtschaftsdelinquenz auf verschiedenen Ebenen begegnet werden. Stehen im Mittelpunkt des Kriminalstrafrechts und der unternehmerischen Selbstverpflichtung durch Fremdsteuerung noch die Überwachung des Wirtschaftsstraftäters im Vordergrund, so setzt die unternehmerische Selbstverpflichtung durch Selbststeuerung ganzheitlich an. Die variablen unternehmerischer Organisationsformen sind mit vielen Unwägbarkeiten verbunden.[851]

Compliance setzt als Maßnahme zur Wert(e)steigerung eines Unternehmens an. Durch Werte sollen die Mitarbeiter angeleitet werden, rechts- und gesetzestreu zu handeln. Dem liegen keine, wenn auch wünschenswerte, altruistische Motive zu Grunde. Compliance kann als Maßnahme zur Verbesserung des eigenen Ratings fungieren und den Wert des Unternehmens steigern. Durch wirtschaftliche Anreize werden Unternehmenswerte geschaffen. Compliance ist dabei Führungs- und Gesellschaftsaufgabe.

Die Rechtsprechung übernimmt bei der Ahndung von Wirtschaftskriminalität die Erfassung neuartiger unternehmerischer Kriminalitätsformen mittels altbekannten strafrechtlichen Zurechnungsinstrumentarien. Corporate Compliance wird als allgemeiner Rechtsgedanke verstanden und angewendet. Während das Unternehmen an sich präventiv durch Selbststeuerung mittels eines angeleiteten

849 Eine Übersetzung des Gesetzestextes findet sich unter http://www.linguee.com/english-german/translation/black+economic+empowerment+.html; zuletzt abgerufen am 02.10.2010.

850 So auch Campos Nave/Vogel, Die erforderliche Veränderung von Corporate Compliance- Organisationen, BB 09, S. 2546 (2550).

851 Vgl. Spindler in Hettinger, Verbandsstrafe, S. 77 (120); Heine in Hettinger, Verbandsstrafe, S. 121 (121); Bosch, Organisationsverschulden in Unternehmen, S. 589.

Wertesystems Straftaten vermeiden kann, übernimmt die Judikative die repressive Ahndung von Wirtschaftsverstößen. Gesetzgeberisches Tätigwerden ist demnach zur Haftungs- und Straftatenvermeidung durch weitere Regulierung indes nicht nötig.

Auf den weiteren Hintergrund der Haftungs-und Straftatenvermeidung durch unternehmerische Selbstverpflichtung mittels Selbststeuerung, Compliance, ist im nachfolgenden Kapitel einzugehen. Dies lässt sodann den grundsätzlichen Unterschied zwischen Compliance, Corporate Governance und Kriminalstrafrecht erkennen.

4. Kapitel: Gegenüberstellung und Vergleich

In diesem Themenabschnitt wird untersucht, inwieweit sich die Regelungskonzepte des Kriminalstrafrechts und der unternehmerischen Selbstverpflichtung durch Corporate Governance und Corporate Compliance bei der Eindämmung und Vermeidung von Wirtschaftskriminalität unterscheiden. Vornehmlich wird es darum gehen, die unterschiedlichen, entgegengesetzten Anknüpfungspunkte zu erörtern: Zum Einen die individualstrafrechtliche Ausrichtung am individuellen Straftäter, die jedoch zunehmend durch die Schaffung von Gefährdungstatbeständen und die Unbestimmtheit und Ausweitung von Straftatbeständen rechtsstaatliche Bedenken hervorruft. Zum Anderen die Ausrichtung am Unternehmen als Kollektiv und Anknüpfungspunkt zur Straftatenvermeidung und Haftungsprävention.

A. Das strafrechtliche System der Fremdsteuerung

Die Antwort des klassischen Kriminalstrafrechts auf in Korporationen begangenen Wirtschaftsstraftaten sei an dieser Stelle noch einmal kurz dargestellt.[852] Das deutsche Strafrecht gründet auf dem Individualtäter, der nach dem Prinzip der Eigenverantwortlichkeit als Zentralfigur des Geschehens sämtliche Handlungen beherrscht. Das Ziel dieses Strafrechtssystems ist die Aktivierung und Stabilisierung von eigenverantwortlichen Entscheidungen des delinquenten Individuums. Sämtliche Haftungsbausteine der strafrechtlichen Sanktionierung individuellen Fehlverhaltens sind ihrer Struktur nach auf dieses Prinzip ausgerichtet.[853] Seinen Niederschlag hat dieses System in den Täterlehren gefunden, bei denen das Leitbild die beherrschende Zentralfigur gut isolierbarer Handlungsakte ist.[854]

Die Möglichkeiten des Strafrechts sind jedoch nicht ausreichend bzw. nicht geeignet, um wirtschaftskriminelle Verhaltensweisen einzudämmen bzw. zu unterbinden.[855] Dies liegt an zwei Faktoren: Zum Einen an den kriminologischen Aspekten der Wirtschaftskriminalität. Die Dunkelfeldproblematik, die Anonymität zwischen Täter und Opfer, die Unübersichtlichkeit und Gemengelage in Unternehmen und die Technisierung und Internationalisierung des Wirtschaftsraumes schaffen sowohl Präventions- als auch Verfolgungshindernisse. Das Strafrecht reagiert darauf mit Änderungen des materiellen Wirtschaftsstrafrechts. Dogmatisch gesehen bedient es sich dabei der Instrumentarien der Schaffung von Sonder- und Gefährdungsdelikten, der Inkriminierung leichtfertiger Verhaltenswei-

852 Vgl. die umfassenden Ausführungen im 2. Kapitel.
853 Rotsch, Individuelle Haftung, S. 40.
854 Schürmann, Aufsichtspflichtverletzungen, S. 265.
855 Siehe dazu Kapitel 2, A. II.

sen und der Pönalisierung von Umgehungshandlungen. Dies führt zu einer rechtsstaatlich bedenklichen Ausweitung und Unbestimmtheit von Straftatbeständen. Auf die rechtsstaatlichen Bedenken im Hinblick auf den gesetzgeberischen Aktionismus und das Vorgehen der Ermittlungsbehörden sei an dieser Stelle nochmals hingewiesen. Auch die Rolle der Medien, die in Wirtschaftsstrafverfahren oftmals instrumentalisiert wird, ist im Hinblick auf die rechtsstaatliche Unschuldsvermutung besorgniserregend.[856]

Zum Anderen tritt das Strafrecht als gesellschaftliches und wirtschaftspolitisches Steuerungsmodell auf: Durch Governing through Crime und der Ökonomisierung der Kriminalpolitik fungiert es jedoch als Fremdsteuerung und versucht gewissermaßen von „außerhalb" des Unternehmens durch Sanktion und Repression wirtschaftsdelinquentes Verhalten aus dem Unternehmen heraus zu behandeln. An dieser Stelle wird der falsche Ansatzpunkt des Strafrechts deutlich: Es müsste zur Eindämmung und Verhinderung von Wirtschaftskriminalität an ihrem Ursprung ansetzen – dem Unternehmen selbst.

B. Unternehmerische Fremdsteuerung durch Corporate Governance

Im Gegensatz zum klassischen Kriminalstrafrecht setzt Corporate Governance bei der Straftaten- und Haftungsvermeidung im Unternehmen selbst durch eine Art „Unternehmensverfassung" an. Ziel dieses Ansatzes ist dabei, durch Freiwilligkeit, Flexibilität und Transparenz im Unternehmen eine verantwortungsvolle und rechtstreue Unternehmensphilosophie hervorzubringen. Durch Eigenverantwortung und Deregulierung soll voranschreitendem gesetzgeberischem Tätigwerden zuvorgekommen werden.[857]

Neben dem Vorteil, dass die Eindämmung und Vermeidung von Wirtschaftskriminalität direkt im Unternehmen ansetzt und damit einige „Fesseln" der Kriminologie lösen kann, ist jedoch ein Nachteil dieses Ansatzes nicht zu leugnen: Der Deutsche Corporate Governance Kodex entfaltet aufgrund seiner mittelbar-rechtlichen Bindungswirkung ebenfalls einen Fremdsteuerungseffekt. § 161 AktG verpflichtet als soft law die Unternehmen faktisch zu einer Entsprechenserklärung.[858] Der Gesetzgeber versucht somit durch die Hintertür das unternehmerische Verhalten zu regulieren.[859]

---

856 Vgl. dazu Kapitel 2, A. IV. 3.
857 Siehe dazu 3. Kapitel, A. II.
858 Vgl. dazu 3. Kapitel, A. VI. 2.
859 Dieser Effekt wurde auch bei Vorstandsbezügen festgestellt, wonach deren Offenlegung gem. § 285 Nr. 9 a HGB und § 314 Abs. 1 Nr. 6 a HGB i. V. m. Ziffer 5.4.7 des DCGK einen mäßigenden Einfluss auf deren Höhe haben sollte; siehe dazu Hoffmann-

C. Unternehmerische Selbststeuerung durch Corporate Compliance

Worin liegen nun die Defizite der beiden vorstehend genannten Lösungsansätze bei der Eindämmung bzw. Vermeidung von Wirtschaftskriminalität?

Das Kriminalstrafrecht bewirkt durch Repression lediglich einen Effekt der Fremdsteuerung des Unternehmens. Zudem ist das Strafrecht zu starr und unflexibel, um auf die sich stetig ändernden Rahmenbedingungen im Wirtschaftsraum reagieren zu können.

Corporate Governance setzt zwar im Unternehmen an und kann daher gezielt auf die sich stetig ändernden Anforderungen an die Wirtschaftsteilnehmer reagieren. Jedoch ist auch der Deutsche Corporate Governance Kodex als soft law lediglich unternehmerische Fremdsteuerung.

I. Corporate Compliance als Lösungsansatz

Ein effektiver Ansatz zur Eindämmung und Vermeidung von Wirtschaftskriminalität müsste daher beide Ansätze vereinen. Zum Einen durch das Ansetzen der Straftatenvermeidung, im Unternehmen selbst die Schranken der kriminologischen Phänomene der Wirtschaftskriminalität überwinden. Zum Anderen durch die Instrumente einer Compliance-Organisation wie Klarstellung, Kommunikation und Information und der Abhängigkeit und Wechselwirkung zwischen unternehmerischem Handeln und Recht zu einem Umdenken im Unternehmen mittels Selbststeuerung anzuleiten. Corporate Compliance könnte dabei als Lösungsansatz zwischen staatlichen Regulierungs- und Sanktionsinteressen durch Strafrecht und unternehmerischen Freiheitsinteressen fungieren.

1. Compliance als Ausgleich zwischen staatlichen und unternehmerischen Interessen

Wie bereits dargestellt, stehen sich das staatliche Strafverfolgungsinteresse und die unternehmerische Freiheit aus Art. 14 Abs. 1, 12 Abs. 1 und 2 Abs. 1 GG gegenüber. Durch die Häufigkeit von Wirtschaftsdelinquenz wird der Ruf nach dem Gesetzgeber zum erweiterten regulatorischen Tätigwerden immer lauter. Die Einschränkung unternehmerischer Freiheiten aus spezial- und generalpräventiven Zwecken scheint dabei vielfach unumgänglich. Die Untersuchung der Frage, ob ein Corporate Compliance-System dem voranschreitenden gesetzgeberischen Tätigwerden entgegengehalten werden kann, bedingt die Analyse der Wirksamkeit von Corporate Compliance. Möglicherweise ist der Ruf nach dem Gesetzgeber damit unnötig.

Becking, Vorstandsvergütung, ZHR 169 (2005), S. 155 (173); Fleischer, Offenlegungsgesetz, DB 05, S. 1611 (1612).

a) Wirksamkeit von Compliance

Corporate Compliance beruht auf einer Hypothese: Die Initiierung unternehmenseigener Maßnahmen und Prozesse führt zu einer Verbesserung der Einhaltung rechtlicher Vorgaben durch Unternehmensangehörige.[860] Die Bestimmung der Wirksamkeit von Corporate Compliance gestaltet sich jedoch mitunter schwierig und wird teilweise sogar als unmöglich eingestuft.[861] Dies liegt an dem Phänomen, dass nicht ein absoluter Wert, sondern nur die Zahl der Rechtsverstöße im Vergleich zum Wert ohne Compliance-Maßnahmen, der jedoch nicht ermittelbar ist, eine Aussage über die Effektivität von Compliance-Maßnahmen zuließe.[862] Die Untersuchungsanordnung basiert daher auf dem sog. Benchmarking, bei der die Effektivität einer Compliance-Maßnahme durch einen Vergleich ähnlicher Unternehmen ermittelt wird.[863]

aa) Bedeutung von Verhaltensrichtlinien und Compliance-Programmen

Zur Beurteilungen der Wirksamkeit von Compliance-Maßnahmen werden zwei wegweisende Studien herangezogen: In einer ersten Studie wurde im Zeitraum von 1973 bis 1980 der Einfluss einer Verhaltensrichtlinie als Compliance-Komponente auf die Häufigkeit von Rechtsverstößen bestimmt.[864] Das Ergebnis dieser Studie erwies sich als ernüchternd: Von 485 US-Unternehmen hatten 202 Unternehmen eine Verhaltensrichtlinie implementiert. Eine statistisch signifikant niedrigere Wahrscheinlichkeit, nach welcher sich Unternehmensangehörige aufgrund einer solchen Verhaltensrichtlinie rechtstreu verhalten, konnte jedoch nicht festgestellt werden.[865]

Eine weitere Studie dehnte das Untersuchungsumfeld auf ganze Compliance-Programme aus. Tatsächliche Rechtsverletzungen wurden für die Zeit von 1989 bis 1981 von 108 Unternehmen überprüft. Auch diese Untersuchung

---

860 Pape, Zur Wirksamkeit von Corporate Compliance, CCZ 09, S. 233 (233).

861 Siehe Eisele in Schimanski/Bunte/Lwowski, Bankrechtshandbuch, § 109, Rn. 62, 63; Lösler, Reportingpflichten, WM 07, S. 676 ff.; Rodewald/Unger, Krisenmanagement, BB 07, S. 1629 (1629).

862 Eisele in Schimanski/Bunte/Lwowski, Bankrechtshandbuch, § 109, Rn. 62.

863 McKendall/Wagner, Corporate Illegality, Organization Science 97, 624 (632).

864 Mathews in Preston/Frederick, Research in Corporate Social Performance 1987, S. 107ff.

865 Es verhielt sich sogar so, dass je detaillierter die Verhaltensrichtlinie ausgestaltet war, desto höher war auch die Anzahl der festgestellten Rechtsverstöße; siehe Mathews in Preston/Frederick, Research in Corporate Social Performance 1987, S. 107 ff, 124.

konnte keine nennenswerte Auswirkung von Compliance-Programmen auf die Häufigkeit von Rechtsverletzungen feststellen.[866]

bb) Bewertung der Untersuchungen

Das ernüchternde Ergebnis der Studien lässt nach den Ursachen Fragen. Diese könnten in den Untersuchungen selbst begründet sein, denn die Studien befassten sich ausschließlich mit dem Einfluss von Compliance auf die Einhaltung vor allem Arbeitnehmer und Verbraucher schützenden Normen. Derartige Rechtsverletzungen sind jedoch typischerweise nicht das erklärte Hauptziel von Compliance, sondern unternehmensschädigende Handlungen im Bereich des Korruptions- und Wettbewerbsrechts.[867] Denkbar ist weiterhin, dass Compliance-Programme nicht mit dem Ziel der Vermeidung von Rechtsverletzungen implementiert werden, sondern der Öffentlichkeitsarbeit des Unternehmens dienen sollen, indem suggeriert wird, das Unternehmen habe alles zur Vermeidung von Rechtsverstößen unternommen.[868] Des Weiteren könnte auch der Druck, den Erwartungen interner und externer Stakeholder zu entsprechen, als alleiniger Grund für Compliance-Maßnahmen angesehen werden.[869] Zudem könnte auch die Aussicht auf einen Strafnachlass entsprechend § 8 B 2.1 der US-amerikanischen Federal Sentencing Guidelines[870] vorrangiges Motiv sein. Es kann daher gemutmaßt werden, dass Unternehmen entsprechende Compliance-Programme nur pro forma implementieren, ohne dass von den Mitarbeitern rechtstreues Verhalten erwartet werde.[871]

cc) Wirksamkeitsbedingungen und -hindernisse von Compliance

Eine weitere Studie befasste sich mit den Faktoren, die die Wirksamkeit von Corporate Compliance bestimmen. Dabei wurden mehr als 10.000 Unternehmensangehörige unterschiedlichster Hierarchieebenen aus sechs branchenverschiedenen Unternehmen befragt. Dabei stellte sich heraus, dass formale Compliance-Maßnahmen wie etwa Verhaltensrichtlinien, Hotlines oder Schulungen nur einen untergeordneten Einfluss auf die Häufigkeit rechtswidrigen Verhaltens hatten. Die Effektivität von Compliance-Maßnahmen hing von der Unternehmenskultur und einer konsequenten Befolgung und Durchsetzung unternehmenseigener ethischer Ziele ab. Wirksamkeitsbedingung war damit das Füh-

---

866 McKendall/DeMar/Jones-Rikkers, Compliance Programs, Journal of Business Ethics 02, S. 367, 374, 377.

867 Siehe dazu Chatov, Ethic Statements, California Management Review 80, Heft 4, S. 20 (22).

868 Vgl. Schwartz, Ethics and Behaviour, Journal of Business Ethics 01, S. 247 (248).

869 Vgl. Stevens, Ethical Codes, Journal of Business Ethics 08, S. 601.

870 Abrufbar unter http://www.ussc.gov/; zuletzt abgerufen am 02.10.2010.

871 Vgl. Weaver/Treviño/Cochran, academy of Management Journal 99, S. 539.

rungsverhalten der Unternehmensspitzen, eine faire Behandlung der Mitarbeiter sowie eine offene und transparente Diskussionskultur. Compliance-Maßnahmen blieben hingegen wirkungslos, wenn das Programm allein dem Schutz des Managements und dem Schutz vor öffentlichen Anschuldigungen zu dienen bestimmt war.[872] Organisationspsychologisch lassen sich die Effektivitätsbedingungen und –hindernisse damit erklären, dass die Unternehmenskultur und damit die unverwechselbaren und ein Unternehmen prägenden Vorstellungs- und Orientierungsmuster für ein homogenes Verhalten der Unternehmensangehörigen verantwortlich sind.[873] Eine starke Unternehmenskultur entfaltet damit Selbstkontrolle.[874] Der ausschlaggebende Einfluss- und Erfolgsfaktor eines Compliance-Systems ist damit das Verhalten der Führungskräfte, das im besten Falle Vorbildcharakter hat und zur Nachahmung anleiten soll.[875] Compliance beginnt damit in den Köpfen der Unternehmensleitung und ihre Wirksamkeit erfordert deren vorbehaltsloses Bekenntnis und deren unmissverständliche Unterstützung.[876] Dem Ton, den die Unternehmensleitung intern und extern angibt („tone from the top''), fügen sich die Unternehmensangehörigen („walk the talk'').[877] Der Einfluss der Unternehmenskultur auf Compliance kann damit als bemerkenswert bezeichnet werden: Bei Großunternehmen mit einer unterdurchschnittlichen Unternehmenskultur stieg die Quote der Kriminalitätsbelastung auf 60 %. Unternehmen mit einer positiven Unternehmenskultur waren hingegen nur mit einer Kriminalitätsquote von 51 % belastet.[878]

b) Zwischenergebnis

Empirisch gesehen kann aufgrund der dargestellten Untersuchungen kein Nachweis dafür angeführt werden, dass Compliance-Maßnahmen ein Beweis für eine wirksame Selbstregulierung von Unternehmen ist. Jedoch muss beachtet werden, dass der Vorwurf, dass unternehmenseigene Compliance-Programme lediglich „Feigenblätter rechtstreuen Verhaltens''[879] seien, nicht haltbar ist. Eine effektive Compliance-Kultur bedingt daher folgende Erfolgsfaktoren: rechtstreues Verhalten der Unternehmensspitzen, verantwortliches Handeln eines je-

---

872 Treviño/Weaver/Gibson/Toffler, Managing Ethics, California Management Review 99, Heft 2, S. 131 (132).

873 Steinmann/Schreyögg, Management, S. 710, 723.

874 Wilkins, Culture Audit, Organizational Dynamics, Autumn 83, S. 24.

875 Schein, Unternehmenskultur, S. 195 ff.

876 Wessing, Compliance, SAM 07, S. 175 (180).

877 Fritz/Arnett/Conkel, Ethical Standards, Journal of Business Ethics 99, S. 289 ff.

878 Befragt wurden 500 Unternehmen im Zeitraum von April bis Mai 2009, siehe dazu PWC (Hrsg.), Compliance und Unternehmenskultur, S. 40, 41.

879 Pape spricht insoweit von „Alibi-Instituten'' oder „window-dressing'', siehe dazu ders., Zur Wirksamkeit von Corporate Compliance, CCZ 09, S. 233 (236).

den Unternehmensangehörigen, Honorierung rechtstreuen und Sanktion rechtswidrigen Verhaltens und eine offene und transparente Diskussionskultur.

2. Rückführung des Strafrechts auf seine Kernfunktion

Zuvor wurde dargestellt, dass Compliance-Maßnahmen im Rahmen einer integren Unternehmens- und Führungskultur geeignet sind, effektiv die Begehung von Wirtschaftsdelinquenz zu verringern. Zu fragen bleibt nunmehr, welche Rolle schließlich noch dem Strafrecht bei der Eindämmung und Verhinderung von Wirtschaftskriminalität zugedacht werden sollte. Es wurde bereits erörtert,[880] dass sich das Strafrecht dazu nur bedingt eignet, da es stets als Fremdsteuerung wirkt und nicht effektiv auf das Rechtsbewusstsein der Allgemeinheit einwirkt. Die neue Aufgabe, dem sich das Strafrecht stellen muss, lässt sich dahingehend umschreiben, dass es auf dem unternehmerischen Betätigungsfeld auf besondere Schwierigkeiten stößt.[881] Diese liegen sowohl in der speziellen Unzulänglichkeit der Strafrechtsdogmatik als auch in den speziellen Hemmnissen der Strafverfolgung begründet.[882] Dies wurde zuvor anhand kriminologischer Aspekte der Wirtschaftskriminalität erörtert.[883] Das deutsche Strafrecht steht im Unternehmensbereich vor dem Problem, dass sich bei der Pönalisierung und Sanktionierung von Unrecht betriebliche Arbeitsteilung, Dezentralisierung und Delegation von Verantwortung bemerkbar machen[884] und das Strafrecht diffundiert. Im klassischen Kernstrafrecht sind die geschützten Rechtsgüter greifbar. Das Konzept des Verbrechens als Rechtsgutsverletzung unternimmt es, dem Strafgesetzgeber zu sagen, welches Ziel er mit seinem Gesetz verfolgen soll, wie bspw. den Schutz des Lebens, der Freiheit und das Funktionieren des Kapitalmarktes. Im Wirtschaftsstrafrecht tut sich dieses Rechtskonzept schwer, da es meist um großflächige und überindividuelle Interessen, wie etwa das Subventionssystem geht.[885] Den strafrechtlichen Sachverstand mittels Kriminalisierungen ins Vorfeld einer Rechtsgutsverletzung auszudehnen, die Schaffung immer neuer Gefährdungstatbestände und damit als Anknüpfungspunkt von Strafbarkeit nicht die Rechtsgutsverletzung, sondern die Rechtsgutsgefährdung zu wählen,[886]

---

880 Siehe dazu 2. Kapitel, A. IV. 4.
881 Rotsch, Individuelle Haftung, S. 23, 41, 71 spricht insoweit von Zurechnungshindernisen.
882 Schünemann, Unternehmenskriminalität, S. 16.
883 Siehe dazu Kapitel 2, A. II.
884 Otto, Haftung in Unternehmen, Jura 98, S. 409 (410); Waltermann, Wissenszurechnung, AcP 192 (1992), S. 181 (182); Fuchs, Arbeitsteilung und Haftung, JZ 94, S. 533 (533); Heine, Die strafrechtliche Verantwortlichkeit von Unternehmen, S. 38.
885 Hassemer, Die Basis des Wirtschaftsstrafrechts, wistra 09, S. 169 (173).
886 Jakobs, ZStW 97 (1985), S. 751 (756); ders. in HRRS 2004, S. 88 (94).

ist in zweierlei Hinsicht bedenklich. Zunächst handelt es sich dabei um rechtsstaatliche Bedenken: Das Strafrecht greift wie kein anderes Rechtsgebiet in die Freiheitsrechte des Menschen ein.[887] Durch die Schaffung von Gefährdungstatbeständen werden die Grenzen zwischen Prävention und Repression immer mehr verwischt.[888] Der Täter soll bestraft werden, weil er abstrakt gefährlich ist und nicht weil er konkret Rechtsgüter Anderer verletzt hat.[889] Damit soll der Zugriff staatlicher Strafgewalt auch schon weit vor dem Eintritt einer Verletzung ermöglicht werden.[890] Neben den „klassischen" Aufgaben des Strafrechts, repressiv auf begangene Taten zu reagieren, wird in zunehmendem Maße Gefahrprävention mit den Mitteln des Strafrechts betrieben.[891] Im Ergebnis kommt es dabei zu einer „unheilbaren" Vermischung von Strafrecht und Polizeirecht.[892] Insoweit findet eine Vorverlagerung strafrechtlicher Maßnahmen statt, weg von der repressiven Verbrechensverfolgung hin zu einer vorbeugenden Verbrechensbekämpfung oder „Verfolgungsvorsorge".[893]

Strafrecht soll dazu dienen, auf begangenes Verhalten mit strafrechtlichen Mitteln zu reagieren. Folgerichtig ist Strafrecht nicht dazu da, Sicherheitsbedürfnisse der Allgemeinheit zu befriedigen, wie dies durch die Schaffung von reinen Vorfeld- und Gefährdungstatbeständen der Fall ist.[894] Strafrecht ist lediglich eine sekundäre Normenordnung. Insbesondere das Wirtschafsstrafrecht sichert Maßnahmen lediglich flankierend ab, die außerhalb seiner Grenzen getroffen und verantwortet werden. Wirtschaftsstrafrecht ist kein Regelungsinstrument wie das Wirtschaftsverwaltungsrecht oder das zivile Wirtschaftsrecht. Es dient nicht der Lenkung oder Steuerung, sondern es tritt zu ihr hinzu, wenn die eigentlichen Mittel in unkorrekter Weise fehlgelenkt worden sind.[895] Wirtschaftslenkung, verstanden als Zielvorgabe und Zielerreichung, kann niemals Aufgabe

---

887 Ignor, Die Zukunft des Strafverfahrens, ZStW 119 (2007), S. 927 (933).

888 Vgl. dazu Albrecht, Die vergessene Freiheit, S. 101 ff.

889 Heinrich, Die Grenzen des Strafrechts bei der Gefahrprävention, ZStW 121 (2009), S. 94 (117).

890 Arnold, Feindstrafrecht, HRRS 2006, S. 303 (308); Hassemer, Sicherheit durch Strafrecht, HRRS 2006, S. 130 (136).

891 Hassemer, Strafrecht, ZIS 06, S. 266 (270); Jasch, Alltägliche Feinde, in Uwer, Bitte bewahren Sie Ruhe, S. 267 (278); dazu auch Böse, Aufsichtsrechtliche Vorermittlungen in der Grauzone zwischen Strafverfolgung und Gefahrenabwehr, ZStW 119 (2007), S. 848 ff.

892 Vgl. Frankenberg, Bekämpfungsrecht, in KJ 05, S. 370 (379).

893 Heinrich, Die Grenzen des Strafrechts bei der Gefahrprävention, ZStW 121 (2009), S. 94 (123).

894 Vgl. Naucke, Schwerpunktverlagerung im Strafrecht, KritV 93, S. 135 (145).

895 Achenbach, Strafrecht als Mittel der Wirtschaftslenkung, ZStW 119 (2007), S. 789 (789).

des Strafrechts sein; es ist Sache der Wirtschaft selbst und ihrer Politik.[896] Strafrecht ist kein Mittel der „Großsteuerung".[897] Strafrecht ist stets ultima ratio.

Strafrecht darf demzufolge nur dann legitim zum Einsatz gebracht werden, wenn es, erstens um den Schutz von gegenwärtig bedrohten Rechtsgütern geht, oder zweitens, anders nicht zu bewerkstelligen ist.[898] Nicht vergessen werden darf dabei jedoch, dass der strafende Staat einerseits eine Bedrohung für die grundrechtlichen Freiheitsrechte darstellt. Andererseits, und zugleich ist es Aufgabe des Staates, Grundrechtsgefährdungen entgegenzuwirken, ggf. auch mit den Mitteln des Strafrechts.[899] Das Wirtschaftsstrafrecht muss sich auf die Sanktionierung eindeutiger Rechtsgutsverletzungen konzentrieren. Gleichzeitig darf das Strafrecht nicht zu weit zurückweichen, sondern muss der Wirtschaft durch „Umhegung" rechtlich definierte Grenzen setzen.[900] Zum Anderen ist das Strafrecht zu inhaltlichen, oder lenkenden Vorgaben weder systematisch befugt noch professionell imstande.[901]

II. Zwischenergebnis

Es hat immer Wirtschaftsstraftaten gegeben und es ist zu vermuten, dass auch weiterhin Wirtschaftsstraftaten begangen werden. Die Frage, ob dies als Versagen der strafrechtlichen Effektivität[902] oder als rechtsstaatliches Defizit betrachtet werden muss, ist jedoch zu verneinen. In einem freiheitlichen und liberalen Staatsverständnis ist eine Notwendigkeit, dass die staatliche Intervention auf das Notwendigste beschränkt wird.[903] Die gegenwärtige Rechtskultur und damit auch die Diskussion um die Ausweitung des Strafrechts sollten sich nicht von einem Sicherheitsparadigma bestimmen lassen, sondern vom „Widerlager der Freiheitsorientierung".[904] Es fehlt an „Gelassenheit gegenüber den Gefahren der Welt".[905] Das moderne Strafrecht ist dabei, Freiheitsrechte und die strafrechtliche Tradition schonender Eingriffe in Bedrohungsszenarien zu zerreiben.[906]

---

896 Hassemer, Die Basis des Wirtschaftsstrafrechts, wistra 09, S. 169 (173).

897 Namentlich das Umweltstrafrecht und das Außenwirtschafts- und Rüstungskontrollstrafrecht hat Prittwitz hierhin gerechnet; siehe ders., Strafrecht und Risiko, S. 242, 247.

898 Prittwitz, Sicherheit und Freiheit, in Frankfurter Kriminalwissenschaftliche Studien, Band 100, S. 225 (237).

899 Ignor, Die Zukunft des Strafverfahrens, ZStW 119 (2007), S. 927 (937).

900 Hassemer, Die Basis des Wirtschaftsstrafrechts, wistra 09, S. 169 (169).

901 Hassemer, Die Basis des Wirtschaftsstrafrechts, wistra 09, S. 169 (173).

902 So aber Bacher, Korruptionsprävention durch Selbststeuerung, S. 20.

903 Bernd/Hoppler, Whistlelowing, BB 05, S. 2623 (2623).

904 Hassemer, Gefahr für die Freiheit, in FAZ vom 08.05.08, S. 8.

905 So Hassemer auf dem Deutschen Anwaltstag 2008, in FAZ vom 02.05.2008, S. 2.

906 Hassemer, Sicherheit durch Strafrecht, StV 06, S. 321 (328).

Die Unternehmen sind damit von einem Rechtsstaat bedroht, der seine Geltung nur mittels tiefgreifender Einschnitte in die unternehmerische Freiheitssphäre zu beanspruchen sucht. Diesem freiheitlichen Defizit ist ein implementiertes Corporate Compliance-System entgegenzuhalten. Dabei wird ein Ausgleich zwischen der Sicherung staatlicher Strafverfolgungsinteressen geschaffen, der zugleich durch eine unternehmerische Selbstverpflichtung die größtmögliche Wahrnehmung unternehmerischer Freiheitsinteressen auf dem Boden der Legalität verankert. Das Strafrecht wird dabei auf seine eigentliche und originäre Funktion zurückgeführt, die in der Machtbegrenzung des Staates und in der Reaktion auf elementare Unrechtsverletzungen liegt.[907] Corporate Compliance stellt sich demzufolge als zwingende Antwort freiheitsliebender Unternehmen im Wirtschaftsstrafrecht und damit als rechtsstaatliche Regeltreue dar.

---

907 Albrecht, Kriminologie, S. 399.

5. Kapitel: Die wesentlichen Erkenntnisse der Untersuchung

Angesichts spektakulärer Wirtschaftsskandale, wie den Fällen ENRON, MCI WORLDCOM, VW und SIEMENS, wird die Notwendigkeit von Compliance im Unternehmen von niemandem mehr ernsthaft in Frage gestellt; diese Ansicht erscheint ebenso naheliegend wie überzeugend.[908] In Frage stand, wie auf das Phänomen Wirtschaftskriminalität zu reagieren ist, welcher Lösungsweg für eine effektive Eindämmung und Vermeidung von Wirtschaftskriminalität gangbar ist.

Untersucht wurden dabei verschiedene Lösungsansätze. Auf der einen Seite das **Kriminalstrafrecht** als Modell der **Fremdsteuerung**. Dem wurden Modelle unternehmerischer Selbstverpflichtung entgegengesetzt. Zum Einen *Corporate Governance* als Modell **unternehmerischer Selbstverpflichtung durch Fremdsteuerung**. Zum Anderen *Corporate Compliance* als Modell **unternehmerischer Selbstverpflichtung durch Selbststeuerung**.

Der Versuch, ein effektives Modell zur Haftungs- und Straftatenvermeidung zu entwickeln bzw. zu bewerten, wird durch die Begriffe Rechtsstaat, staatliche Sicherheits- und Regulierungsinteressen und unternehmerische Freiheitsinteressen geprägt.

Kehrt man zum Ausgangspunkt der Untersuchung zurück, kann als Ergebnis festgehalten werden: Corporate Compliance stellt sich als Antwort freiheitsliebender Unternehmen im Wirtschaftsstrafrecht und damit als rechtsstaatliche Regeltreue dar.

A. Ergebnisse

I. Lösungen mit Hilfe des Kriminalstrafrechts

1. Das Strafrecht fungiert als Ausfluss staatlicher Regulierungs- und Sicherungsinteressen gegenüber Unternehmen als Modell der Fremdsteuerung.
2. Das Strafrecht ist als Modell zur Bekämpfung der Wirtschaftskriminalität nur bedingt geeignet. Gerade im Bereich der Wirtschaftskriminalität, die durch die Dunkelfeldproblematik, der Anonymität zwischen Täter und Opfer, der Unübersichtlichkeit und Gemengelage in Unternehmen und der zunehmenden Technisierung und Internationalisierung gekennzeichnet ist, lähmen die vorgenannten kriminologischen Aspekte die Effektivität der Straftatenverfolgung und –vermeidung.

---

908 Interview mit dem Frankfurter Oberstaatsanwalt Wolfgang Schaupensteiner in NJW-aktuell 37/2010, S. 14 (14).

3. Das gesetzgeberische Vorgehen durch Schaffung von Sonder- und Gefährdungsdelikten, die Unbestimmtheit und Ausweitung von Straftatbeständen, die Inkriminierung leichtfertiger Verhaltensweisen, die Pönalisierung von Umgehungshandlungen und die Schaffung von gesetzlichen Vermutungs- und Beweislastregeln, stellen keinen Eingriff in Art. 12 Abs. 1, 14 Abs. 1, 2 Abs. 1 GG dar.
4. Die kriminalpolitische Darstellung und Dramatisierung von Wirtschaftskriminalität, rabiate und unkontrollierte Vorgehen der Ermittlungsbehörden gegen Wirtschaftsdelinquenten und deren mediale Brandmarkung, „zerreiben" die rechtsstaatliche Unschuldsvermutung.
5. Das Strafrecht stellt sich bei der Ahndung, Verfolgung und Vermeidung von Wirtschaftskriminalität nicht als rechtsstaatliches Sicherungsmodell, sondern als gesellschafts- und wirtschaftspolitisches Steuerungsmodell dar.

II. Unternehmerische Selbstverpflichtung mittels Fremdsteuerung – Corporate Governance

1. Der Deutsche Corporate Governance Kodex stellt sich aufgrund seiner mittelbar-rechtlichen Bindungswirkung als soft law dar, welches von Unternehmen zu beachten ist.
2. Corporate Governance als „Unternehmensverfassung" setzt als Lösungsweg zwar im Unternehmen an, stellt sich jedoch aufgrund seiner Bindungswirkung als Fremdsteuerung dar.

III. Unternehmerische Selbstverpflichtung mittels Selbststeuerung – Corporate Compliance

1. Corporate Compliance definiert sich als „unternehmerische Rechts- und Regeltreue" und setzt als Lösungsweg im Unternehmen an. Aufgrund einer nur eingeschränkten Rechtspflicht zu Compliance-Maßnahmen, stellt sich dieses Lösungsmodell als unternehmerische Selbstverpflichtung mittels Selbststeuerung dar.
2. Es besteht eine wirtschaftliche Erforderlichkeit für Compliance-Maßnahmen im Unternehmen.
3. Compliance ist Maßnahme zur Wert- und Wertesteigerung eines Unternehmens.
4. Compliance stellt sich bei der Straftaten- und Haftungsvermeidung als Ausgleich zwischen staatlichen Regulierungs- und Sicherungsinteressen und unternehmerischen Freiheitsinteressen dar.

B. Bewertung und Schlussbetrachtung

Die spektakulären Firmenzusammenbrüche von ENRON und MCI WORLDCOM riefen zunächst den US-amerikanischen Gesetzgeber auf den Plan. Auf nationaler Ebene wurde der Ruf nach dem Gesetzgeber spätestens seit den Fällen VW und SIEMENS immer lauter. Es ging letzten Endes schlicht um die Frage, einen Lösungsweg für die Eindämmung und Vermeidung von Wirtschaftskriminalität zu finden. Von unternehmerischer Seite betrachtet, geht es um eine Lösung, welche die unternehmerische Freiheit weitestgehend sichert und erhält.

Das Phänomen Wirtschaftskriminalität mit dem „scharfen Schwert" des Strafrechts lösen zu wollen, schlägt fehl. Das Strafrecht ist vor allem durch seine komplexen Anforderungen an die Verfahrenssicherung nicht dazu in der Lage.[909] Zudem ist es vor allem durch das kriminologische Problem der Dunkelziffer gelähmt. Die Realität der Verfolgung von Wirtschaftsdelikten, oder kriminologisch formuliert, der Ausschnitt aus der Realitätswirklichkeit, ermutigt eher zur Rücknahme als zur Ausdehnung der Zone ahndbaren Verhaltens.[910]

Durch die Ausweitung von Normen und der Verwischung der Grenze zwischen Rechtsgüterschutz und Schutz einer Rechtsgutsgefährdung, werden die rechtsstaatlichen Anforderungen immer mehr zerrieben. Das Strafrecht wird zunehmend als Mittel der Wirtschaftslenkung verstanden. Es geht nunmehr um die intentionale staatliche Einflussnahme auf wirtschaftliche Prozesse, teils auf die Gesamtwirtschaft oder bestimmte Branchen, teils unmittelbar in Richtung der Wirtschaftsteilnehmer.[911] Die in Rede stehenden staatlichen Regulierungs- und Sicherungsinteressen laufen der „ultima-ratio" des Strafrechts zuwider. Strafrecht kann, darf, soll und muss erst dann eingreifen,[912] wenn andere Formen des Rechtsgüterschutzes versagt haben.[913] Das Strafrecht ist weder dazu geeignet noch bestimmt, die Kontrolle der marktwirtschaftlichen Ordnung zu gewährleisten. Aufgabe des Kernstrafrechts ist es nicht, jede schädlichen, sondern nur erhebliche sozialschädliche Verhaltensweisen zu kriminalisieren. Das Strafrecht muss im eigenen Interesse subsidiär bleiben.[914] Es ist als Mittel der Fremdsteue-

909 Albrecht, KritV 1993, S. 163 (171).
910 Achenbach, Strafrecht als Mittel der Wirtschaftslenkung, ZStW 119 (2007), S. 789 (814).
911 Hamann, Rechtsstaat und Wirtschaftslenkung, S. 14.
912 Albrecht, Kriminlogie, S. 289.
913 Albrecht, Strafrecht- ultima ratio, S. 13; Schünemann, Grundfragen der Unternehmenskriminalität, wistra 82, S. 41 (42).
914 Albrecht, KritV 93, Erosionen des rechtsstaatlichen Strafrechts, S. 163 (171); vgl. auch BVerfG 88, S. 203 (257), wonach das Strafrecht nur vor Verhalten schützen darf, das

rung nicht geeignet, im Unternehmen begangene Straftaten zu unterbinden bzw. zu vermeiden.

Eine effektive Haftungs- und Straftatenvermeidung setzt eine Akzeptanz von Werten und ein dementsprechendes Handeln voraus. Gewissermaßen eine Zustimmung zur Rechts- und Regeltreue. Es ist eine uralte Einsicht, dass gutes Handeln einen „guten Willen“ voraussetzt.[915] Und es ist eine noch ältere Erkenntnis, dass rechts- und regelkonformes Verhalten eine Binsenweisheit ist.[916] Sollte man meinen.

Gleichwohl ist der unternehmerische Alltag durch Umsatzsteigerung, Gewinnmaximierung und Messung des eigenen Ratings mit konkurrierenden Marktteilnehmern gekennzeichnet. An dieser Stelle, dem „betriebswirtschaftlichen Gewissen“ des Unternehmens bzw. des Unternehmers, ist anzusetzen. Zivilrechtliche Haftung und strafrechtliche Sanktionen können das Unternehmen mitunter schwer belasten und Unternehmenswerte in Kürze vernichten. Reputationseinbußen, der Rückgang des Börsenwertes, der Verlust von Geschäftspartnern; diese Sanktionen wiegen oftmals schwerer als Bußgelder oder Strafurteile.[917]

Aus diesem Gedanken heraus und mit der Absicht, ausufernden gesetzgeberischen Vorhaben zuvorzukommen, entstand der Corporate Governance Kodex, ein Selbstregulierungs- und Selbstverpflichtungsakt der Wirtschaft: Mitnichten. Die öffentlich-rechtliche Qualität des Kodex und seine mittelbare Bindungswirkung sind Zeugen einer „Unternehmensverfassung“, die zwar gut gemeint war, aber letzten Endes nur Ausdruck eines dem gesetzgeberischen Aktionismus zuvorkommenden Regelwerkes ist.[918] Der dem § 161 AktG zu Grunde liegende „comply or explain“-Ansatz ist Ausdruck eines Standards, an denen sich die Akteure des Kapitalmarktes orientieren können.[919] Der DCGK verkörpert den Gedanken der Selbstregulation und berücksichtigt die Besonderheiten des ökonomischen Funktionssystems, die Grenzen der Außensteuerung durch Strafrecht und die strukturellen Systemunterschiede zwischen Wirtschaft und Strafrecht.

über sein Verbotensein hinaus „in besonderer Weise sozialschädlich und für das geordnete Zusammenleben von Menschen unerträglich“ ist.

915 Ignor, Die Zukunft des Strafverfahrens, ZStW 119 (2007), S. 927 (932).

916 Schneider, Compliance als Aufgabe der Unternehmensleitung, ZIP 03, S. 645 (646).

917 Campos Nave/Bonenberger, Korruptionsaffären, Corporate Compliance und Sofortmaßnahmen für den Krisenfall, BB 08, S. 734 (736); Wybitul, Interne Ermittlungen auf Aufforderung von US-Behörden, BB 09, S. 606 (609)

918 Financial Times Deutschland vom 24.4.2003 „Zypries will gläserne Vorstandsbezüge: ‚möglicherweise nimmt H. Cromme (Vorsitzender der Kodexkommission) die individuelle Offenlegung in dem Kodex auf oder der Gesetzgeber nimmt sich der Frage an“; nicht mehr verfügbar.

919 Borges, Selbstregulierung im Gesellschaftsrecht, ZGR 03, S. 508 (540).

Die gesetzgeberische Überregulierung des Kapitalmarktes bedingt die unternehmerische Selbstverpflichtung, jedoch nur durch das Mittel der Fremdsteuerung.
Was bleibt ist das Problem: Die Eindämmung bzw. Vermeidung der Wirtschaftskriminalität, die Haftungs- und Straftatenvermeidung in Unternehmen.

Aufgrund der dargestellten systemischen Mängel, scheidet das Kriminalstrafrecht aufgrund seiner rechtsstaatlichen „ultima-ration"-Funktion und den kriminologischen Grenzen bei der Strafverfolgung als Mittel der Fremdsteuerung aus. Der unternehmerischen Selbstverpflichtung durch Corporate Governance ist die Fremdsteuerung ebenfalls immanent, sodass sich auch dieses Modell zur Haftungs- und Straftatenvermeidung in Unternehmen nicht eignet.

Ein Modell, welches die kriminologischen Grenzen der Strafverfolgung und Straftatenbekämpfung überwinden kann und gleichermaßen zu einer höheren Akzeptanz durch Selbststeuerung führt, stellt somit Corporate Compliance dar. Compliance bedeutet die Sicherstellung der Regelkonformität eines Unternehmens durch Organisation.[920]

Maßgeblich sind dabei zwei Aspekte: Zum Einen die Regelkonformität des Unternehmens und zum Anderen dessen Organisation. Die Regelkonformität des Unternehmens basiert auf der Annahme, dass sich

1. Rechtsverstöße betriebswirtschaftlich nicht rentieren („Das lohnt sich nicht") und dass
2. man Rechtsverstöße aufgrund wirtschaftsethischer Überzeugungen nicht begeht („Das macht man nicht").

Dieser Anknüpfungspunkt berücksichtigt das Merkmal der unternehmerischen Selbstverpflichtung.

Der zweite Aspekt, die formale Organisation des Unternehmens, ist Ausdruck der unternehmerischen Selbststeuerung. Durch die Haftungs- und Straftatenvermeidung aus dem Unternehmen heraus, können die kriminologischen Grenzen und Hemmnisse der Straftatenaufdeckung und -prävention überwunden werden.[921] Beachtlich ist in diesem Zusammenhang, dass Compliance nicht unternehmerisches Handeln in einem rechtsfreien Raum bedeutet. Ganz im Gegenteil: Eine Compliance-Organisation achtet und beachtet gesetzliche Anforderungen. Ein Unternehmen muss sicherstellen, dass seine Mitarbeiter die Grenzen zwischen rechtskonformem und unrechtmäßigem Verhalten kennen. Hierzu muss ein Unternehmen Strukturen schaffen, die bei der Unternehmensleitung

---

920 Holzhauser, Gesellschafts- und kapitalmarktrechtliche Grundlage von Compliance; abrufbar unter www.frankfurt-main.ihk.de/recht/themen/unternehmensrecht/compliance; zuletzt abgerufen am 02.10.2010.

921 Vgl. Hefendehl, Eindämmung der Wirtschaftskriminalität, ZStW 119 (2007), S. 816 (839).

und den Mitarbeitern ein Bewusstsein bewirken, wonach eine Geschäftstätigkeit im Rahmen der Gesetze richtig ist und der Unternehmenskultur entspricht.[922]

Der Compliance-Ansatz ist multidisziplinär und beruht auf der Annahme, dass Problembewältigung nicht nur mittels strafrechtlicher Kontrolle und Sanktion zu erfolgen hat, sondern in gleicher Weise auf Prävention und einer wirtschaftsethischen Unternehmenskultur beruht.[923] Compliance basiert auf der Annahme, dass die bestehenden strafrechtlichen Instrumentarien ausreichend sind, um Wirtschaftsdelinquenz zu ahnden. Das Strafrecht ist nicht Mittel des ersten Zugriffs, sondern stets nur ultima ratio der Wirtschafts- und Sozialpolitik und sollte nur dort zum Einsatz gelangen, wo es zum Zwecke subsidiären Rechtsgüterschutzes auch tatsächlich erforderlich ist.[924] Das bedeutet nicht den Verzicht auf rechtliche Steuerung, sondern Hinwendung zu adäquaten Steuerungsformen und nichtstrafrechtlichen Steuerungsmedien. Das Wirtschafts-, Zivil-, Sozial- und Verwaltungsrecht bieten einen wesentlich effektiveren Rechtsgüterschutz als das steuerungsschwache Strafrecht.[925] Dieses muss von seinen überzogenen Steuerungsansprüchen in systemischer Hinsicht befreit werden.[926]

Compliance kann somit als unternehmerische Maßnahme zur „Reduzierung eines ausgeuferten Strafrechts"[927] begriffen werden. Corporate Compliance stellt damit einen Ausgleich zwischen staatlichen Sicherungs- und Regulierungsinteressen und unternehmerischen Freiheitsinteressen dar.

Corporate Compliance ist „rechtsstaatliche Regeltreue" und damit die zwingende Antwort des freiheitsliebenden Unternehmens im Wirtschaftsstrafrecht.

---

922 Lampert, Gestiegenes Unternehmensrisiko, BB 02, S. 2237 (2239).

923 Vgl. für den Bereich der Korruptionsprävention Portz in Dölling, Handbuch Korruptionsprävention, S. 356: Pragal, ZIS 06, S.63 (81).

924 Hassemer, Neue Medien und klassisches Strafrecht, NStZ 05, S. 361 (366).

925 Albrecht, Die vergessene Freiheit, S. 175.

926 Albrecht, Das nach- präventive Strafrecht, S. 3 (24), siehe dazu auch Albrecht/Braum, Goldener Handschlag bei Mannesmann, FAZ vom 10.04.2004, S. 42.

927 Naucke bezeichnet die Reduzierung eines ausgeuferten Strafrechts als das „große strafrechtliche Problem der Zeit", siehe ders., Grenzen des Strafrechts, S. 65 ff.

Anhang I: Fallentwicklung Wirtschaftskriminalität (WiKri) 2004-2008 in der Polizeilichen Kriminalstatistik (PKS)[928]

	Erfasste Fälle WiKri	Veränderung	Schadenshöhe in Mio. €
2008	84.550	- 3.384	3.425
2007	87.934	- 7.953	4.124
2006	95.887	+ 6.663	4.320
2005	89.224	+ 8.090	4.210
2004	81.134	- 5.015	5.626

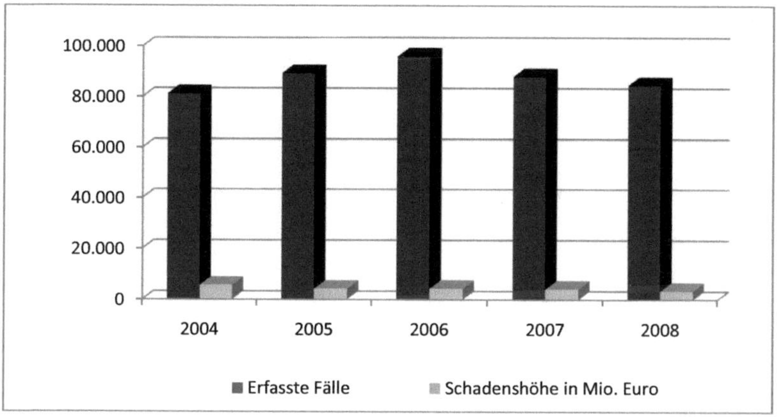

928 Bundeskriminalamt Wiesbaden (Hrsg.), Bundeslagebild Wirtschaftskriminalität 2007, S. 5; Bundeslagebild Wirtschaftskriminalität 2008, S. 7, 9.

Anhang II: Tatverdächtige 2008 nach der Polizeilichen Kriminalverfolgungsstatistik[929] und Verurteilte nach der Strafverfolgungsstatistik 2008[930] für ausgewählte Delikte des Wirtschaftsstrafrechts der Bundesrepublik Deutschland

Tatbestand (StGB)	Tatverdächtige	Verurteilte
§ 152 a (Fälschungen im Zahlungsverkehr)	4.626	9
§ 202 a (Ausspähen von Daten)	7.727	29
§ 263 a (Computerbetrug)	11.762	2.280
§ 264 (Subventionsbetrug)	773	205
§ 264 a (Beteiligungs- und Kapitalanlagebetrug)	278	2
§ 265 a (Leistungserschleichung)	200.211	50.920
§ 265 b (Kreditbetrug)	778	5
§ 266 (Untreue)	10.581	2.202
§ 266 a (Vorenthalten und Veruntreuen von Arbeitsentgelt)	17.587	7.458
§ 266 b (Missbrauch von Scheck- und Kreditkarten)	3.787	51
§ 303 a (Datenveränderung und Computersabotage)	2.207	14

929 Bundesministerium des Inneren (Hrsg.), Polzeiliche Kriminalverfolgungsstatistik 2008, S. 4.

930 Statistisches Bundesamt, Strafverfolgungsstatistik 2008, Fachserie 10, Reihe 3.

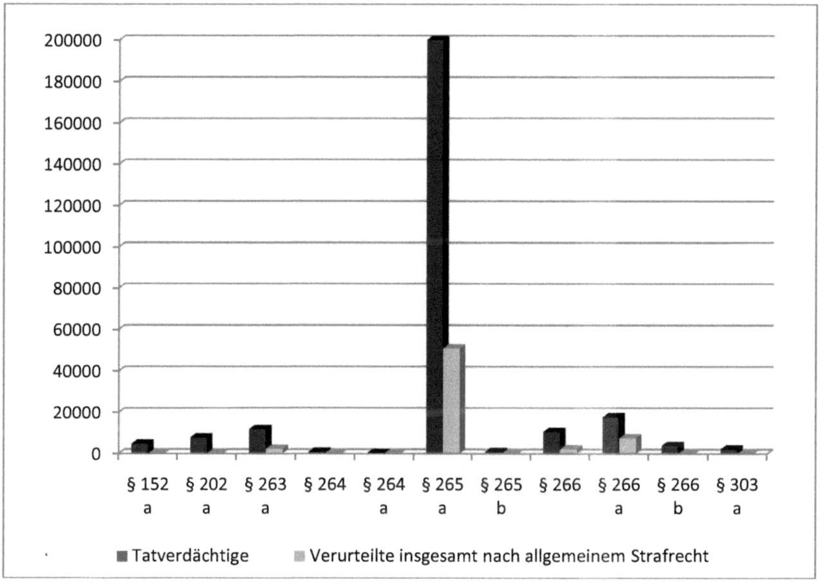
200000
180000
160000
140000
120000
100000
80000
60000
40000
20000
0
§ 152 a
§ 202 a
§ 263 a
§ 264
§ 264 a
§ 265 a
§ 265 b
§ 266
§ 266 a
§ 266 b
§ 303 a
Tatverdächtige
Verurteilte insgesamt nach allgemeinem Strafrecht

Literaturverzeichnis

Artikel aus Zeitungen und nicht fachspezifischen Zeitschriften sowie Informationen aus dem Internet wurden nicht in das Literaturverzeichnis aufgenommen. Sie sind im Fußnotenapparat mit ausführlichen bibliographischen Angaben versehen. Publikationen sind häufig mit Kurztitel zitiert, die aus dem vollständigen Text gebildet wurden.

Abeltshauser, Thomas E.: Leitungshaftung im Kapitalgesellschaftsrecht: zu den Sorgfalts- und Loyalitätspflichten von Unternehmensleitern im deutschen und im US-amerikanischen Kapitalgesellschaftsrecht, Köln 1998.

Achenbach, Matthias: Strafrechtlicher Schutz des Wettbewerbs? Eine kritische Analyse von Sinn und Zweck der Straftatbestände zum Schutz des Wettbewerbs, Frankfurter kriminalwisschenschaftliche Studien, Band 120, Frankfurt am Main 2009.

Achenbach, Hans: Das Strafrecht als Mittel der Wirtschaftslenkung, ZStW 119 (2007), S. 789.

Achenbach, Hans: Ausweitung des Zugriffs bei den ahndenden Sanktionen gegen die Unternehmensdelinquenz, wistra 01, S. 441.

Achenbach, Hans: Schwerpunkte der BGH. Rechtsprechung zum Wirtschaftsstrafrecht, in: 50 Jahre Bundesgerichtshof, Festgabe aus der Wissenschaft, Band IV, München 2000, S. 593.

Albrecht, Peter-Alexis: Das nach-präventive Strafrecht: Abschied vom Recht, in: Institut für Kriminalwissenschaften und Rechtsphilosophie Frankfurt am Main (Hrsg.), Jenseits des rechtsstaatlichen Strafrechts, Frankfurt am Main 2007, S. 3.

Albrecht, Peter-Alexis: Kriminologie – Ein Studienbuch, 4. Auflage, München 2010.

Albrecht, Peter-Alexis: Die vergessene Freiheit – Strafrechtsprinzipien in der europäischen Sicherheitsdebatte, 2. Auflage, Berlin 2006.

Albrecht, Peter-Alexis: Das Strafrecht im Zugriff populistischer Politik, in: Institut für Kriminalwissenschaften und Rechtsphilosophie Frankfurt am Main (Hrsg.), Vom unmöglichen Zustand des Strafrechts, Frankfurt am Main 1995, S. 429.

Albrecht, Peter-Alexis: Das Strafrecht im Zugriff populistischer Politik, StV 94, S. 265.

Albrecht, Peter-Alexis: Erosionen des rechtsstaatlichen Strafrechts, KritV 93, S. 163.

Albrecht, Peter-Alexis u. a. (Hrsg.): Strafrecht – ultima ratio: Empfehlungen der Niedersächsischen Kommission zur Reform des Strafrechts und des Strafverfahrensrechts, Baden-Baden 1992.

Albrecht, Peter-Alexis: Das Strafrecht auf dem Weg vom liberalen Rechtsstaat zum sozialen Interventionsstaat-Entwicklungstendenzen des materiellen Strafrechts, KritV 88, S. 182.

Albrecht, Hans-Jörg/Sieber, Ulrich (Hrsg.): Zwanzig Jahre südwestdeutsche kriminologische Kolloquien, Freiburg 1984.

Alwart, Heiner: Verantwortung und Steuerung von Unternehmen in der Marktwirtschaft, München 1998.

Alwart, Heiner: Strafrechtliche Haftung des Unternehmens – vom Unternehmenstäter zum Täterunternehmen, ZStW 105 (1993), S. 752.

Amling, Thomas/Bantleon, Ulrich: Interne Revision – Grundlagen und Ansätze zur Beurteilung deren Wirksamkeit, DStR 08, S. 1300.

Arnold, J: Entwicklungslinien des Feindstrafrechts in 5 Thesen, Höchstrichterliche Rechtsprechung Strafrecht, HRRS 2006, S. 303

Arzt, Gunther: Der Ruf nach Recht und Ordnung – Ursachen und Folgen der Kriminalitätsfurcht in den USA und in Deutschland, Folgen der Justizreform Bd. 4, Tübingen 1976.

Bacher, Christian: Korruptionsprävention durch Selbststeuerung – Von der Theorie zur Praxis, Saarbrücken 2007.

Bachmann, Gregor/Prüfer, Geralf: Korruptionsprävention und Corporate Governance, ZRP 05, S. 109.

Bahnsen, AG Handbuch Praxis und Haftung von Vorstand und Aufsichtsrat, Loseblattsammlung.

Bannenberg, Britta: Korruption in Deutschland und ihre strafrechtliche Kontrolle – Eine kriminologisch-strafrechtliche Untersuchung, Neuwied 2002.

Bartenstein, Martin: Verantwortung braucht Wirtschaft – Über die Chancen der Corporate-Social-Responsability-Diskussion für die Unternehmen und Wirtschaftspolitik in Köppl, Peter/Neureiter, Martin (Hrsg.), Corporate Social Responsability – Leitlinien und Konzepte im Management der gesellschaftlichen Verantwortung von Unternehmen, S. 75, Wien 2004.

Bauer, Jobst-Hubertus/Arnold, Christian: Mannesmann und die Folgen für Vorstandsverträge, DB 06, S. 546.

Baums, Theodor: Bericht der Regierungskommission „Corporate Governance" 2001.

Bechtold, Rainer/Otting, Olaf/Bosch, Wolfgang: Kartellgesetz – Gesetz gegen Wettbewerbsbeschränkungen, 6. Auflage, München 2010.

Beck, Ulrich: Risikogesellschaft – Auf dem Weg in eine andere Moderne, Frankfurt am Main 2003.

Becker, Erich: Unternehmensführung heißt Verantwortung tragen – Nachhaltigkeit als zentrales Managementthema, in Köppl, Peter/Neureiter, Martin (Hrsg.), Corporate Social Responsability – Leitlinien und Konzepte im

Management der gesellschaftlichen Verantwortung von Unternehmen, S. 265, Wien 2004.

Becker, Peter von : Straftäter und Tatverdächtige in den Massenmedien – Die Frage der Rechtmäßigkeit identifizierender Kriminalberichte: eine Untersuchung zur beispielhaften Konkretisierung von Medienverantwortung im demokratisch-sozialen Rechtsstaat, Baden-Baden 1979.

Berg, Andreas: Wirtschaftskriminalität in Deutschland – Ursachen und Bekämpfung von Korruption und Untreue, Osnabrück 2001.

Berg, Stefan/Stöcker, Mathias: Anwendungs- und Haftungsfragen zum Deutschen Corporate Governance Kodex, WM 02, S. 1569.

Berndt, Markus: Zur Garantenpflicht des Compliance-Officers, StV 09, S. 689.

Berndt, Thomas/Hoppler, Ivo. Whistleblowing – Ein integraler Bestandteil effektiver Corporate Governance, BB 05, S. 2623.

Blomert, Die Habgierigen – Firmenpiraten, Börsenmanipulation: Kapitalismus außer Kontrolle, München 2003.

Bönitz, Dieter: Strafgesetze und Verhaltenssteuerung: zur generalpräventiven Wirksamkeit staatlicher Strafdrohung, Göttingen 1991.

Borges, Georg: Selbstregulierung im Gesellschaftsrecht – zur Bindung an Corporate Governance Kodizes, ZGR 03, S. 508.

Bornkamm, Joachim: Die Berichterstattung über schwebende Strafverfahren und das Persönlichkeitsrecht des Beschuldigten, NStZ 83, S. 102.

Bornkamm, Joachim: Pressefreiheit und Fairness des Strafverfahrens: die Grenzen der Berichterstattung über schwebende Strafverfahren im englischen, amerikanischen und deutschen Recht, Baden-Baden 1980.

Bottke, Wilfried: Das Wirtschaftsstrafrecht in der Bundesrepublik Deutschland – Lösungen und Defizite, wistra 91, S. 1.

Bottke, Wilfried: Empfiehlt es sich die Strafrechtliche Verantwortlichkeit für Wirtschaftsstraftaten zu verstärken? wistra 91, S. 81.

Bosch, Nikolaus: Organisationsverschulden in Unternehmen, Baden-Baden 2002.

Böse, Martin: Aufsichtsrechtliche Vorermittlungen in der Grauzone zwischen Strafverfolgung und Gefahrenabwehr, ZStW 119 (2007), S. 848.

Boujong, Karlheinz (Hrsg.): Karlsruher Kommentar zum Gesetz über Ordnungswidrigkeiten, 2. Auflage, München 2000.

Brosius, Hans-Bernd/Esser, Frank: Eskalation durch Berichterstattung- Massenmedien und fremdenfeindliche Gewalt, Opladen 1995.

Bund deutscher Kriminalbeamter (Hrsg.): Bekämpfung der Wirtschaftskriminalität – Vorschläge für eine wirksamere Ermittlungsarbeit, 1984.

Bundesanstalt für Finanzdienstleistungsaufsicht (Hrsg.): Jahresbericht 2002, Frankfurt am Main/Bonn, 2003.

Bundeskriminalamt (Hrsg.), Wirtschaftskriminalität Bundeslagebild 2008 – Pressefreie Kurzfassung, Wiesbaden 2010; Bundeslagebild 2007, Wiesbaden 2009.

Bundesministerium des Innern (Hrsg.), Polizeiliche Kriminalstatistik 2009, Berlin 2010.

Bundesministerium des Inneren/Bundesministerium der Justiz (Hrsg.): Zweiter Periodischer Sicherheitsbericht, Berlin 2006.

Statistisches Bundesamt (Hrsg.), Rechtspflege Strafverfolgung, Fachserie 10 Reihe 3, erschienen am 29.05.2009, Wiesbaden;

Bung, Jochen: Gefährdungsschaden und Vermögensverlust, in Frankfurter kriminalwissenschaftliche Studien Bd. 100, Institut für Kriminalwissenschaften und Rechtsphilosophie Frankfurt am Main (Hrsg.), Jenseits des rechtsstaatlichen Strafrechts, Frankfurt am Main 2007.

Bürkle, Jürgen: Grenzen der strafrechtlichen Garantenstellung des Compliance-Officers, CCZ 10, S. 4.

Bürkle, Jürgen: Corporate Compliance als Standard guter Unternehmensführung des Deutschen Corporate Governance Kodex, BB 07, S. 1797.

Bürkle, Jürgen: Corporate Compliance-Pflicht oder Kür für den Vorstand der AG?, BB 05, S. 565.

Bussmann, Kai-D./Matschke, Sebastian: Die Zukunft der unternehmerischen Haftung bei Compliance-Verstößen, CCZ 09, S. 132.

Bussmann, Kai-D./Matschke, Sebastian: Der Einfluss nationalen Rechts auf Kontroll- und Präventionsmaßnahmen von Unternehmen – ein Vergleich zwischen den USA und Deutschland, wistra 08, S. 88.

Bussmann, Kai-D./Salvenmoser, Steffen: Der Wert von Compliance und Unternehmenskultur – Ergebnisse der aktuellen Studie von Pricewaterhouse-Coopers zur Wirtschaftskriminalität, CCZ 08, S. 192.

Bussmann, Kai-D/Werle, MarkuS.: Addressing Crime in Companies: First Findings from a Global Survey of Economic Crime, British Journal of Criminology 06, S. 1128.

Campos Nave, José A./Vogel, Henrik: Die erforderliche Veränderung von Corporate Compliance-Organisationen im Hinblick im Hinblick auf gestiegene Verantwortlichkeiten des Compliance-Officers, BB 09, S. 2546.

Campos Nave, José A./Bonenberger, Saskia: Korruptionsaffären, Corporate Compliance und Sofortmaßnahmen für den Krisenfall, BB 08, S. 734.

Campos Nave, José A./Tauber, Timo: Die verschärfte Managementhaftung-Haftungsvermeidung durch Corporate Compliance, NWB 05, S. 2645.

Casper, Matthias: Der Compliancebeauftragte – Unternehmensinternes Aktienamt, Unternehmensbeauftragter oder einfacher Angestellter, in Bitter,

Georg (Hrsg.), Festschrift für Karsten Schmidt zum 70. Geburtstag, Köln 2009, S. 199.

Chatov, R.: What corporate ethic statements say, California Management Review 80, Heft 4, S. 20 (22).

Claussen, Carsten P./Bröcker, Norbert: Der Corporate Governance-Kodex aus der Perspektive der kleinen und mittleren Börsen-AG, DB 02, S. 1199.

Coombes, P./Watson, M.: Three surveys on corporate governance, McKinsey Quarterly IV/2000, S. 74.

Cromme, Gerhard: Aktuelle Fragen der Corporate Governance, Bonn 2003.

Crozals, Dorothee de/Jürgens, Robert: Dawn Raids durch die Kartellbehörden-Ablauf, Grenzen und Handlungsoptionen, CCZ 09, S. 92.

Curti, F.: Zur Abschreckungswirkung strafrechtlicher Sanktionen in der Bundesrepublik Deutschland, in Ott, Claus (Hrsg.), Die Präventivwirkung zivil- und strafrechtlicher Sanktionen: Beiträge zum VI. Travemünder Symposium zur ökonomischen Analyse des Rechts vom 25.-28. März 1998, Tübingen 1999, S. 71.

Dalbkermeyer, Birgit: Der Schutz des Beschuldigten vor identifizierenden und tendenziösen Pressemitteilungen der Ermittlungsbehörden, Frankfurt am Main 1994.

Dannecker, Gerhard: Die Dynamik des materiellen Strafrechts und dem Einfluss europäischer und internationaler Entwicklungen, ZStW 117 (2005), S. 697.

Deiters, Mark: Legalitätsprinzip und Normgeltung, Tübingen 2006.

Denk, Robert/Exner-Merkelt, Karin/Ruthner, Raoul: Corporate Risk Management-Unternehmensweites Risikomanagement als Führungsaufgabe, 2. Auflage, Wien 2008.

Dölling, Dieter: Empfehlen sich Änderungen des Straf- und Strafprozessrechts, um der Gefahr von Korruption in Staat, Wirtschaft und Gesellschaft wirksam zu begegnen? – Verhandlungen des 61. Deutschen Juristentages 1996, Band I, Gutachten Teil C.

Dolzer, Rudolf: Good Governance: Neues transnationales Leitbild der Staatlichkeit? Zaö RV 64 (2004), S. 535.

Dörmann, Uwe: Dunkelfeldforschung im Dunkeln – Zum Problem der statistikbegleitenden Dunkelfeldforschung, in ders. Zahlen sprechen nicht für sich – Aufsätze zu Kriminalstatistik, Dunkelfeld und Sicherheitsgefühl aus drei Jahrzehnten, München 2004.

Dörmann, Uwe: Sicherheitsgefühl und Kriminalitätsbewertung- Zusammenfassung einer empirischen Studie, in ders. Zahlen sprechen nicht für sich – Aufsätze zu Kriminalstatistik, Dunkelfeld und Sicherheitsgefühl aus drei Jahrzehnten, München 2004.

Dörner, Hans-Jürgen: Neues aus dem Befristungsrecht, NZA 07, S. 57.

Dörner, Dietrich/Horváth, Péter/Kagermann, Henning: Praxis des Risikomanagements – Grundlagen, Kategorien, branchenspezifische und strukturelle Aspekte, Stuttgart 2000.

Dreher, Sonja: Mittelbare Unterlassungstäterschaft und Kausalität bei kollektivem Unterlassen – BGH NJW 2003, 522, JuS 04, S. 17.

Druey, Jean – Nicolas: Corporate Governance – Einige allgemeine Überlegungen, GesRZ 02, S. 32.

Eidam, Gerd: Unternehmen und Strafe – Vorsorge und Krisenmanagement, Köln 2008.

Eidam, Gerd: Straftäter Unternehmen, München 1997.

Eigenstetter, Monika/Dobiasch, Stefan/Trimprop, Rüdiger: Commitment and Contraproductive Work Behavior as Correlate of Ethical Climate in Organizations, Monatszeitschrift für Kriminologie und Strafrechtsreform 07, S. 224.

Eisele, Wolfgang.: Technik des betrieblichen Rechnungswesens: Buchführung und Bilanzierung, Kosten- und Leistungsrechnung, Sonderbilanzen, 7. Auflage, München 2002.

Eisele, Dieter: Verhaltensregeln und Compliance, in Schimansky, Bunte, Lwowski, Bankrechts-Handbuch, 2. Auflage, München 2001, S. 3437.

Eisenberg, Ulrich: Kriminologie, 6. Auflage, München 2005; *(Kriminologie)*

Erichsen, Hans-Uwe: Allgemeines Verwaltungsrecht, 13. Auflage, Berlin 2006.

Eser, Albin u. a. (Hrsg.): Korruptionsbekämpfung durch Strafrecht – Ein rechtsvergleichendes Gutachten zu den Bestechungsdelikten im Auftrag des Bayerischen Staatsministeriums der Justiz, Freiburg 1997.

Ettinger, Jochen/Grützedick, Elke: Haftungsrisiken im Zusammenhang mit der Abgabe der Corporate Governance Entsprechenserklärung gemäß § 161 AktG, AG 03, S. 353.

Euler Hermes Kreditversicherungs-AG (Hrsg.): Wirtschaftskriminalität – Die verkannte Gefahr, Wirtschaft Konkret Nr. 303, Stand Oktober 2008.

Fecker, Jörg/Kinzl, Ulrich-Peter: Ausgestaltung der arbeitsrechtlichen Stellung des Compliance-Officers-Schlussfolgerungen aus der BSR-Entscheidung des BGH, CCZ 10, S. 13.

Feinberg, Joel: Harm to Others, The Moral Limits of the Criminal Law, Band 1, Oxford 1987.

Findeisen, Michael: Der Präventionsgedanke im Geldwäschegesetz – Anforderungen der Bankenaufsicht an die internen Sicherungsmaßnahmen der Kreditinstitute gem. § 14 Abs. 2 GwG zur Bekämpfung der Geldwäsche, wistra 97, S. 121.

Fischer, Thomas: Strafgesetzbuch und Nebengesetze, 55. Auflage, München 2008.

Fleischer, Holger (Hrsg.): Handbuch des Vorstandsrechts, München 2006.

Fleischer, Holger: Das Mannesmann-Urteil des Bundesgerichtshofs – Eine aktienrechtliche Nachlese-Anmerkung vom BGH – Urteil vom 21.12.2005 – 3 StR 470/04, DB 06, S. 323.

Fleischer, Holger: Das Vorstandsvergütungs-Offenlegungsgesetz, DB 05, S. 1611.

Fleischer, Holger: Vorstandsverantwortlichkeit und Fehlverhalten von Unternehmensangehörigen – Von der Einzelüberwachung zur Errichtung einer Compliance-Organisation, AG 03, S. 291.

Fleischer, Holger: Zum Grundsatz der Gesamtverantwortung im Aktienrecht, NZG 03, S. 449.

Frankenberg, Günter: Kritik des Bekämpfungsrechts, KJ 05, S. 370.

Fritz, J. M. H./Arnett, C. R. C./Conkel, M.: Organisational ethical standards and organizational commitment, Journal of Business Ethics 99, S. 289.

Fuchs, Maximilian: Arbeitsteilung und Haftung, JZ 94, S. 533.

Füllbier, Andreas: GWG Kommentar zum Geldwäschegesetz, 5. Auflage, Köln 2006.

Gärditz, Klaus-Ferdinand: Strafprozess und Prävention: Entwurf einer verfassungsrechtlichen Zuständigkeits- und Funktionenordnung, Tübingen 2003.

Geerds, Friedrich: Berichterstattung über Strafsachen: Gedanken zu einem leidigen Kapitel für Journalisten sowie für Strafjuristen, Kriminologen und Kriminalisten in Herzberg, Rolf Dietrich (Hrsg.), Festschrift für Dietrich Oehler zum 70. Geburtstag, Köln 1985, S. 423.

Geppert, Klaus: Grundlegendes und Aktuelles zur Unschuldsvermutung des Art. 6 Abs. 2 der Europ. Menschenrechtskonvention, Jura 93, S. 160.

Giehring, Rechte des Beschuldigten, Handlungskompetenz und kompensatorische Strafverfolgung in Hassemer, Winfried/Lüderssen, Klaus (Hrsg.), Sozialwissenschaften und Studium des Rechts, Band 3: Strafrecht, München 1978, S. 181.

Giesen, Tom: Die Haftung des Compliance-Officers gegenüber seinem Arbeitgeber-Haftungsprivilegierung bei innerbetrieblichem Schadens-ausgleich? CCZ 09, S. 102.

Gilch, Andreas: Compliance-Klauseln – Gut gemeint aber unwirksam? CCZ 08, S. 131.

Gomez, Peter/Zimmermann, Tim: Unternehmensorganisation: Profile, Dynamik, Methodik, 2. Auflage, Frankfurt am Main 1993.

Göppinger, Hans: Kriminologie, 6. Auflage, München 2008.

Graul, Eva: Abstrakte Gefährdungsdelikte und Präsumtionen im Strafrecht, Berlin 1991.
Gribl, Kurt: Der Vorteilsbegriff bei den Bestechungsdelikten, Heidelberg 1993.
Gropp, Walter (Hrsg.): Wirtschaftskriminalität und Wirtschaftsstrafrecht in einem Europa auf dem Weg zur Demokratie und Privatisierung, Leipzig 1998.
Gropp, Walter: Die Mitglieder des Nationalen Verteidigungsrates als ''Mittelbare Mit-Täter hinter den Tätern" – BGHSt 40, 218.
Groß, Karl-Heinz: Medien und Verteidigung im Ermittlungsverfahren, in Festschrift für Ernst-Walter Hanack zum 70. Geburtstag am 30. August 1999, Berlin 1999.
Gruson, Michael/Kubicek, Matthias: Der Sarbanes-Oxley Act, Corporate Governance und das deutsche Aktienrecht (Teil I), AG 03, S. 337-352.
Gruson, Michael/Kubicek, Matthias: Der Sarbanes-Oxley Act, Corporate Governance und das deutsche Aktienrecht (Teil II), AG 03, S. 393-406.
Gudehus, Timm: Logistik 1 – Grundlagen, Verfahren und Strategien, 3. Auflage, Heidelberg 2007.
Gusy, Christoph: Informationelle Selbstbestimmung und Datenschutz- Fortführung oder Neuanfang? KritV 00, S. 52.
Hamann, Andreas: Rechtsstaat und Wirtschaftslenkung, Heidelberg 1953.
Hamm, Rainer: Große Strafprozesse und die Macht der Medien, Baden- Baden 1997.
Hannich, Rolf (Hrsg.): Karlsruher Kommentar zur Strafprozessordnung mit GVG, EGGVG und EMRK, 6. Auflage, München 2008.
Hauschka, Christoph E.: Corporate Compliance-Handbuch der Haftungsvermeidung im Unternehmen, 2. Auflage, München 2010.
Hauschka, Christoph E./Greeve, Gina: Compliance in der Korruptionsprävention – was müssen, was sollen, was können die Unternehmen tun? BB 07, S. 165.
Hauschka, Christoph E.: Compliance: Eine geeignete Reaktion auf gestiegene Haftungsrisiken für Unternehmen und Management, NJW 04, S. 257.
Hauschka, Christoph E.: Compliance am Beispiel der Korruptionsbekämpfung – Eine Erwiderung aus der Praxis auf Uwe H. Schneiders Vorschläge, ZIP 03, S. 645; ZIP 04, S. 877.
Hassemer, Winfried: Die Basis des Wirtschaftsstrafrechts, wistra 09, S. 169.
Hassemer, Winfried: Sicherheit durch Strafrecht – Eröffnungsvortrag zum Strafverteidigertag am 24.03.06 in Frankfurt am Main, StV 06, S. 321.
Hassemer, Winfried: Sicherheit durch Strafrecht, Höchstrichterliche Rechtsprechung Strafrecht, HRRS 2006, S. 130.
Hassemer, Winfried: Strafrecht, Prävention, Vergeltung, ZIS 06, S. 266.

Hassemer, Winfried: Grundsätzliche Aspekte des Verhältnisses von Medien und Strafjustiz, StV 05, S. 167.

Hassemer, Winfried: Neue Medien und klassisches Strafrecht – § 184 b IV StGB im Lichte der Internetdelinquenz, NStZ 05, S. 361.

Hassemer, Winfried: Symbolisches Strafrecht und Rechtsgüterschutz, NStZ 89, S. 553.

Hassemer, Winfried: Umweltschutz durch Strafrecht, in Winfried Hassemer und Volker Meinberg kontrovers, Neue Kriminalpolitik 89, S. 46.

Hassemer, Winfried: Prävention im Strafrecht, JuS 87, S. 257.

Hassemer, Winfried: Vorverurteilung durch die Medien?, NJW 85, S. 1921.

Hassemer, Winfried: Generalprävention und Strafzumessung, in ders. Lüderssen, Klaus/Naucke, Wolfgang (Hrsg.) Hauptprobleme der Generalprävention, Frankfurt am Main 1979, S. 29.

Hefendehl, Roland: Außerstrafrechtliche und strafrechtliche Instrumentarien zur Eindämmung der Wirtschaftskriminalität, ZStW 119 (2007), S. 816.

Hefendehl, Roland: Enron, Worldcom und die Folgen – Das Wirtschaftsstrafrecht zwischen kriminalpolitischen Erwartungen und den dogmatischen Erfordernissen, JZ 04, S. 18.

Hefendehl, Roland: Kollektive Rechtsgüter im Strafrecht, Köln 2002.

Hegnon, Oliver: Aufsicht als Leitungspflicht – Umfang persönlich wahrzunehmender Aufsichtspflichten von Geschäftsleitern bei vertikaler Arbeitsteilung aus gesellschafts- und strafrechtlicher Sicht, CCZ 09, S. 57.

Heine, Günter: Moderne Erscheinungsformen der Tatbeteiligung mehrerer unter besonderer Berücksichtigung von organisierter Kriminalität wie auch krimineller Aktivitäten von Organisationen, in: Einflüsse deutschen Strafrechts auf Polen und Japan, Baden-Baden 2001, S. 101.

Heine, Günter: Die strafrechtliche Verantwortlichkeit von Unternehmen, Baden-Baden 1995.

Heine, Günter: Beweislastumkehr im Strafverfahren, JZ 95, S. 651.

Heinrich, Bernd: Die Grenzen des Strafrechts bei der Gefahrprävention – Brauchen oder haben wir ein „Feindstrafrecht", ZStW 121 (2009), S. 94.

Heinrich, Manfred: Neue Medien und klassisches Strafrecht – § 184 b IV StGB im Lichte der Internetdelinquenz, NStZ 05, S. 361.

Heintzen, Marcus: Der Deutsche Corporate Governance Kodex aus der Sicht des deutschen Verfassungsrechts – Erwiderung auf Seidel, Der DCGK – eine private oder doch eine staatliche Regelung? ZIP 04, S. 1933.

Heinz, Wolfgang: Konzeption und Grundsätze des Wirtschaftsstrafrechts (einschließlich Verbraucherschutz), ZStW 96 (1984), S. 417.

Heldman, Kim: Project manager's spotlight on risk management, Alameda 2005.

Hermanns, Ferdinand/Kleier, Ulrich F.: Grenzen der Aufsichtspflicht in Betrieben und Unternehmen – zur Bedeutung des § 130 OWiG in der Praxis, Köln 1987.

Hettinger, Michael (Hrsg.): Reform des Sanktionenrechts, Band 3: Verbandsstrafe, Baden-Baden 2002.

Hettinger, Michael: Das Strafrecht als Büttel? – Fragmentarische Bemerkungen zum Schutz eines Korruptionsbekämpfungsgesetzes des Bundesrats vom 03.11.1995, NJW 96, S. 2263.

Hetzter, Wolfgang: Geldwäsche und Terror, ZRP 02, S. 407.

Hilgers, Benno Maria: Verantwortlichkeit von Führungskräften in Unternehmen für Handlungen ihrer Mitarbeiter, Freiburg 2000

Hirschmann, Stefan/Romeike, Frank: Rechts- und Haftungsrisiken im Unternehmensmanagement, Köln 2006.

Hoffmann-Becking, Michael: Rechtliche Anmerkungen zur Vorstands- und Aufsichtsratsvergütung, ZHR 160 (2005), S. 155.

Hofmann, Stefan: Handbuch Anti-Fraud-Management: Bilanzbetrug erkennen – vorbeugen – bekämpfen, Berlin 2008.

Hommelhoff, Peter/Hopt, Klaus/v. Werder, Axel (Hrsg.): Handbuch Corporate Governance: Leitung und Überwachung börsennotierter Unternehmen in der Rechts- und Wirtschaftspraxis, 2. Auflage, Stuttgart 2009.

Hommelhoff, Peter/Schwab, Martin: Staats-ersetzende Privatgremien im Unternehmensrecht, in Drenseck, Walter (Hrsg.), Festschrift für Heinrich Wilhelm Kruse zum 70. Geburtstag, Köln 2001, S. 693.

Hommelhoff, Peter/Ulmer, Peter: Aktienrecht für globale Kapitalmärkte, München 2002.

Höche, Thorsten: Der Entwurf einer dritten EU-Richtlinie zur Verhinderung der Nutzung des Finanzsystems zu Zwecken der Geldwäsche und zur Finanzierung des Terrorismus, WM 05, S. 8.

Hopson, Mark D./Koehler, Kristin Graham: Effektive ethische Compliance-Programme im Sinne der United States Federal Sentencing Guidelines, CCZ 08, S. 208.

Hopt, Klaus: Auf dem Weg zum deutschen Insidergesetz – Die Vorüberlegungen vom Herbst 1992, in Beisse, Heinrich (Hrsg.), Festschrift für Karl Beusch zum 68. Geburtstag am 31. Oktober 1993, Berlin 1993, S. 393.

Huff, Martin W.: Notwendige Öffentlichkeitsarbeit der Justiz, NJW 04, S. 413.

Hüffer, Uwe: Aktiengesetz, 9. Auflage, München 2010;

Hund, Horst: Der Geldwäschetatbestand – missglückt oder missverstanden? ZRP 96, S. 163.

Ignor, Alexander: Die Zukunft des Strafverfahrens – Abschied vom Rechtsstaat? ZStW 119 (2007), S. 927.

Institut für Kriminalwissenschaften und Rechtsphilosophie Frankfurt am Main (Hrsg.): Jenseits des rechtsstaatlichen Strafrechts, Frankfurter Kriminalwissenschaftliche Studien Band 100; Frankfurt am Main 2007.

Ischebeck, Lars: Die Sorgfalt eines ordentlichen Geschäftsmanns und das Strafrecht in der Unternehmenskrise – zugleich Anmerkung zu BGH, Urt. v. 05.05.2008 – II ZR 38/07, wistra 09, S. 95.

Isensee, Josef/Kirchhof, Paul: Handbuch des Staatsrechts der Bundesrepublik Deutschland, Band 1: Historische Grundlagen, 3. Auflage, Heidelberg 2003; Band 2: Verfassungsstaat, 3. Auflage, Heidelberg 2004; Band 6: Bundesstaat, 3. Auflage, Heidelberg 2008; Band 5: Allgemeine Grundrechtslehren, 2. Auflage, Heidelberg 00.

Jäger, Axel/Rödl, Christian/Campos Nave, José A.: Praxishandbuch Corporate Compliance, Grundlagen-Checklisten-Implementierung, Weinheim 2009.

Jäger, Herbert: Makrokriminalität-Studien zur Kriminologie kollektiver Gewalt, Frankfurt am Main 1989.

Jakobs, Günther: Strafrecht Allgemeiner Teil – Die Grundlagen und die Zurechnungslehre, Lehrbuch, 2. Auflage, Berlin 1993.

Jakobs, Günther: Kriminalisierungen im Vorfeld einer Rechtsgutsverletzung, ZStW 97 (1985), S. 751.

Jarass, Hans D./Pieroth, Bodo: Grundgesetz für die Bundesrepublik Deutschland Kommentar, 9. Auflage, München 2007.

Jasch, Michael: Alltägliche Feinde – Die Expansion der Ausschließung mit den Mitteln des Rechts, in Uwer, Thomas (Hrsg.), Bitte bewahren Sie Ruhe – Leben im Feindrechtsstaat, Berlin 2006, S. 267.

Jost, Peter J. (Hrsg.): Die Prinzipal-Agenten-Theorie in der Betriebswirtschaftslehre, Stuttgart 2001.

Jung, Hans: Allgemeine Betriebswirtschaftslehre, 10. Auflage, München 2006.

Kahlo, Michael: Das Problem des Pflichtwidrigkeitszusammenhangs bei den unechten Unterlassungsdelikten – eine strafrechtliche-rechtsphilosophische Untersuchung zur Kausalität menschlichen Handelns und deren strafrechtlichem Begriff, Berlin 1990.

Kaiser, Günter: Kriminologie – Eine Einführung in die Grundlagen, 7. Auflage, Heidelberg 1985.

Kaiser, Günther/Schöch, Heinz (Hrsg.): Kriminologie, Jugendstrafrecht, Strafvollzug, 6. Auflage, München 2006.

Kant, Immanuel: Die Metaphysik der Sitten, in Ebeling, Hans (Hrsg.);
Stuttgart 1990.

Kaptein, Muel/Schwartz, Mark S.: The Effectiveness of Business Codes – A Critical Examination of Existing Studies and the Development of an Integrated Research Model, Journal of Business Ethics (2008), S. 111.

Kargl, Walter: Über die Bekämpfung des Anscheins der Kriminalität bei der Vorteilsannahme (§ 331 StGB), ZStW 114 (2002), S. 763.

Kargl, Walter: Die Missbrauchskonzeption der Untreue (§ 266 StGB) – Vorschlag de lege ferenda, ZStW 113 (2001), S. 565.

Kargl, Walter: Das Recht der Gesellschaft oder das Recht der Subjekte? – Anmerkungen zu den „Rechtsphilosophischen Vorüberlegungen" von Günther Jakobs; GA 99, S. 53.

Keitsch, Detlef: Risikomanagement, Stuttgart 2000.

Kennedy, Allan A.: Das Ende des Shareholder-Value – Warum Unternehmen zu langfristigen Wachstumsstrategien zurück kehren, München 2007.

Kepplinger, Hans Mathias: Die Mechanismen der Skandalierung: die Macht der Medien und die Möglichkeiten der Betroffenen, München 2005.

Kiethe, Kurt: Falsche Erklärung nach § 161 AktG- Haftungsverschärfung für Vorstand und Aufsichtsrat? NZG 03, S. 559.

Kindhäuser, Urs: Strafprozessrecht, 2. Auflage, Baden-Baden 2010.

Kindhäuser, Urs: Gefährdung als Straftat-Rechtstheoretische Untersuchung zur Dogmatik der abstrakten und konkreten Gefährdungsdelikte, Frankfurt am Main 1989.

Klengel, Detlef W./Mückenberger, Ole: Internal Investigations – typische Rechts- und Praxisprobleme unternehmensinterner Ermittlungen, CCZ 09, S. 81.

Klindt, Thomas: Rückruf-Management als Bestandteil unternehmerischer Compliance – Zehn Empfehlungen für die industrielle Praxis, CCZ 08, S. 81.

Knauer, Christoph: Die Kollegialentscheidung im Strafrecht: zugleich ein Beitrag zum Verhältnis von Kausalität und Mittäterschaft, München 2001.

Köhler, Michael: Prozessrechtsverhältnis und Ermittlungseingriffe, ZStW 107 (1995), S. 10.

Köppl, Peter/Neureiter, Martin: Gesellschaftliche Verantwortung als Business-Motor: Was ist Corporate Social Responsability? Ein globaler Rundgang in dieselb. (Hrsg.), Corporate Social Responsability – Leitlinien und Konzepte im Management der gesellschaftlichen Verantwortung von Unternehmen, Wien 2004, S. 13.

KPMG (Hrsg.): Wirtschaftskriminalität in Deutschland 2010, Fokus Mittelstand, Studie, Stand 2010.

KPMG (Hrsg.), Anti Fraud Management – Best Practice der Prävention gegen Wirtschaftskriminalität, 2006.

Kraft, Oliver: Die Garantenpflicht des Leiters der Innenrevision und des Compliance Officers zur Abwendung von unternehmensbezogenen Straftaten – zugleich Anmerkung zu BGH wistra 2009, 433, wistra 10, S. 81.

Kraft, Oliver/Winkler, Klaus: Zur Garantenstellung des Compliance Officers – Unterlassungsstrafbarkeit durch Organisationsmangel? CCZ 09, S. 29.

Krause, Daniel M.: Straf- und aktienrechtliche Würdigung nachträglicher Prämienzahlungen an AG-Vorstandsmitglieder, StV 06, S. 307.

Krauß, D: Das Prinzip der materiellen Wahrheit im Strafprozess, in Grünwald, Gerald (Hrsg.), Festschrift für Friedrich Schaffstein zum 70. Geburtstag am 28. Juli 1975, Göttingen 1975.

Kremer, Ulrich: Die Mitarbeiterkriminalität ist nicht zu unterschätzen – Vertrauensschadenversicherung: Neue Studie, Stand, Trends und Chancen, VW 04, S. 1838.

Krieger, Gerd/Schneider, Uwe H.: Handbuch Managerhaftung-Risikobereiche und Haftungsfolgen für Vorstand, Geschäftsführer, Aufsichtsrat, Köln 2007.

Kube, Edwin: Prävention von Wirtschaftskriminalität-Möglichkeiten und Grenzen, Antrittsvorlesung als Honorarprofessor, gehalten am 19. Januar 1984 an der Universität Gießen, Wiesbaden 1984.

Kühl, Kristian (Hrsg.): Lackner/Kühl, Strafgesetzbuch Kommentar, 26. Auflage, München 2007.

Kühl, Kristian: Persönlichkeitsschutz des Tatverdächtigen durch die Unschuldsvermutung, in Forkel, Hans (Hrsg.), Beiträge zum Schutz der Persönlichkeit und ihrer schöpferischen Leistung, Festschrift für Heinrich Hubmann zum 70. Geburtstag, Frankfurt am Main 1985, S. 241.

Kuhlen, Lothar: Strafrechtliche Produkthaftung, in: 50 Jahre Bundesgerichtshof, Festgabe aus der Wissenschaft, Band IV, München 2000, S. 647.

Küting, Karlheinz/Julia, Busch: Zum Wirrwarr der Überwachungsbegriffe, DB 09, S. 1361.

Küttner, Wolfdieter (Hrsg.): Personalbuch 2006, 13. Auflage, München 2006.

Lackhoff, Klaus/Schulz, Martin: Das Unternehmen als Gefahrenquelle? – Compliance-Risiken für Unternehmensleiter und Mitarbeiter, CCZ 10, S. 81.

Lampert, Thomas: Gestiegenes Unternehmensrisiko Kartellrecht- Risikoreduzierung durch Competition-Compliance-Programme, BB 02, S. 2237.

Langenbucher, Katja: Vorstandshandeln und Kontrolle – Zu den Neuerungen durch das UMAG, DStR 05, S. 2083.

Lau, Christoph: Risikodiskurse: Gesellschaftliche Auseinandersetzung um die Definition von Risiken, Soziale Welt 89, S. 418.

Lehr, Gernot: Grenzen für die Öffentlichkeitsarbeit der Ermittlungsbehörden, NStZ 09, S. 409.

Lehr, Gernot: Strafverteidigung und Medien in Wildmaier, Gunter (Hrsg.), Münchener Anwaltshandbuch Strafverteidigung, München 2006, S. 803.

Leipziger Kommentar zum StGB von Großhütte, Heinrich-Wilhelm (Hrsg.), Band 1: Einleitung, §§ 1-31, Berlin 2006.

Leitl, Christoph: Gesellschaftliche Verantwortung von Unternehmen – eine Selbstverständlichkeit nachhaltigen Unternehmertums, in Köppl, Peter/Neureiter, Martin (Hrsg.), Corporate Social Responsability – Leitlinien und Konzepte im Management der gesellschaftlichen Verantwortung von Unternehmen, S. 105, Wien 2004.

Leitner, Roman (Hrsg.): Finanzstrafrecht, Aktualisierte Beiträge der Finanzstrafrechtlichen Tagungen, 1996-2002, Linz 2003.

Lévy, Philippe: Die Stakeholder-Ansprüche von Transparency International, Köppl, Peter/Neureiter, Martin (Hrsg.), Corporate Social Responsability – Leitlinien und Konzepte im Management der gesellschaftlichen Verantwortung von Unternehmen, S. 281, Wien 2004.

Leyendecker, Hans: Die große Gier-Korruption, Kartelle, Lustreisen: Warum die Wirtschaft eine neue Moral braucht, Hamburg 2009.

Lindemann, Michael: Die strafrechtliche Verantwortlichkeit des faktischen Geschäftsführers, Jura 05, S. 305.

Lingemann, Stefan/Wasmann, Dirk: Mehr Kontrolle und Transparenz im Aktienrecht: Das KonTraG tritt in Kraft, BB 98, S. 853.

Lisken, Hans: Vorfeldeingriffe im Bereich der „Organisierten Kriminalität“ – Gemeinsame Aufgabe von Verfassungsschutz und Polizei? ZRP 94, S. 264.

Lisken, Hans/Denninger, Erhard (Hrsg.): Handbuch des Polizeirechts: Gefahrenabwehr, Strafverfolgung, Rechtsschutz, 4. Auflage, München 2007.

Littwin, Frank: Maßnahmen zur Bekämpfung der nationalen und internationalen Korruption, ZRP 96, S. 308.

Loos, Fritz: Zum „Rechtsgut“ der Bestechungsdelikte, in Stratenwerth, Günter (Hrsg.), Festschrift für Hans Welzel zum 70. Geburtstag am 25. März 1974, Berlin 1974, S. 879.

Zitiert als Loos, Rechtsgut der Bestechungsdelikte, in FS Welzel

Lorz, Ralph Alexander: Neue Vorgaben für die Öffentlichkeitsarbeit der Justiz, NJW 05, S. 2657.

Lösler, Thomas: Spannungen zwischen der Effizienz der internen Compliance und möglichen Reportingpflichten des Compliance-Officers, WM 07, S. 676.

Lösler, Thomas: Das moderne Verständnis von Compliance im Finanzmarktrecht, NZG 05, S. 104.

Löwe-Rosenberg, StPO, 26. Auflage, Berlin 2006.

Lücke, Wolfgang: Elemente eines Risiko-Managementsystems – Die Notwendigkeit eines Risikomanagementsystems durch den Entwurf eines Gesetzes zur Kontrolle und Transparenz im Unternehmensbereich (KonTraG), DB 98, S. 8.

Lücke, Oliver (Hrsg.): Beck'sches Mandats-Handbuch Vorstand der AG, 2. Auflage, München 2010.

Lüdemann, Christian/Ohlemacher, Thomas: Soziologie der Kriminalität- Theoretische und empirische Perspektiven, Weinheim 2002.

Lüderssen, Klaus: Sollen Submissionsabsprachen zu strafrechtlichem Unrecht werden? BB 96 (Beilage Nr. 11 zu Heft 25), S. 1.

Lüderssen, Klaus: Die generalpräventive Funktion des Deliktssystems in Hassemer, Winfried/Lüderssen, Klaus/Naucke, Wolfgang (Hrsg.) Hauptprobleme der Generalprävention, Frankfurt am Main 1979, S. 54.

Luhmann, Niklas: Die Realität der Massenmedien, Nordrhein-Westfälische Akademie der Wissenschaften, Vorträge G 333, Opladen 1995.

Lutter, Marcus: Deutscher Corporate Governance Kodex-Neuere Tendenzen im Gesellschaftsrecht, in von der Crone, Hans Caspar/Weber, Rolf H./Zäch, Roger/Zobl, Dieter (Hrsg.), Festschrift Forstmoser, Zürich 2003, S. 287.

Lutter, Marcus: Kodex guter Unternehmensführung und Vertrauenshaftung, in Schweizer, Raimer J. (Hrsg.), Festschrift für Jean Nicholas Druey zum 65. Geburtstag, Zürich 2002, S. 463.

Lutter, Marcus: Die Erklärung zum Corporate Governance Kodex gem. § 161 AktG-Pflichtverstöße und Binnenhaftung von Vorstands- und Aufsichtsratsmitgliedern, ZHR 166 (2002), S. 523.

Lutter, Marcus: Vergleichende Corporate Governance – Die deutsche Sicht, ZGR 01, 224.

Maiwald, Manfred: Die Amtsdelikte-Probleme der Neuregelung des StGB Abschnitt 28; JuS 77, S. 353.

Marcus, Bernd: Kontraproduktives Verhalten im Betrieb: eine individuumsbezogene Perspektive, Göttingen 2000.

Margolis, Joshua D./Walsh, James P: People and Profits? The Search for a Link between a Company's Social and Financial Performance, Mahwah, N. J. 2001.

Marxen, Klaus: Medienfreiheit und Unschuldsvermutung, GA 80, S. 365.

Maschke, Günter: Aufsichtspflichtverletzungen in Betrieben und Unternehmen, Berlin 1997.

Herzog, Roman/Herdegen, Matthias/Scholz, Rupert/Klein Hans H (Hrsg.): Maunz/Dürig Grundgesetz Kommentar: Band II: Art. 6-15; Band III: Art. 16-22, München 2003.

Maurach, Reinhart/Schröder, Friedrich-Christian/Maiwald, Manfred: Strafrecht Besonderer Teil, Teilband 1, 8. Auflage, Heidelberg 1995.

Maurer, Hartmut: Allgemeines Verwaltungsrecht, 17. Auflage, München 2009.

McKendall, Marie A./DeMar, B./Jones-Rikkers, C., Ethical Compliance Programs and Corporate Illegality: Testing the assumption of the corporate sentencing guidelines, Journal of Business Ethics 02, S. 367.

McKendall, Marie A./Wagner, John A.: Motive, Opportunity, Choice and Corporate Illegality, Organization Science 97, S. 624.

Meier, Bernd-Dieter: Kriminologie, 3. Auflage, München 2007.

Mengel, Anja/Hagemeister, Volker: Compliance und Arbeitsrecht, BB 06, S. 2466.

Menzies, Christof (Hrsg.): Sarbanes-Oxley Act – Professionelles Management interner Kontrollen, Stuttgart 2004.

Meßmer, Daniel/Saliger, Michaela: Die Änderungen des AktG durch das KonTraG und ihre Auswirkungen auf die Haftungsverhältnisse in AG, GmbH und Genossenschaft, VersR 99, S. 539.

Meyer, Karlheinz: Grenzen der Unschuldsvermutung in Jescheck, Hans- Heinrich (Hrsg.), Festschrift für Herbert Tröndle zum 70. Geburtstag am 24. August 1989, Berlin 1989.

Michaelsen, Horst D.: Möglichkeiten der Beschleunigung und Kosteneinsparung im Wirtschaftsstrafverfahren, Kriminalistik 82, S. 498.

Michalski, Lutz: Kommentar zum Gesetz betreffend die Gesellschaften mit beschränkter Haftung (GmbH-Gesetz), Band II, §§ 33-86 GmbHG, München 2002.

Mitterbauer, Peter: Mit Verantwortung wachsen, in Köppl, Peter/Neureiter, Martin (Hrsg.), Corporate Social Responsability – Leitlinien und Konzepte im Management der gesellschaftlichen Verantwortung von Unternehmen, S. 97, Wien 2004.

Kropff, Bruno (Hrsg.): Münchener Kommentar zum Aktiengesetz, Bd. 3, §§ 76-117 AktG, MitbestG, 2. Auflage, München 2004; Bd.5/1, §§ 278-328, SpruchG, 3. Auflage, München 2010.

Heintschel-Heinegg, Bernd von (Hrsg.): Münchner Kommentar zum Strafgesetzbuch, Band 1, §§ 1- 51 StGB, München 2003.

Müller, Udo: Korruption in der öffentlichen Verwaltung, Kriminalistik 93, S. 509.

Müller-Glöge, Rudi/Preis, Ulrich/Schmidt, Ingrid (Hrsg.): Erfurter Kommentar zum Arbeitsrecht, 9. Auflage, München 2009.

Müller-Gugenberger, Christian/Bieneck, Klaus: Handbuch des Wirtschafts-straf- und Ordnungswidrigkeitenrechts, 5. Auflage, Köln 2010.

Müller-Tuckfeld, Jens Christian: Integrationsprävention – Studien zu einer Theorie der gesellschaftlichen Funktion des Strafrechts, Frankfurt am Main 1998.

Murswiek, Dietrich: Der Verfassungsschutzbericht – das scharfe Schwert der streitbaren Demokratie, NVwZ 04, S. 769.

Naucke, Wolfgang: Die Grenzen des Strafrechts, Eine Problemskizze in 7 Thesen, Archivum Iuridicum Cracoviense, 1994-1995, S. 65.

Naucke, Wolfgang: Schwerpunktverlagerungen im Strafrecht, KritV 93, S. 135.

Neumann, Ulfried: Normative Kritik der Theorie der positiven Generalprävention in Schünemann, Bernd/von Hirsch, Andrew/Jareborg, Nils: Positive Generalprävention – Kritische Analysen im deutsch-englischen Dialog, Uppsala Symposium 1996, Heidelberg 1998, S. 147.

Neumann-Duesberg, Horst: Dokumentarfernsehsendung „Soldatenmord von Lebach“ unter persönlichkeitsrechtlichem und verfassungsrechtlichem Aspekt, JZ 73, S. 261.

Niemeier, Wilhelm: Die Steigerung der Aussagekraft des handelsrechtlichen Jahresabschlusses durch die Änderung der 4. und 7. Richtlinie, WPg 06, S. 173.

Oldenburg/Abendroth/Rauschenbach,/Kaufmann: Aufbau einer Finanzbuchhaltung – Praktische Ausbildung in SAP R 3, Norderstedt 2004.

Ossenbühl, Fritz: Staatshaftungsrecht, 5. Auflage, München 1998; Zitiert als Ossenbühl, Staatshaftungsrecht.

Oswald, Katharina: Die Maßnahmen zur Bekämpfung der Geldwäsche (§ 291 StGB i.V.m. dem GwG – eine kriminologisch-empirische Untersuchung, wistra 97, S. 328.

Otto, Harro: Die Haftung für kriminelle Handlungen in Unternehmen, Jura 98, S. 409.

Papageorgiou, Konstantinos A.: Schaden und Strafe – Auf dem Weg zu einer Theorie der strafrechtlichen Moralität, Baden-Baden 1994.

Pape, Jonas: Zur Wirksamkeit von Corporate Compliance, CCZ 09, S. 233.

Paefgen, Walter G.: Dogmatische Grundlagen, Anwendungsbereich und Formulierung einer Business Judgement Rule im künftigen UMAG, AG 04, 245.

Peltzer, Martin/ v. Werder, Axel: Der „German Code of Corporate Governance (GCCG)“ des Berliner Initiativkreises, AG 01, S. 1.

Perrow, Charles: Normale Katastrophen: die unvermeidbaren Risiken der Großtechnik, 2. Auflage, Frankfurt 1992.

Pieroth, Bodo/Schlink, Bernhard/Kniesel, Michael: Polizei- und Ordnungsrecht mit Versammlungsrecht, 6. Auflage, München 2010.

Pies/Sass: Selbstverpflichtung als Instrument der Korruptionsprävention bei Infrastrukturprojekten, Lehrstuhl für Wirtschaftsethik an der Martin-Luther-Universität Halle-Wittenberg und der Sektion Wirtschaftswissenschaften der Stiftung Leucorea in der Lutherstadt Wittenberg (Hrsg.), Diskussionspapier Nr.05-4, Wittenberg 2005.

Pieth, Mark/Eigen, Peter (Hrsg.): Korruption im internationalen Geschäftsverkehr-Bestandsaufnahme, Bekämpfung, Prävention, Neuwied 1999.

Poerting, Peter (Hrsg.): Wirtschaftskriminalität, Teil 2, Wiesbaden 1985.

Prittwitz, Cornelius: Zur begrenzten Kompatibilität von Sicherheit und Freiheit, in Frankfurter kriminalwissenschaftliche Studien Bd. 100, Institut für Kriminalwissenschaften und Rechtsphilosophie Frankfurt am Main (Hrsg.), Jenseits des rechtsstaatlichen Strafrechts, Frankfurt am Main 2007, S. 225.

Prittwitz, Cornelius: Strafrecht und Risiko-Untersuchungen zur Krise von Strafrecht und Kriminalpolitik in der Risikogesellschaft, Frankfurt am Main 1993.

Prittwitz, Cornelius: Funktionalisierung des Strafrechts, StV 91, S. 435.

PWC (Hrsg.): Compliance und Unternehmenskultur – Zur aktuellen Situation in deutschen Großunternehmen, Stand Februar 2010.

PWC (Hrsg.): Wirtschaftskriminalität 2009 – Sicherheitslage in deutschen Großunternehmen, Stand September 2009.

PWC (Hrsg.): Wirtschaftskriminalität – Eine Analyse der Motivstrukturen, Stand Februar 2009.

Ransiek, Andreas: Anerkennungsprämien und Untreue – Das Mannesmann-Urteil des BGH, NJW 06, S. 814.

Ransiek, Andreas: Unternehmensstrafrecht: Strafrecht, Verfassungsrecht, Regelungsalternativen, Heidelberg 1996.

Rau, Charlotte: Compliance und Unternehmensverantwortlichkeit - Materiellrechtliche Fragen der sanktionsrechtlichen Unternehmensverantwortlichkeit unter Berücksichtigung von Compliance-Maßnahmen, Frankfurter kriminalwissenschaftliche Studien, Band 125, Frankfurt am Main 2010.

Rau, Armin L.: Social Compliance – Nachhaltigkeitsrisiken richtig bewerten und kontrollieren, CCZ 08, S. 224.

Reichert, Jochen/Ott, Nicolas: Non Compliance in der AG – Vorstandspflichten im Zusammenhang mit der Vermeidung, Aufklärung und Sanktionierung von Rechtsverstößen, ZIP 09, S. 2173.

Reischel, Hagen: Wirtschaftskriminalität und Rechtsgut, 1990.

Ricks, Sven: Ökonomische Analyse der Wirtschaftskriminalität unter besonderer Berücksichtigung der Korruption und Bestechung, Berlin 1995.

Reisner, Die Strafbarkeit von Schein- und Umgehungshandlungen in der EG: ein rechtsvergleichender Beitrag zum strafrechtlichen Schutz der Finanzinteressen der EG, Freiburg 1995.

Reiß, Wolfram: Die Störung der Strafrechtspflege durch Berichterstattung in den Massenmedien, Bonn 1975.

Rieble, Volker: Zivilrechtliche Haftung der Compliance-Agenten, CCZ 10, S. 1.

Rieble, Volker: Anmerkungen zu LG Braunschweig, Urt. v. 25.01.07 – 6 KLs 48/06, CCZ 08, S. 32.

Ringleb, Henrik-Michael/ Kremer, Thomas/Lutter, Marcus/v. Werder, Axel, Kommentar zum Deutschen Corporate Governance Kodex-Kommentar, 3. Auflage, München 2008.

Robbins, Ira: The Ostrich Instruction: Deliberate Ignorance as Criminal Mens Rea, 81 Journal of Criminal Law and Criminology (1990), S. 191.

Rodewald, Jörg/Unger, Ulrike: Kommunikation und Krisenmanagement im Gefüge der Corporate Compliance-Organisation, BB 07, S. 1629;

Rodewald, Jörg/Unger, Ulrike: Corporate Compliance-Organisatorische Vorkehrungen zur Vermeidung von Haftungsfällen der Geschäftsleitung, BB 06, S. 113.

Rödl & Partner (Hrsg.): Pilot-Studie Wirtschaftskriminalität – Prävention und Bekämpfung von Wirtschaftskriminalität in deutschen Unternehmen in Mittel- und Osteuropa, Stand Februar 2009.

Rogall, Klaus: Dogmatische und kriminalpolitische Probleme der Aufsichtspflichtverletzung in Betrieben (§ 130 OWiG), ZStW 98 (1986), S. 573.

Romeike, Frank (Hrsg.), Rechtliche Grundlagen des Risikomanagements – Haftungs- und Strafvermeidung für Corporate Compliance, Berlin 2008.

Romeike, Frank/Finke, Robert B. (Hrsg.): Erfolgsfaktor Risikomanagement: Chance für Industrie und Handel, Lessons learned, Methoden, Checklisten und Implementierung, Wiesbaden 2003.

Rönnau, Thomas/Schneider, Frédéric: Der Compliance-Beauftragte als strafrechtlicher Garant – Überlegungen zum BGH- Urteil v. 17.07.2009 – 5 StR 394/08, ZIP 10, S. 53.

Rönnau, Thomas: Anmerkung zur Entscheidung des BGH im Fall Mannesmann, NStZ 06, S. 218.

Ronzani, Marco: Erfolg und individuelle Zurechnung im Umweltstrafrecht – Eine Studie zur Funktionalität der Strafrechtsdogmatik im Umweltschutz unter besonderer Berücksichtigung des Schweizer Rechts, Freiburg 1992.

Rosbach, Thorsten: Ethik in einem Wirtschaftsunternehmen – nützlich oder überflüssige Förmelei? CCZ 08, S. 101.

Rotsch, Thomas: Unternehmen, Umwelt und Strafrecht – Ätiologie einer Misere, wistra 99, S. 321 (Teil I) und wistra 99, S. 368 (Teil II).

Rotsch, Thomas: Individuelle Haftung in Großunternehmen – Plädoyer für den Rückzug des Umweltstrafrechts, Baden-Baden 1998.

Rotsch, Thomas: Die Rechtsfigur des Täters hinter dem Täter bei der Begehung von Straftaten im Rahmen organisatorischer Machapparate und ihr Übertragbarkeit auf wirtschaftliche Organisationsstrukturen, NStZ 88, S. 491.

Roxin, Claus: Strafrecht Allgemeiner Teil – Band 1 Grundlagen: Der Aufbau der Verbrechenslehre, 4. Auflage, München 2006.

Roxin, Ckaus: Strafrecht Allgemeiner Teil – Band 2 Besondere Erscheinungsformen der Straftat, München 2003.

Roxin, Claus: Mittelbare Täterschaft bei Tatausführung durch vollverantwortliche Tatmittler, JZ 95, S. 49.

Roxin, Claus: Strafrechtliche und strafprozessuale Probleme der Vorverurteilung, NStZ 91, S. 153.

Rüdiger, Christiane: Zum >>Ausverkauf<< der personalen Rechtsgutslehre am Beispiel der §§ 331, 333 StGB in Frankfurter kriminalwissenschaftliche Studien Bd. 100, Institut für Kriminalwissenschaften und Rechtsphilosophie Frankfurt am Main (Hrsg.), Jenseits des rechtsstaatlichen Strafrechts, Frankfurt am Main 2007.

Rudolph, Bernd: Antizipierte Strafverfolgung: zum Regelungsstandort der Strafverfolgungsvorsorge unter Beachtung strafverfahrensrechtlich-funktionaler Aspekte, Köln 2005.

Rudolph, Bernd: Unternehmensfinanzierung und Kapitalmarkt, Tübingen 2006.

Sachs, Michael: Grundgesetz Kommentar, 4. Auflage, München 2007;

Saliger, Frank: Geldwäsche als >>crime in progress<<: Der Fall Commerzbank, Strafbarkeitsrisiken für Bankmitarbeiter und die Grenzen des Präventionsstrafrechts, in Frankfurter kriminalwissenschaftliche Studien Bd. 100, Institut für Kriminalwissenschaften und Rechtsphilosophie Frankfurt am Main (Hrsg.), Jenseits des rechtsstaatlichen Strafrechts, Frankfurt am Main 2007, S. 446.

Salvenmoser, Steffen/Bussmann, Kai: Streitfall Compliance-Interview mit dem Frankfurter Oberstaatsanwalt Wolfgang Schaupensteiner, NJW-aktuell 37/2010, S. 14.

Schall, Hero: Probleme der Zurechnung von Umweltdelikten in Betrieben, in Deutsche Wiedervereinigung, Band III, Unternehmenskriminalität, Köln 1996, S. 99.

Schaupensteiner, Wolfgang: Bekämpfung von Korruptionsdelinquenz, Kriminalistik 94, S. 514.

Schaupensteiner, Wolfgang: Submissionsabsprechen und Korruption im öffentlichen Bauwesen, ZRP 93, S. 250.

Schein, Edgar H.: Unternehmenskultur: ein Handbuch für Führungskräfte, Frankfurt am Main 1995.

Schemmel, Alexander/Kirch-Heim: „Willfull Blindness" im Wirtschaftsstrafrecht – Kann gewollte Unwissenheit vor Strafe schützen? CCZ 08, S. 96.

Schenke, Wolf-Rüdiger: Polizei- und Ordnungsrecht, 6. Auflage, Heidelberg 2009.

Scherer, Joachim: Gerichtsöffentlichkeit als Medienöffentlichkeit – Zur Transparenz der Entscheidungsfindung im straf- und verwaltungsgerichtlichen Verfahren, Königstein 1979.

Scheuerle, Wilhelm A.: Das Wesen des Wesens, AcP 163 (1963), S. 429.

Schillinger, Julia: Die Entwicklung der D & O-Versicherung und der Managerhaftung in Deutschland – von der Versicherungsutopie zu den Auswirkungen des UMAG, VersR 05, S. 1484.

Schimanski, Herbert/Bunte, Hermann-Josef/Lwowski, Hans-Jürgen Bankrechtshandbuch; Band III, München 2007.

Schlüter, Jan: Die Strafbarkeit von Unternehmen in einer prozessualen Betrachtung, Frankfurt am Main 2002.

Schmidt, Eberhard: Justiz und Publizistik, Tübingen 1968.

Schneider, Uwe H./Schneider, Sven H.: Konzern-Compliance als Aufgabe der Konzernleitung, ZIP 07, S. 2061.

Schneider, Uwe H./v. Buttlar, Julia: Die Führung von Insider-Verzeichnissen: Neue Compliance-Pflichten für Emittenten, ZIP 04, S. 1621.

Schneider, Uwe H.: Compliance als Aufgabe der Unternehmensleitung, ZIP 03, S. 645.

Schöch, Heinz: empirische Grundlagen der Generalprävention, in Vogler, Theo (Hrsg.), Festschrift für Hans-Heinrich Jeschek zum 70. Geburtstag, Berlin 1985, S. 1081.

Schönke, Adolf/Schröder, Horst (Hrsg.): Strafgesetzbuch Kommentar, 28. Auflage, München 2010.

Schreyögg, Georg/v. Werder, Axel (Hrsg.), Handwörterbuch Unternehmensführung und Organisation, 4. Auflage, Stuttgart 2004.

Schubarth, Zur Tragweite des Grundsatzes der Unschuldsvermutung, 1978.

Schulz, Lorenz: Normiertes Misstrauen: Der Verdacht im Strafverfahren, Frankfurt am Main 2001.

Schulze-Osterloh, Joachim: Das Deutsche Gesellschaftsrecht im Banne der Globalisierung, ZIP 01, S. 1433.

Schünemann, Bernd: Strafrechtsdogmatische und kriminalpolitische Grundfragen der Unternehmenskriminalität, wistra 1982, S. 41.

Schünemann, Bernd: in Hefendehl, Roland (Hrsg.): Empirische und dogmatische Fundamente, kriminalpolitischer Impetus, Symposium für Bernd Schünemann zum 60. Geburtstag, München 2005, S. 349.

Schünemann, Bernd: Unternehmenskriminalität in 50 Jahre Bundesgerichtshof, Festgabe aus der Wissenschaft, Band IV, München 2000, S. 621.

Schünemann, Bernd: Plädoyer zur Einführung einer Unternehmenskuratel, in Deutsche Wiedervereinigung, Band III, Unternehmenskriminalität, Köln 1996, S. 129.

Schünemann, Bernd: Die Strafbarkeit der juristischen Person aus deutscher und europäischer Sicht, in Madrid-Symposium für Klaus Tiedemann, Köln 1994, S. 265.
Schünemann, Bernd: Unternehmenskriminalität und Strafrecht: eine Untersuchung der Verantwortlichkeit der Unternehmen und ihrer Führungskräfte nach geltendem und geplantem Straf- und Ordnungswidrigkeitenrecht, Köln 1979.
Schüppen, Matthias: To comply or not to comply – that's the question!- „Existenzfragen'' des Transparenz- und Publizitätsgesetzes im magischen Dreieck kapitalmarktorientierter Unternehmensführung, ZIP 02, S. 1269.
Schürmann, Ralf: Aufsichtspflichtverletzungen im Spannungsfeld zwischen dem Strafrecht und dem Zivilrecht, Baden-Baden 2005.
Schwartz, Mark S.: The Nature of the Relationship between Corporate Codes of Ethics and Behaviour, Journal of Business Ethics 01, S. 247.
Schwind, Hans-Dieter: Kriminologie – Eine praxisorientierte Einführung mit Beispielen, 18. Auflage, Heidelberg 2008.
Seelmann, Kurt: Atypische Zurechnungsstrukturen im Umweltstrafrecht, NJW 90, S. 1257.
Seibert, Ulrich: Das ''Das 10-Punkte-Programm Unternehmensintegrität und Anlegerschutz'', BB 03, S. 693.
Seibert, Ulrich: Im Blickpunkt: Der Deutsche Corporate Governanace Kodex, BB 02, S. 581.
Seibt, Christoph: Deutscher Corporate Governance Kodex – Antworten auf Zweifelsfragen der Praxis, AG 03, S. 465.
Seibt, Christoph: Deutscher Corporate Governance Kodex und Entsprechens-Erklärung (161 AktG- E), AG 02, S. 249.
Seidel, Wolfgang: Der Deutsche Corporate Governance Kodex – eine private oder doch eine staatliche Regelung? ZIP 04, S. 285.
Semler, Johannes u. a. (Hrsg.): Arbeitshandbuch für Unternehmensübernahmen, Band 1, München 2001.
Sievers, Reimer: Bestechung und Bestechlichkeit von Angestellten – Eine strafrechtlich-kriminologische Untersuchung zu § 12 UWG, Kiel 1963.
Simpson, Jonathan: Governing through crime: how the war on crime transformed American democracy and created a culture of fear, Oxford 2007.
Simpson, Sally S.: Corporate Crime, Law and Social Control, New York 2002.
Soehring, Claas-Hendrik: Vorverurteilung durch die Presse – Der publizistische Verstoß gegen die Unschuldsvermutung, in Materialien zur interdisziplinären Medienforschung Band 36, Baden-Baden 1999.
Spindler, Gerald: Unternehmensorganisationspflichten – zivilrechtliche und öffentlich-rechtliche Regelungskonzepte, Köln 2001.

Stadler, W. (Hrsg.): Die neue Unternehmensfinanzierung – Strategisch finanzieren mit bank- und kapitalmarktorientierten Instrumenten, Frankfurt am Main 2004.

Stadler, W. (Hrsg.): Venture Capital und Private Equit – Erfolgreich wachsen mit Beteiligungskapital, Köln 2000.

Stächelin, Gregor: Strafgesetzgebung im Verfassungsstaat, Berlin 1998.

Statistisches Bundesamt (Hrsg.): Strafverfolgungsstatistik, Fachserie 10, Reihe 3, Wiesbaden 2008.

Staub, Leo: Legal-Management: Management von Recht als Führungsaufgabe, 2006.

Steinmann, Horst/Schreyögg, Gregor: Management: Grundlagen der Unternehmensführung; Konzepte – Funktionen – Fallstudien, 6. Auflage, Wiesbaden 2005.

Stern, Klaus: Das Staatsrecht der Bundesrepublik Deutschland, 4: Die einzelnen Grundrechte, Halbband 1: Der Schutz und die freiheitliche Entfaltung des Individuums, München 2006;

3: Allgemeine Lehren der Grundrechte, Halbband 1: Grundlagen und Geschichte, nationaler und internationaler Grundrechtskonstitutionalismus, juristische Bedeutung der Grundrechte, Grundrechtsberechtigte, München 1994.

Stevens, B.: Corporate ethical codes: effective instruments for influencing behavior, Journal of Business Ethics 08, S. 601.

Stober, Rolf: Ist der Ehrbare Kaufmann der Schlüssel für Compliance- Anforderungen? in Christian Graf/Rolf/Stober (Hrsg.), Der Ehrbare Kaufmann und Compliance – Zur Aktivierung eines klassischen Leitbilds für die Compliance-Diskussion, Hamburg 2010.

Stober, Rolf: Ist der Ehrbare Kaufmann der Schlüssel für Compliance- Anforderungen, NJW 10, S. 1573.

Streck, Michael/Spatschek, Rainer: Die Steuerfahndung, 4. Auflage, München 2006.

Stübinger, Stephan: Nicht ohne meine "Schuld"! – Kritik der systemtheoretischen Reformulierung des Strafrechts am Beispiel der Schuldlehre von Günther Jakobs, KJ 93, S. 33.

Stuckenberg, Carl-Friedrich: Untersuchungen zur Unschuldsvermutung, Berlin 1998.

Sutherland, Edwin Hardin: White Collar Crime, San Francisco 1949.

Sykes, Gresham M./Matza, David: Techniques of Neutralization – Sociological Theories of Deviance, Sociology 3305, S. 1957.

Theusinger, Ingo/Liese, Jens: Nebenleistungen an Aufsichtsratsmitglieder und der (unnötige) Ruf nach dem Gesetzgeber, CCZ 08, S. 190.

Thommen, Jean-Paul/Achleitner, Ann- Kristin: Allgemeine Betriebswirtschaftslehre – Umfassende Einführung aus managementorientierter Sicht, 6. Auflage, Wiesbaden 2009.

Thümmel, Roderich C.: Die Abweichung von der Entsprechenserklärung nach § 161 AktG – Neue Risiken für Vorstände und Aufsichtsräte? CCZ 08, S. 141.

Tiedemann, Klaus: Wirtschaftsstrafrecht, Besonderer Teil mit wichtigen Gesetzes- und Verordnungstexten, 2. Auflage, München 2008.

Tiedemann, Klaus: Wirtschaftsstrafrecht – Einführung und Allgemeiner Teil, 2. Auflage, Köln 2004.

Tiedemann, Klaus: Die Bebußung von Unternehmen nach dem 2. Gesetz zur Bekämpfung der Wirtschaftskriminalität, NJW 98, S. 1169.

Tiedemann, Klaus: Verfassungsrecht und Strafrecht, Vortrag vom 8. März, Heidelberg 1991.

Tiedemann, Klaus: Wirtschaftsstrafrecht – Einführung und Überblick, JuS 89, S. 689.

Tiedemann, Klaus: Handhabung und Kritik des neuen Wirtschaftsstrafrechts – Versuch einer Zwischenbilanz in Festschrift für Hanns Dünnebier zum 75. Geburtstag am 12. Juni 1982, Berlin 1982, S. 519.

Tiedemann, Klaus: Wirtschaftsstrafrecht und Wirtschaftskriminalität, Band 1 Allgemeiner Teil, 2. Auflage, Köln 2007 und Band 2: Besonderer Teil, 2. Auflage, Köln 2008.

Tiedemann, Klaus/Kindhäuser, Urs: Umweltstrafrecht – Bewährung oder Reform?, NStZ 88, S. 337.

Tipke, Klaus/Kruse, Heinrich-Wilhelm (Hrsg.): Abgabenordnung/Finanzgerichtsordnung, Loseblattsammlung, Köln.

Többens, Hans W.: Die Bekämpfung der Wirtschaftskriminalität durch die Troika der §§ 9, 130, 30 des Gesetzes über Ordnungswidrigkeiten, NStZ 99, S. 1.

Fischer, Thomas: Strafgesetzbuch und Nebengesetze, 55. Auflage, München 2008.

Treviño, L. K./Weaver, G. R./Gibson, D. G./Toffler, B. L., Managing ethics and legal compliance: what works and what hurts, California Management Review 99, S. 131.

Trüg, Gerson: Zu den Folgen der Einführung eines Unternehmensstrafrechts, wistra 10, S. 241.

Ulmer, Peter: Der Deutsche Corporate Governance Kodex – ein neues Regulierungsinstrument für börsennotierte Aktiengesellschaften, ZHR 166 (2002), S. 150.

Ulrich, Hans/Probst, Gilbert J. B.: Anleitung zum ganzheitlichen Handeln und Denken: ein Brevier für Führungskräfte, 4. Auflage, Bern 1995.

Umnuß, Karsten (Hrsg.): Corporate Compliance Checklisten – Rechtliche Risiken im Unternehmen erkennen und vermeiden, München 2008.

Uwer, Thomas (Hrsg.): Bitte bewahren Sie Ruhe – Leben im Feindrechtsstaat, Schriftenreihe der Strafverteidigervereinigungen, Berlin 2006.

Vogel, Joachim: Geldwäsche – ein europaweit harmonisierter Straftatbestand? ZStW 109 (1997), S. 335.

Vogel, Joachim: Schein- und Umgehungshandlungen im Strafrecht, insbesondere im europäischen Recht in Schünemann, Bernd/Suárez González, Carlos (Hrsg.), Bausteine des europäischen Wirtschaftsstrafrechts, Madrid-Symposium für Klaus Tiedemann, Köln 1194, S. 151.

Wabnitz, Heinz-Bernd; Janovsky, Thomas: Handbuch des Wirtschafts- und Steuerstrafrechts, 3. Auflage, München 2007.

Wagner, Jens: „Internal Investigations“ und ihre Verankerung im Recht der AG, CCZ 09, S. 8.

Wagner, Joachim: Strafprozessführung über Medien, Baden-Baden 1987.

Waltermann, Raimund: Zur Wissenszurechnung – am Beispiel der juristischen Person des privaten und des öffentlichen Rechts, AcP 192 (1992), S. 181.

Weber, Ulrich: Konzeption und Grundsätze des Wirtschaftsstrafrechts (einschließlich Verbraucherschutz), ZStW 96 (1984), S. 376.

Wecker, Gregor/van Laak, Hendrik: Compliance in der Unternehmenspraxis – Grundlagen, Organisation und Umsetzung, Wiesbaden 2008.

Weigend, Thomas: Deliktsopfer und Strafverfahren, Berlin 1989.

Wessing, Jürgen: Compliance – Ein Thema auch im Steuerstrafrecht? SAM 07, S. 175.

Voet van Vormizeele, Philipp: Kartellrechtliche Compliance-Programme im Rahmen der Bußgeldbemessung de lege lata und de lege ferenda, CCZ 09, S. 41.

v. Werder, Axel/Talaulicar, Till: Kodex Report 2007: Die Akzeptanz der Empfehlungen und Anregungen des Deutschen Corporate Governance Kodex, DB 07, S. 869.

v. Werder, Axel/Talaulicar, Till: Kodex Report 2006: Die Akzeptanz der Empfehlungen und Anregungen des Deutschen Corporate Governance Kodex, DB 06, S. 849.

v. Werder, Axel/Talaulicar, Till/Kolat, Georg L.: Kodex Report 2003: Die Akzeptanz der Empfehlungen des Deutschen Corporate Governance Kodex, DB 03, S. 1857.

Weaver, Gary R./Treviño, Linda K./Cochran, Philipp L.: Integrated and Decoupled Corporate Social Performance: Management Commitments, External Pressures, and Corporate Ethics Practices, Academy of Management Journal 99, S. 539.

Wessels, Johannes/Beulke, Werner: Strafrecht Allgemeiner Teil – Die Straftat und ihr Aufbau, 40. Auflage, Heidelberg 2010.

Wessels, Johannes/Hillenkamp, Thomas: Strafrecht Besonderer Teil/2- Straftaten gegen Vermögenswerte, 33. Auflage, Heidelberg 2010.

Weßlau, Edda: Vorfeldermittlungen: Probleme der Legalisierung „vorbeugender Verbrechensbekämpfung" aus strafprozessrechtlicher Sicht, Berlin 1989.

Wieland, Josef: Unternehmensethik und Compliance-Management – Zwei Seiten einer Medaille, CCZ 08, S. 15.

Wieland, Josef (Hrsg.): Handbuch Werte Management: Erfolgsstrategien einer modernen corporate governance, Hamburg 2004.

Wieland, Joachim: Wertemanagement und Corporate Governance, Working Paper Nr.3/2002, Konstanz 2002.

Wieland, Joachim: Wert und Werte – Ethik als Managementaufgabe, Personalwirtschaft Heft 7, 2001, S. 16.

Wiese, Harald: Mikroökonomik – Eine Einführung in 379 Aufgaben, 4. Auflage, Berlin 2005.

Wilkins, Alan L.: The Culture Audit: A Tool for Understanding Organizations, Organizational Dynamics, Autumn 83, S. 24.

Wischmann, Frank: Basiswissen externes Rechnungswesen – Theorie, Technik, Transfer, 2. Auflage, Witten 2009.

Wöhe, Günter.: Einführung in die allgemeine Betriebswirtschaftslehre, 23. Auflage, München 2008.

Wolf, Martin: Corporate Governance, ZRP 02, S. 59.

Wollny, Die directors' and officers' liability insurance in den Vereinigten Staaten von Amerika (D & O-Versicherung) – Vorbild für eine Aufsichtsratshaftpflichtversicherung in Deutschland, Frankfurt am Main 1993.

Wooley, Robin: Everyone's guide to Black Economic Empowerment and how to implement it, Kapstadt 2005.

Wybitul, Tim: Interne Ermittlungen auf Aufforderung von US-Behörden – ein Erfahrungsbericht – Was deutsche Unternehmen bei Untersuchungen von US-Ermittlern beachten sollten-, BB 09, S. 606.

Wybitul, Tim: Strafrechtliche Verpflichtung von Compliance-Beauftragten, BB 09, S. 2263.

Zirpins, Walter/Terstegen, Otto: Wirtschaftskriminalität- Erscheinungsformen und ihre Bekämpfung, Wiesbaden 1963.

FRANKFURTER KRIMINALWISSENSCHAFTLICHE STUDIEN

Band 1 Peter Böning: Die Lehre vom Unrechtsbewußtsein in der Rechtsphilosophie Hegels 100 S., 1978.

Band 2 Wolfgang Schneider: Kriminelle Straßenverkehrsgefährdung (§ 315c Abs. 1 Ziff. 2, Abs. 3 StGB). Eine kriminologische und strafrechtliche Untersuchung zur Problematik dieser Verkehrsstraftaten unter Berücksichtigung ausländischer Rechte. 342 S., 1978.

Band 3 Lothar Kuhlen: Die Objektivität von Rechtsnormen. Zur Kritik des radikalen labeling approach in der Kriminalsoziologie. 178 S., 1978.

Band 4 Günther Grewe: Straßenverkehrsdelinquenz und Marginalität. Untersuchungen zur institutionellen Regelung von Verhalten. 148 S., 1978.

Band 5 Dieter Haberstroh: Strafverfahren und Resozialisierung. Eine Studie über Verstehen und Nicht-Verstehen, über Verstanden-Werden und Nicht-Verstanden-Werden und deren Bedingungen in der Hauptverhandlung. 202 S., 1979.

Band 6 Thomas Vogt: Die Forderungen der psychoanalytischen Schulrichtungen für die Interpretation der Merkmale der Schuldunfähigkeit und der verminderten Schuldfähigkeit (§§ 51 a.F., 20, 21 StGB). 182 S., 1979.

Band 7 Andreas Michael: Der Grundsatz in dubio pro reo im Strafverfahrensrecht. Zugleich ein Beitrag über das Verhältnis von materiellem Recht und Prozeßrecht. 214 S., 1981.

Band 8 Ilias G. Anagnostopoulos: Haftgründe der Tatschwere und der Wiederholungsgefahr (§§ 112 Abs. 3, 112 a StPO). Kriminalpolitische und rechtssystematische Aspekte der Ausweitung des Haftrechts. 1984.

Band 9 Helga Müller: Der Begriff der Generalprävention im 19. Jahrhundert. Von P.J.A. Feuerbach bis Franz v. Liszt. 1984.

Band 10 Frowin Jörg Kurth: Das Mitverschulden des Opfers beim Betrug. 1984.

Band 11 Martin J. Worms: Die Bekenntnisbeschimpfung im Sinne des § 166 Abs. 1 StGB und die Lehre vom Rechtsgut. 1984.

Band 12 Jong-Dae Bae: Der Grundsatz der Verhältnismäßigkeit im Maßregelrecht des StGB. 1985.

Band 13 Helmut Fünfsinn: Der Aufbau des fahrlässigen Verletzungsdelikts durch Unterlassen im Strafrecht. 1985.

Band 14 Christoph Krehl: Die Ermittlung der Tatsachengrundlage zur Bemessung der Tagessatzhöhe bei der Geldstrafe. 1985.

Band 15 Walter-Hermann Kiehl: Strafrechtliche Toleranz wechselseitiger Ehrverletzungen - Zur ratio legis der §§ 199, 233 Strafgesetzbuch -. 1986.

Band 16 Matthias Krahl: Die Rechtsprechung des Bundesverfassungsgerichts und des Bundesgerichtshof zum Bestimmtheitsgrundsatz im Strafrecht (Art. 103 Abs. 2 GG). 1986.

Band 17 Patrick Carroll Campbell: § 220a StGB. Der richtige Weg zur Verhütung und Bestrafung von Genozid? 1986.

Band 18 Winfried Hassemer (Hrsg.): Strafrechtspolitik. Bedingungen der Strafrechtsreform. 1987.

Band 19 Felix Herzog: Prävention des Unrechts oder Manifestation des Rechts. Bausteine zur Überwindung des heteronom-präventiven Denkens in der Strafrechtstheorie der Moderne. 1987.

Band 20 Astrid Michalke-Detmering: Die Mindestanforderungen an die rechtliche Begründung des erstinstanzlichen Strafurteils. Zur Auslegung des § 267 StPO. 1987.

Band 21 Lothar Kuhlen: Die Unterscheidung von vorsatzausschließendem und nichtvorsatzausschließendem Irrtum. 1987.

Band 22 Michael Buttel: Kritik der Figur des Aufklärungsgehilfen im Betäubungsmittelstrafrecht (§ 31 BtMG). 1988.

Band 23 Matthias Kögler: Die zeitliche Unbestimmtheit freiheitsentziehender Sanktionen des Strafrechts. Eine vergleichende Untersuchung zur Rechtslage und Strafvollstreckungspraxis in der Bundesrepublik Deutschland und den USA. 1988.

Band 24 Klaus Lüderssen / Cornelius Nestler-Tremel / E wa Weigend(Hrsg.): Modernes Strafrecht und ultima-ratio-Prinzip. 1990.

Band 25 Jürgen Taschke: Die behördliche Zurückhaltung von Beweismitteln im Strafprozeß. 1989.

Band 26 Daniela Westphalen: Karl Binding (1841-1920). Materialien zur Biographie eines Strafrechtsgelehrten. 1989.

Band 27 Sigrid Jans: Die Aushöhlung des Klageerzwingungsverfahrens. 1990.

Band 28 Dimitris Spirakos: Folter als Problem des Strafrechts. Kriminologische, kriminalsoziologische und (straf-)rechtsdogmatische Aspekte unter besonderer Berücksichtigung der Folterschutzkonvention und der Pönalisierung der Folter in Griechenland. 1990.

Band 29 Stephan Moll: Strafrechtliche Aspekte der Behandlung Opiatabhängiger mit Methadon und Codein. 1990.

Band 30 Stefan Werner: Wirtschaftsordnung und Wirtschaftsstrafrecht im Nationalsozialismus. 1991.

Band 31 Xanthi Bassakou: Beiträge zur Analyse und Reform des Absehens von Strafe nach § 60 StGB. 1991.

Band 32 Rainer Runte: Die Veränderung von Rechtfertigungsgründen durch Rechtsprechung und Lehre. Moderne Strafrechtsdogmatik zwischen Rechtsstaatsprinzip und Kriminalpolitik. 1991.

Band 33 Olaf Hohmann: Das Rechtsgut der Umweltdelikte. Grenzen des strafrechtlichen Umweltschutzes. 1991.

Band 34 Klaus Jochen Müller: Das Strafbefehlsverfahren (§§ 407 ff. StPO). Eine dogmatisch-kriminalpolitische Studie zu dieser Form des schriftlichen Verfahrens unter besonderer Berücksichtigung der geschichtlichen Entwicklung – zugleich ein Beitrag zum StVÄG 1987. 1993.

Band 35 Sang-Don Yi: Wortlautgrenze, Intersubjektivität und Kontexteinbettung. Das strafrechtliche Analogieverbot. 1991.

Band 36 Birgit Malsack: Die Stellung der Verteidigung im reformierten Strafprozeß. Eine rechtshistorische Studie anhand der Schriften von C. J. A. Mittermaier. 1992.

Band 37 Rüdiger Schäfer: Die Privilegierung des "freiwillig-positiven" Verhaltens des Delinquenten nach formell vollendeter Straftat. Zugleich ein Beitrag zum Grundgedanken des Rücktritts vom Versuch und zu den Straftheorien. 1992.

Band 38 Cornelius Nestler-Tremel: AIDS und Strafzumessung. 1992.

Band 39 Christine Gutmann: Freiwilligkeit und (Sozio-)Therapie – notwendige Verknüpfung oder Widerspruch? 1993.

Band 40 Walter Kargl: Der strafrechtliche Vorsatz auf der Basis der kognitiven Handlungstheorie. 1993.

Band 41 Jürgen Rath: Zur strafrechtlichen Behandlung der aberratio ictus und des error in objecto des Täters. 1993.

Band 42 Martin Fischer: Wille und Wirksamkeit. Eine Untersuchung zum Problem des *dolus alternativus*. 1993.

Band 43 Regina Harzer: Der Naturzustand als Denkfigur moderner praktischer Vernunft. Zugleich ein Beitrag zur Staats- und Rechtsphilosophie von Hobbes und Kant. 1994.

Band 44 Helmut Pollähne: Lockerungen im Maßregelvollzug. Eine Untersuchung am Beispiel der Anwendung des nordrhein-westfälischen Maßregelvollzugsgesetzes im Westfälischen Zentrum für Forensische Psychiatrie (Lippstadt). 1994.

Band 45 Hans-Joachim Leonhardt: Rechtsmittelermessen der Staatsanwaltschaft. Eine Gegenüberstellung von § 296 StPO mit Nummern 147 und 148 Richtlinien für das Strafverfahren und das Bußgeldverfahren (RiStBV). 1994.

Band 46 Rolf Grünebaum: Zur Strafbarkeit des Therapeuten im Maßregelvollzug bei fehlgeschlagenen Lockerungen. 1996.

Band 47 Barbara Bialas: Promille-Grenzen, Vorsatz und Fahrlässigkeit. 1996.

Band 48 Christine Pott: Die Außerkraftsetzung der Legalität durch das Opportunitätsdenken in den Vorschriften der §§ 154, 154a StPO. Zugleich ein Beitrag zu einer kritischen Strafverfahrensrechtstheorie. 1996.

Band 49 Wolfgang Köberer: *Iudex non calculat*. Über die Unmöglichkeit, Strafzumessung sozialwissenschaftlich-mathematisch zu rationalisieren. 1996.

Band 50 Institut für Kriminalwissenschaften Frankfurt a.M. (Hrsg.): Vom unmöglichen Zustand des Strafrechts. 1995.

Band 51 Petra Kamberger: Treu und Glauben (§ 242 BGB) als Garantenstellung im Strafrecht? 1996.

Band 52 Anastassios Triantafyllou: Das Delikt der gefährlichen Körperverletzung (§ 223a StGB) als Gefährdungsdelikt. (Zugleich ein Beitrag zur Dogmatik der Gefährdungsdelikte). 1996.

Band 53 Norbert Kissel: Aufrufe zum Ungehorsam und § 111 StGB. Grundrechtlicher Einfluß bei der Feststellung strafbaren Unrechts. 1996.

Band 54 Susanne Ehret: Franz von Liszt und das Gesetzlichkeitsprinzip. Zugleich ein Beitrag wider die Gleichsetzung von Magna-charta-Formel und Nullum-crimen-Grundsatz. 1996.

Band 55 Stefan Braum: Geschichte der Revision im Strafverfahren von 1877 bis zur Gegenwart. Zugleich eine Kritik der Kontinuität politischer Macht im Recht. 1996.

Band 56 Katja Diel: Das Regreßverbot als allgemeine Tatbestandsgrenze im Strafrecht. 1997.

Band 57 Christoph Koller: Die Staatsanwaltschaft – Organ der Judikative oder Exekutivbehörde? Die Stellung der Anklagebehörde und die Gewaltenteilung des Grundgesetzes. 1997.

Band 58 Frank Schößler: Anerkennung und Beleidigung. Rechtsgut und Strafzweck des § 185 StGB. 1997.

Band 59 Regina Engelstädter: Der Begriff des Unfallbeteiligten in § 142 Abs. 4 StGB. Zugleich eine Kritik an aktuellen Zurechnungslehren. 1997.

Band 60 Jörg Reinhardt: Der Ausschluß und die Ablehnung des befangen erscheinenden Staatsanwaltes. 1997.

Band 61 Jens Christian Müller-Tuckfeld: Integrationsprävention. Studien zu einer Theorie der gesellschaftlichen Funktion des Strafrechts. 1998.

Band 62 Peter Maria Rohe: Verdeckte Informationsgewinnung mit technischen Hilfsmitteln zur Bekämpfung der Organisierten Kriminalität. Zugleich eine rechtsvergleichende Analyse der polizeilichen Abhörbefugnisse in den U.S.A. 1998.

Band 63 Dirk Fabricius: Was ein Lehrbuch lehrt ... Eine exemplarische Untersuchung von Jakobs *Strafrecht – Allgemeiner Teil*. 1998.

Band 64 Stefan Sinner: Der Vertragsgedanke im Strafprozeßrecht. 1999.

Band 65 Sebastian Schattenfroh: Die Staatsphilosophie Giovanni Gentiles und die Versuche ihrer Verwirklichung im faschistischen Italien. 1999.

Band 66 Athanassia Dionyssopoulou: Der Tatbestand der Geldwäsche. Eine Analyse der dogmatischen Grundlagen des § 261 StGB. 1999.

Band 67 Klaus von Lampe: *Organized Crime*. Begriff und Theorie organisierter Kriminalität in den USA. 1999.

Band 68 Christian Hanssen: "Trennung der Märkte". Rechtsdogmatische und rechtspolitische Probleme einer Liberalisierung des Drogenstrafrechts. 1999.

Band 69 Institut für Kriminalwissenschaften und Rechtsphilosophie Frankfurt a.M. (Hrsg.): Irrwege der Strafgesetzgebung. 1999.

Band 70 Konstantinos Chatzikostas: Die Disponibilität des Rechtsgutes Leben in ihrer Bedeutung für die Probleme von Suizid und Euthanasie. 2000.

Band 71 Bettina Wirmer-Donos: Die Strafrechtstheorie Karl Christian Friedrich Krauses als theoretische Grundlage des spanischen Korrektionalismus. 2001.

Band 72 Christine Löw: Die Erkundigungspflicht beim Verbotsirrtum nach § 17 StGB. 2001.

Band 73 Florian Ufer: Der Verwertungswiderspruch in Theorie und Praxis. Prozessuale Obliegenheiten des Verteidigers und ihre Bedeutung für die Rechtsposition des Beschuldigten. 2002.

Band 74 Katja Melzer: Psychisch kranke Straftäterinnen. Frauen im Maßregelvollzug. 2001.

Band 75 Gregor Kuntze-Kaufhold: Lebenswelt und Unparteilichkeit. Kriterien für eine Rechtsanwendungslehre am Beispiel der Analyse von fünf Hauptverhandlungen in Strafverfahren. 2002.

Band 76 Iris Kristina Passek: Die erstinstanzliche Zuständigkeit der Oberlandesgerichte in Staatsschutzstrafsachen. Historische Entwicklung und aktuelle Probleme. 2002.

Band 77 Michael Krebs: Die Weisungsgebundenheit des Staatsanwalts unter besonderer Berücksichtigung des rechtstatsächlichen Aspekts. 2002.

Band 78 Kerstin Degenhardt: Europol und Strafprozeß. Die Europäisierung des Ermittlungsverfahrens. 2003.

Band 79 Domenico Siciliano: Das Leben des fliehenden Diebes: Ein strafrechtliches Politikum. 2003.

Band 80 Marc Colussi: Produzentenkriminalität und strafrechtliche Verantwortung. 2003.

Band 81 Thilo Lars Hild: Grenzen einer strafrechtlichen Regulierung des Kapitalmarktes. Eine kriminalrechtliche Untersuchung von Börsengängen und Aktienhandel in Deutschland und den USA. 2004.

Band 82 Philipp Rau: Schweigen als Indiz der Schuld. Ein Vergleich des deutschen und englischen Rechts zur Würdigung des Schweigens des Beschuldigten. 2004.

Band 83 Alexandra Pfeiffer: Die Regelung der Lebendorganspende im Transplantationsgesetz. 2004.

Band 84 Elena Fischer: Recht auf Sterben?! Ein Beitrag zur Reformdiskussion der Sterbehilfe in Deutschland unter besonderer Berücksichtigung der Frage nach der Übertragbarkeit des Holländischen Modells der Sterbehilfe in das deutsche Recht. 2004.

Band 85 Jörg Ziethen: Grundlagen probabilistischer Zurechnung im Strafrecht. 2004.

Band 86 Stefanie Schork: Ausgesprochen schuldig. Dogmatische und metadogmatische Untersuchungen zum Schuldspruch. 2005.

Band 87 Claudia Schubert: Verbotene Worte? Versuch einer Neubestimmung im Umgang mit rassistischen Äußerungen jenseits des Strafrechts. 2005.

Band 88 Ulfrid Neumann / Cornelius Prittwitz (Hrsg.): Kritik und Rechtfertigung des Strafrechts. 2005.

Band 89 Denis Basak: Die Zuständigkeitsregeln internationaler Strafgerichte und Art. 101 GG. Zum Verhältnis der deutschen Strafgerichtsbarkeit zu den Internationalen Tribunalen für Jugoslawien und Ruanda sowie zum Ständigen Internationalen Strafgerichtshof. 2005.

Band 90 Hsiao-Wen Wang: Der universale Strafanspruch des nationalen Staates. Eine Untersuchung über das Weltrechtsprinzip im Internationalen Strafrecht. 2005.

Band 91 Leonie Frenz: Faktizität des Rechts in der forensischen Psychiatrie. Eine Untersuchung im LKH Moringen. 2005.

Band 92 Eva-Maria Unger: Schutzlos ausgeliefert? Der Europäische Haftbefehl. Ein Beispiel für die Missachtung europäischer Bürgerrechte. 2005.

Band 93 Marcus Bastelberger: Die Legitimität des Strafrechts und der *moralische Staat*. Utilitaristische und retributivistische Strafrechtsbegründung und die rechtliche Verfassung der Freiheit. 2006.

Band 94 Marc Reiß: Rechtliche Aspekte der Präimplantationsdiagnostik. Unter besonderer Berücksichtigung der Rechte der von einem Verbot betroffenen Paare. 2006.

Band 95 Alexander Kolz: Einwilligung und Richtervorbehalt. 2006.

Band 96 Vasco Reuss: Eine Kritik der juristischen Vernunft. Rezeptionsversuche der Negativen Dialektik Adornos für die Dogmatik des Strafrechts. 2007.

Band 97 Lutz Eidam: Die strafprozessuale Selbstbelastungsfreiheit am Beginn des 21. Jahrhunderts. 2007.

Band 98 Christiane Rüdiger: Schutzinteresse und Deliktsstruktur der „Bestechungsdelikte" (§§ 331 ff. StGB). 2007.

Band 99 Urte Eisenhardt: Das nemo tenetur-Prinzip: Grenze körperlicher Untersuchungen beim Beschuldigten. Am Beispiel des § 81a StPO. 2007.

Band 100 Institut für Kriminalwissenschaften und Rechtsphilosophie Frankfurt a. M. (Hrsg.): Jenseits des rechtsstaatlichen Strafrechts. 2007.

Band 101 Nils Möckelmann: Die rechtliche, psychiatrische und gesellschaftliche Beurteilung jugendlicher Straftäter in der jüngeren deutschen Geschichte. Eine Analyse anhand zweier Strafverfahren mit Gutachten des Psychiaters Ernst Rüdin aus den Jahren 1915/1917 unter Berücksichtigung der Entwicklungen bis zur Gegenwart. 2007.

Band 102 Alexa Albrecht: Zur Erosion der Menschenrechte im demokratischen Rechtsstaat. Reaktionen der Systeme und der Zivilgesellschaft. 2007.

Band 103 Dirk Lange: Die politisch motivierte Tötung. 2007.

Band 104 Ulfrid Neumann / Cornelius Prittwitz (Hrsg.): „Personale Rechtsgutslehre" und „Opferorientierung im Strafrecht". 2007.

Band 105 Lisa Kathrin Sander: Grenzen instrumenteller Vernunft im Strafrecht. Eine Kritik der Präventionsdoktrin aus strafrechtsgeschichtlicher und empirischer Perspektive. 2007.

Band 106 Stephan Werner: Zur Notwendigkeit der Verteidigeranwesenheit während der polizeilichen Beschuldigtenvernehmung. 2008.

Band 107 Inti Schubert: Europol und der virtuelle Verdacht. Die Suspendierung des Rechts auf informationelle Selbstbestimmung. 2008.

Band 108 Bong-Jin Ko: Menschenwürde und Biostrafrecht bei der embryonalen Stammzellenforschung. 2008.

Band 109 Wanja Andreas Welke: Die Repersonalisierung des Rechtskonflikts. Zum gegenwärtigen Verhältnis von Straf- und Zivilrecht. 2008.

Band 110 Jan Helmrich: Die Berufung gewerblicher Sicherheitskräfte auf Notwehr und Nothilfe. Zugleich ein Beitrag zu den Grundlagen des Notwehr- und Nothilferechts. 2008.

Band 111 Alexander Köstler-Loewe: Strafrecht US-Style: „Three Strikes and You're Out!" Baseball, Rückfall und Kriminalpolitik? 2008.

Band 112 Christina Bott: Die Medienprivilegien im Strafprozess. Zeugnisverweigerungsrecht und Beschlagnahmeverbot zum Schutz der Medien im Strafverfahren. 2009.

Band 113 Mario Riechmann: Organisierte Kriminalität und Terrorismus. Zur Funktionalisierung von Bedrohungsszenarien beim Abbau eines rechtsstaatlichen Strafrechts. 2009.

Band 114 Dirk Simon: Präzeptoraler Sicherheitsstaat und Risikovorsorge. 2009.

Band 115 Stefan Kirsch: Der Begehungszusammenhang der Verbrechen gegen die Menschlichkeit. 2009.

Band 116 Heng-da Hsu: Zurechnungsgrundlage und Strafbarkeitsgrenze der Fahrlässigkeitsdelikte in der modernen Industriegesellschaft. 2009.

Band 117 Dennis Teschner: Die soziale Kontrolle im virtuellen Raum. Eine juristische, soziologische und soialpsychologische Untersuchung der Instrumentalisierbarkeit von Internetkriminalität. 2009.

Band 118 Daniel Schilling: Fragmentarisch oder umfassend? Wege strafrechtlichen Zugriffs bei der Veruntreuung fremden Vermögens am Beispiel des deutschen und des italienischen Untreuestrafrechts. 2009.

Band 119 Andreas Stüdemann: Die Entwicklung der zwischenstaatlichen Rechtshilfe in Strafsachen im nationalsozialistischen Deutschland zwischen 1933 und 1945. Kontinuität und Diskontinuität im Auslieferungsrecht am Beispiel der Rechtsentwicklung im NS-Staat. 2009.

Band 120 Matthias Achenbach: Strafrechtlicher Schutz des Wettbewerbs? Eine kritische Analyse von Sinn und Zweck der Straftatbestände zum Schutz des Wettbewerbs. 2009.

Band 121 Vera Backhaus: Der gesetzliche Richter im Staatsschutzstrafrecht. Zur Verfassungsmäßigkeit des § 120 Abs. 2 GVG. 2010.

Band 122 Verena Maria Brenneis: Rechtspolitische Implikationen von Gefährlichkeitsprognosen im Vollzug von Maßregeln nach § 63 StGB. Zum Subjektstatus von Eingewiesenen. 2010.

Band 123 Maike Hoenigs: Zur Existenzberechtigung des Straftatbestandes der Rechtsbeugung. Korrelat oder Widerspruch zur richterlichen Unabhängigkeit. 2010.

Band 124 Christine Würfel: Freiheit als Grundlage der Schuld. 2011.

Band 125 Charlotte Rau: Compliance und Unternehmensverantwortlichkeit. Materiellrechtliche Fragen der sanktionsrechtlichen Unternehmensverantwortlichkeit unter Berücksichtigung von Compliance-Maßnahmen. 2010.

Band 126 Marc Fornauf: Die Marginalisierung der Unabhängigkeit der Dritten Gewalt im System des Strafrechts. 2010.

Band 127 Sabine Benthin: Subventionspolitik und Subventionskriminalität. Zur Legitimität und Rationalität des Tatbestandes zum Subventionsbetrug (§ 264 StGB). 2011.

Band 128 Philipp Horrer: Bestechung durch deutsche Unternehmen im Ausland. Strafrechtsentwicklung und Probleme. 2011.

Band 129 Marianne Varwig: Zum Tatbestandsmerkmal des Vermögensschadens (§ 263 StGB). Eine kritische Untersuchung mittels der vier klassischen Auslegungsmethoden. 2011.

Band 130 Alexander Rieger: Verfassungsrechtliche Legitimationsgrundlagen richterlicher Unabhängigkeit. Zugleich eine Auseinandersetzung mit der Debatte um eine Selbstverwaltung der Justiz. 2011.

Band 131 Moritz von Schenck: Pönalisierung der Folter in Deutschland – de lege lata et ferneda. 2011.

Band 132 Kerstin Bohn: Der gesetzliche Richter als rechtsstaatstragendes Prinzip in europäischen Staaten. Eine Untersuchung der Fallzuteilung unter besonderer Berücksichtigung Englands. 2011.

Band 133 Cornelius Trendelenburg: Ultima ratio? Subsidiaritätswissenschaftliche Antworten am Beispiel der Strafbarkeit von Insiderhandel und Firmenbestattungen. 2011.

Band 134 Susana Campos Nave: Rechtsstaatliche Regeltreue? Corporate Compliance als zwingende Antwort des freiheitsliebenden Unternehmens im Wirtschaftsstrafrecht. 2012.

www.peterlang.de